소중한 마음을 담아

당신의 일상에 스며든 물류의 이야기를 함께 나눌

_____님께 드립니다.

_____드림

우리 삶에 쓱 들어온
물류

LOGISTICS

우리 삶에 쏙 들어온

물류

클릭 한 번, 그 뒤엔 물류와 AI가 움직인다

이상근 지음

우리 삶에 쏙 들어온 물류
클릭 한 번, 그 뒤엔 물류와 AI가 움직인다

초판 1쇄 발행 2025년 11월 1일
초판 2쇄 발행 2025년 11월 18일

지은이 | 이상근
펴낸이 | 김용관

펴낸곳 | 아웃소싱타임스
출판등록 | 2003년 12월 19일(제 2003-000148호)
주소 | 서울시 영등포구 양평로 21길 26 1107호
전화 | 02-785-3197
팩스 | 02-783-4855
전자우편 | kyk@outsourcing.co.kr
홈페이지 | www.outsourcing.co.kr
제작 | 엠아이컴

값 19,000원

ISBN : 978-89-94818-26-9

※ 본 책자에 기재된 내용의 무단 전재 및 복제는 법으로 금지되어 있습니다.
※ 잘못된 책은 구입한 곳에서 바꿔 드립니다.

프롤로그

물류는 우리 삶의 배경이 아니다, 중심이다.

    우리는 매일 물류를 경험한다. 하지만 대부분 그 존재를 인식하지 못한 채 살아간다. 아침에 눈을 뜨고 커피 한 잔을 마시고, 점심엔 배달 앱으로 음식을 주문하고, 저녁엔 온라인으로 장을 본다. 그리고 이 모든 것 뒤에는 언제나 '물류'가 있다. 물류는 단순한 '운반'이 아니라, 우리의 일상과 사회 전반을 지탱하는 보이지 않는 동력이다.

    물류는 그 자체로는 눈에 보이지 않는다. 하지만 우리의 하루를 찬찬히 따라가 보면, 그 어디에도 물류가 빠지는 순간은 없다. 아침에 마신 커피, 점심에 먹은 배달 음식, 오후에 수령한 택배, 저녁에 도착한 신선식품 장바구니까지. 우리가 손에 쥐는 모든 상품은 누군가의 손을 거쳐 오고, 어딘가에서 출발해 시간과 장소를 넘나들며 도착한다. 그 여정이 바로 '물류'다.

스마트폰 하나도 '글로벌 물류'의 결과다

우리가 손에 들고 있는 스마트폰은 단순한 전자기기가 아니다. 이 스마트폰은 한국, 대만, 일본, 중국, 미국 등 여러 나라에서 만들어진 부품이 모여 조립된 후, 물류망을 통해 이동해온 결과물이다. 예를 들어 배터리는 한국에서, 반도체는 대만에서, 디스플레이는 일본에서, 조립은 베트남에서 이루어졌을 수 있다. 이렇게 생산된 스마트폰은 해상 물류, 항공 물류, 육상 물류를 거쳐 우리 손에 전달된다.

우리가 스마트폰을 가볍게 들고 사용하는 그 순간, 사실은 수많은 국가와 기업, 기술이 얽혀 있는 복잡한 네트워크의 마지막 고리를 손에 쥐고 있는 것이다. 이처럼 글로벌 물류망은 복잡하면서도 정교하게 연결되어 있다. 어느 하나라도 지연되거나 끊기면 우리는 스마트폰을 제때 구매하지 못할 수도 있다. 실제로 코로나19 당시 반도체 공급망이 흔들리자 전자제품, 자동차 생산에 큰 차질이 생겼다. 물류는 단순한 기술이 아닌, 세계가 돌아가는 필수 인프라다.

스마트폰 하나를 통해 우리는 세계 경제의 흐름을 엿볼 수 있다. 제품 하나가 만들어지고 운송되어 도착하기까지, 그 속에는 무역과 생산, 수요와 공급, 가격과 재고, 자동화와 인공지능까지 모든 흐름이 담겨 있다. 물류는 그 모든 요소들을 실시간으로 연결하고 조율하는 거대한 오케스트라와 같다.

이러한 오케스트라의 지휘자는 누구일까? 바로 첨단 물류 시스템이다. 글로벌 기업들은 AI를 활용한 수요 예측, 로봇이 작업하는 스마트 물류창고, 그리고 실시간 추적이 가능한 공급망 관리 시스템을 도입해 복잡한 네트워크를 조율한다. 스마트폰 한 대의 생산과 유통이 그만큼 정교하고 복잡한 시스템 위에 이루어진다는 뜻이다. 소비자들은 클릭 한 번으로 주문하지만, 그 이면에는 수천 킬로미터를 이동하며 여러 국가와 시스템을 거치는 거대한 물류 흐름이 숨어 있다.

아침 우유 한 잔에도 콜드체인 기술이 있다

아침마다 냉장고에서 꺼내 마시는 우유 한 팩. 이것 또한 물류의 산물이다. 목장에서 짜낸 우유는 가공 공장을 거쳐 저온을 유지한 채 물류센터로 이동하고, 다시 슈퍼마켓이나 편의점으로 보내진다. 이 모든 과정에는 '콜드체인(Cold chain; 저온 유통)'이라는 정교한 시스템이 필요하다.

우유는 쉽게 상하기 때문에 이 과정을 조금만 소홀히 해도 품질이 떨어질 수 있다. 차량 내부 온도는 몇 도인지, 창고에서 얼마나 오래 머물렀는지, 배송 시간이 얼마나 걸리는지까지 꼼꼼히 관리된다. 만약 냉장 시스템이 1시간만 고장 나도 우유는 쉽게 상할 수 있다. 즉, 우리가 마시는 신선한 우유는 수많은 기술과 인프라가 어우러진 결과다.

이 콜드체인 시스템은 우유뿐 아니라 생선, 육류, 백신, 혈액 등 다양한 생명·의료 물자에도 적용된다. 신선함과 안전을 유지하면서도 빠르게 운송하는 기술은 점점 더 중요해지고 있다. 냉장 물류는 단순히 신선식품을 지키는 것을 넘어, 국민 건강과 안전을 책임지는 사회 기반이 되고 있다.

콜드체인은 소비자의 삶의 질을 높인다. 온라인 장보기를 할 때 냉장육류나 해산물을 안심하고 주문할 수 있는 것도, 아이들의 예방접종을 안전하게 받을 수 있는 것도 모두 콜드체인 물류 덕분이다. 이처럼 보이지 않지만 신뢰할 수 있는 시스템은 현대 생활의 기본이 되었다.

콜드체인을 유지하기 위해서는 단순한 냉장 트럭만으로는 부족하다. 일정 온도를 자동으로 조절하는 센서, 물류창고 내 온도 편차를 실시간으로 감지하는 시스템, 배송 시간이 길어질 경우를 대비한 예비 냉각 장치까지도 필요하다. 한국, 일본, 독일처럼 콜드체인 기술이 발달한 국가는 의료 물류나 식품 안전에서도 우위를 가진다. 특히 일본은 도시 내 콜드체인 소형 창고를 도입해 도심 식자재 유통의 신속성과 신선도를 동시에 확보하고 있다.

출근길 버스, 지하철도 물류 덕분이다

매일 아침 정시에 도착하는 버스와 지하철도 물류 시스템이 뒷받침한다. 차량을 움직이게 하는 연료와 예비(A/S) 부품, 운행에 필요한 각종 소모품이 제때 공급되어야 하고, 정비와 수리가 지연되지 않도록 필요한 자재가 물류로 조달되어야 한다. 물류가 없었다면 정시 운행도 어려웠을 것이다.

또한 도시 전체를 움직이는 각종 생활 인프라 역시 물류를 통해 유지된다. 수도와 전기, 가스 관련 부품의 교체와 유지 보수, 건설 현장의 장비와 자재 수급, 편의점이나 마트의 재고 공급 등 모든 생활의 흐름이 물류를 통해 가능해진다. 물류는 도시의 혈관과 같다. 보이지 않지만, 막히면 도시가 멈춘다.

출근길 교통이 원활하게 유지되고, 편의점(CVS) 선반에 항상 음료수와 간식이 채워져 있는 이유도 물류의 정교한 스케줄링 덕분이다. 만약 이러한 공급망이 단 몇 시간만 지연되어도 도시의 일상은 순식간에 혼란에 빠질 수 있다. 대중교통과 도심 물류는 하나의 시스템으로 긴밀히 맞물려 있다.

최근에는 지하 물류 시스템, 도심 내 무인 배송 로봇, 전기 자전거 기반의 도심 마이크로 딜리버리 등이 시범 도입되고 있다. 파리 같은 대도시는 교통 혼잡을 줄이기 위한 방안 중 하나로 지하 공간을 활용한 물류 허브 조성이나 물류 파이프라인 설계 제안이 거론되며, 도시 외곽의 허브 창고에서 드론 배송을 연결하는 방안도 검토하고 있다. 이러한 기술이 발전하면 도심 물류는 더 조용하고, 빠르고, 효율적으로 변할 것이다.

위기 상황에서 드러난 물류의 진짜 가치

물류의 중요성은 평소에는 잘 드러나지 않지만, 위기 상황이 발생하면 그 진가가 극명하게 드러난다. 가장 대표적인 사례가 코로나19 팬데믹이다. 팬데믹이 시작되면서 사람들의 이동이 제한되고, 공장이 문을 닫으며, 국경이 봉쇄되자 글로벌 물류망이 큰 혼란에 빠졌다. 그 결과, 마스크, 손세정제, 백신, 심지어 화장지와 생필품까지 구하기 어려운 상황이 벌어졌다.

코로나19는 물류망이 얼마나 세계적으로 얽혀 있으며, 그중 한 곳이라도 멈추면 전체 시스템이 얼마나 쉽게 흔들릴 수 있는지를 보여주는 사건이었다. 예를 들어, 한 나라에서 생산하던 마스크의 원자재가 들어오지 않자 생산이 중단되었고, 수출입 항만이 폐쇄되자 물류 대기열이 수 주일씩 늘어났다. 특히 백신의 경우, 생산부터 운송까지 초저온(-70도 이하)의 콜드체인 관리가 필수였기 때문에 고도의 물류 기술과 시스템 없이는 국민 접종 자체가 어려웠다.

한국은 이러한 위기 속에서도 비교적 빠르게 대응해 세계적인 주목을 받았다. 정부와 기업이 함께 '공적 마스크 유통망'을 신속하게 구축했고, 국민들에게 안정적으로 마스크를 공급했다. 또한 백신 물류에는 항공사, 택배사, 냉장 유통 전문 업체가 협업해 초저온 상태를 유지하면서 전국 각지로 안전하게 백신을 배송했다. 당시 이러한 경험은 한국의 물류 기술과 민관 협력 체계를 한 단계 끌어올리는 계기가 되었다.

특히 국내 물류기업들은 평소에는 주목받지 못했던 풀필먼트 센터와 콜드체인 인프라를 기반으로 신속한 전환에 성공했다. CJ대한통운은 전국 주요 거점에 위치한 자동화 물류센터를 활용해 수요가 몰리는 품목을 안정적으로 공급할 수 있었고, 한진은 공항 인근에 위치한 냉장 물류창고와 전용 차량을 통해 의약품 유통에 기여했다. 민간의 빠른 기술 도입과 정부의 전략적 대응이 조화를 이룬 대표적인 사례였다.[01]

뿐만 아니라, 위기의 순간에도 온라인 쇼핑은 멈추지 않았다. 오히려 사회적 거리두기와 비대면 생활이 장기화되며 새벽배송, 당일배송 같은 라스트마일 물류 서비스의 중요성이 크게 부각되었다. 쿠팡, 마켓컬리, 오아시스 같은 플랫폼은 위기 상황에서도 빠르고 정확하게 제품을 배송하며, 물류센터와 배송 인프라의 중요성을 보여주었다. 이러한 기업들은 물류센터 내 방역, 자동화 시스템, 인공지능을 활용한 수요 예측을 통해 고객 신뢰를 유지할 수 있었다.

그뿐만 아니라, 이러한 위기는 물류 인력의 중요성도 부각시키는 계기가 되었다. 물류센터와 배송 현장에서 일하는 수많은 택배 기사, 분류 인력, 직원들의 노고 없이는 서비스가 유지될 수 없다는 점을 대중이 인식

---

01 "CJ대한통운, 용인 콜드체인 풀필먼트 센터 가동… 식품까지 영역 확장", 조선일보 (2021.11.18.)

하게 된 것이다. 실제로 팬데믹 당시 배송 수요가 폭증하면서 일부 택배 노동자들은 과중한 업무에 시달렸고, 이는 결국 노동환경과 복지에 대한 사회적 관심으로 이어졌다.

유럽의 경우, 독일은 팬데믹 초기에도 주요 물류 노선을 유지하기 위해 철도 물류를 적극 활용했다. 도로와 항공이 제한된 상황에서 기차를 이용한 대체 운송은 의약품과 식량 공급을 안정적으로 유지하는 데 큰 도움이 되었다. 일본은 공공기관과 민간 기업이 함께 물자별 '안정공급확보'를 도모하기 위한 대응 방침[02]을 마련해 재난 시에도 유통망이 마비되지 않도록 대응 체계를 구축했다. 미국은 아마존이 자체 항공 물류망(Amazon Air)을 확대 운영하며 코로나19 국면에서도 안정적인 물류 서비스 제공에 성공했다.

또한 위기 상황에서 물류의 디지털 전환은 가속화되었다. 수요예측부터 창고관리, 배송 최적화까지 인공지능(AI)과 빅데이터가 본격적으로 도입되기 시작했으며, 이는 위기 이후에도 지속적인 기술 혁신으로 이어졌다. 예를 들어, 자동화 로봇이 도입된 물류센터는 감염 위험을 줄이면서도 안정적으로 운영되었고, 무인 배송 로봇과 드론 배송 실험도 본격화되었다.

우리는 위기를 통해 물류가 단순한 '운반'이 아니라, 사회 전반을 지탱하는 필수 인프라라는 사실을 다시 한 번 절실하게 깨닫게 되었다. 물류가 멈추면 생산도, 유통도, 소비도 함께 멈추는 것이다. 물류는 단순한 물건의 이동이 아니라, 생명과 건강, 일상과 경제를 지키는 사회의 혈관

---

02 "일본의 경제안전보장추진법을 통한 특정중요물자 선정 현황 및 시사점", KIET산업경제 (2023.01)

이자 근육이다.

앞으로 팬데믹과 같은 위기 상황은 또다시 올 수 있다. 기후위기, 국제 갈등, 자연재해, 디지털 인프라 장애 등 다양한 위험 요소들이 상존한다. 이런 불확실한 시대일수록 물류는 더 강하고, 더 유연하며, 더 스마트해야 한다. 사람과 상품, 정보와 기술을 연결하는 물류 시스템의 중요성은 앞으로 더욱 커질 수밖에 없다. 이를 위해서는 평소에도 위기 대응력을 높일 수 있는 인프라와 인력, 기술에 대한 투자가 계속되어야 하며, 정부와 민간의 유기적인 협력 체계가 유지되어야 한다.

이제 물류는 더 이상 그림자처럼 배경에 머물러 있지 않는다. 그것은 사회를 유지하는 가장 중요한 중심축이 되었고, 위기 속에서 더욱 빛나는 존재로 우리 곁에 있다.

택배 상자가 집 앞까지 오는 여정

택배 상자가 우리 집 문 앞에 도착하기까지는 단순히 '누군가가 물건을 갖다 준다'는 수준을 훨씬 넘는 복잡하고 정교한 과정을 거친다. 이 과정을 이해하면, 우리가 온라인에서 클릭 한 번으로 주문한 상품이 어떻게 빠르고 정확하게 도착할 수 있는지를 더 잘 알 수 있다.

예를 들어, 우리가 스마트폰 액세서리를 온라인 쇼핑몰에서 주문했다고 해보자. 이 주문은 단순히 판매자에게 전달되는 것이 아니라, 거대한 물류 네트워크의 시작점이 된다. 고객이 결제를 완료하면, 쇼핑몰 시스템은 즉시 주문 정보를 확인하고, 해당 상품이 보관된 물류센터에 출고 요청을 보낸다. 물류센터에서는 수많은 제품 중에서 해당 상품을 찾아내는 '피킹(picking)' 작업이 시작된다. 이 과정은 사람이 직접 하기도 하고,

요즘은 로봇이 자동으로 움직여 상품을 찾아내기도 한다.

피킹이 끝난 상품은 안전하게 포장된다. 이때는 단순히 박스에 넣는 것이 아니라, 운송 중 손상이 가지 않도록 완충재를 넣고, 주소 라벨을 붙이며, 상품별로 맞춤 포장이 진행된다. 그 후 상품은 택배 기사가 있는 집배점으로 이동하고, 여기서 다시 전국 메가허브로 운송된다. 메가허브는 전국에서 모인 택배가 자동 분류되는 대형 물류 허브로, 밤새 AI 기반 분류 시스템이 주소를 스캔하고 배송지를 기준으로 상품을 나눈다.

그다음 이 상품은 고객이 사는 지역에 있는 터미널로 다시 트럭에 실려 이동한다. 여기서는 지역 택배 기사들이 배송 동선을 고려해 상품을 다시 정리하고 차량에 싣는다. 이 과정을 '상차'라고 부른다. 드디어 배송 트럭에 실린 상품은 고객의 집 앞까지 이동하고, 문 앞에 도착한 순간에야 비로소 '배송 완료'라는 알림이 전송된다.

이 복잡한 과정을 정리하면 아래와 같다.

[표1] 택배 처리 과정

단계	처리 과정	설명
1	주문 접수	고객이 결제하면 시스템에 주문 정보 전송
2	출고 요청	물류센터에 상품 출고 요청
3	피킹 및 포장	상품을 찾고 보호 포장함
4	집하	택배 기사가 물건을 수거함
5	1차 터미널 도착	지역 터미널로 이동됨
6	메가허브 이동	전국 단위 분류를 위한 이동
7	허브 자동 분류	AI 스캐닝으로 자동 분류
8	지역 터미널 이동	목적지 지역 터미널로 이동

단계	처리 과정	설명
9	배달지 소분류	택배 동선 기준 재정리
10	상차	택배 차량에 물품을 실음
11	최종 배송	고객 집 앞까지 도달
12	배송 완료 처리	시스템 입력 및 알림 전송

이처럼 우리가 당연하게 여기는 '택배' 한 건도 실제로는 10단계가 넘는 세밀한 과정을 거친다. 이 중 어느 하나라도 제대로 작동하지 않으면, 상품이 늦게 도착하거나, 잘못 배송되거나, 파손되는 일이 생길 수 있다.

여기서 주목할 점은 '라스트마일(last mile)'의 중요성이다. 이는 고객에게 최종적으로 상품이 전달되는 마지막 구간을 뜻한다. 아무리 물류센터와 메가허브에서 완벽하게 분류되어도, 마지막 배송이 지연되면 고객은 불만을 갖게 된다. 그래서 많은 택배사와 온라인 쇼핑몰은 라스트마일 효율을 높이기 위해 다양한 시도를 하고 있다. 예를 들어, CJ대한통운은 AI로 배송 경로를 자동으로 최적화해 배송 기사가 최소한의 거리로 많은 고객에게 빠르게 도달할 수 있도록 돕는다. 쿠팡은 '쿠팡친구'라는 자체 배송 인력을 통해 배송 품질을 높이고 있다.

일본도 유사한 시스템을 운영한다. 야마토운수는 시간 지정 배송 시스템을 도입해 고객의 편의를 높이고, 도서 및 고령 인구 지역에 드론이나 소형 전기차를 활용한 배송을 도입하고 있다. 미국의 아마존은 직접 물류센터와 드론 배송까지 운영하면서, '1일 배송'뿐 아니라 '수 시간 내 배송'을 목표로 삼고 있다.

이 모든 흐름을 가능하게 만드는 것은 사람과 기술, 시스템이 완벽하게 협력하고 있기 때문이다. 택배박스는 단순한 박스가 아니다. 그 안에는 정확한 데이터, 연결된 네트워크, 정밀한 운영 시스템이 함께 들어 있다. 물류는 그렇게 보이지 않는 곳에서 우리 삶을 지탱하고 있다.

소비 습관을 바꾼 물류의 힘

물류는 단순히 물건을 옮기는 일이 아니다. 우리의 삶을 변화시키고, 소비 습관마저 바꾸는 강력한 힘이다. 과거에는 필요한 물건이 생기면 직접 백화점이나 대형마트에 가야 했다. 시간과 체력이 필요했고, 장을 보기 위해 차를 끌고 나가야 하는 일도 흔했다. 하지만 지금은 상황이 완전히 바뀌었다. 클릭 한 번이면 문 앞까지 상품이 도착하는 시대다.

첫 번째로 바뀐 점은 '쇼핑의 계획성'이다.

예전에는 필요한 물건을 메모하거나, 한 번에 많이 사는 문화가 일반적이었다. 그러나 빠른 배송, 특히 '당일배송'이나 '새벽배송'이 가능해지면서 소비자들은 '필요할 때마다' 사는 쪽으로 바뀌었다. 이를 '온디맨드 소비(on-demand consumption)'라고 부른다. 즉시 구매하고, 곧바로 받아보는 경험은 소비자의 선택 기준 자체를 바꾸었다.

두 번째는 '신선식품'과 같은 민감한 제품에 대한 인식 변화다.

예전에는 고기, 생선, 채소 같은 신선식품은 직접 눈으로 보고 사야 한다는 인식이 강했다. 하지만 콜드체인 물류 기술이 발달하면서 이제는 온라인으로도 안심하고 식재료를 주문할 수 있다. 마켓컬리나 쿠팡프레시, SSG 새벽배송 같은 서비스는 이 흐름을 이끌며, 새벽에 바로 식탁에 올릴 수 있는 신선한 식재료를 집 앞까지 배송해준다.

세 번째는 '정기구독형 소비'의 증가다.
물류의 정확성과 예측성이 높아지면서, 일정한 주기로 물건을 자동 배송받는 정기배송 서비스가 확산됐다. 커피 캡슐, 생수, 반려동물 사료, 아기용 기저귀나 분유, 심지어 화장품이나 면도날까지 다양한 품목에서 정기배송이 가능해졌다. 이는 '물건을 내가 직접 사야 한다'는 인식을 '물건은 내가 필요할 때 자동으로 온다'는 개념으로 바꾸었다.

이러한 소비 습관의 변화는 단지 편리함에 그치지 않는다. 산업 구조에도 영향을 미친다. 기업 입장에서는 예측 가능한 수요 데이터를 기반으로 생산과 재고를 조절할 수 있게 되고, 낭비를 줄일 수 있다. 동시에 고객 만족도도 높아진다. 이러한 흐름은 'D2C(Direct to Consumer)' 비즈니스 모델을 활성화시키는 기반이 된다. 즉, 제조사가 유통 단계를 거치지 않고 소비자에게 직접 물건을 보내는 모델이다. 이 역시 정교한 물류 시스템이 뒷받침될 때 가능한 방식이다.

해외에서도 이러한 변화는 뚜렷하다. 일본에서는 오사카 기반의 오익식스 라 다이치(Oisix ra daichi) 같은 기업이 고품질 유기농 식재료를 정기배송하는 서비스를 제공하고 있고,[03] 미국의 블루에이프런(Blue Apron), 헬로프레시(Hello Fresh) 등은 레시피와 식재료를 세트로 정기배송하며 요리 문

---

03 https://en.oisixradaichi.co.jp/

화를 바꾸고 있다. 한국 역시 아워홈, CJ제일제당, 프레딧, 프레시지 같은 기업이 간편식, 밀키트를 중심으로 이 흐름을 확장하고 있다.

물류는 단지 물건을 옮기는 기능을 넘어서서, '소비자가 무엇을 사고, 언제 사고, 어떻게 받는가'에 영향을 준다. 우리 생활의 습관을 조용히, 그러나 확실하게 변화시키는 힘이 바로 물류다.

다음은 우리가 하루 동안 겪는 물류 흐름을 시간대별로 다시 살펴보며, 이 변화가 얼마나 우리 가까이에 와 있는지를 확인해보자.

하루 동안 우리가 경험하는 물류 흐름

하루를 시작하면서 우리는 무심코 물류의 흐름 안에 들어간다. 아침에 눈을 뜨고 냉장고에서 우유를 꺼내 마시는 순간, 이미 물류가 나의 하루에 개입하기 시작한 것이다. 아침, 점심, 저녁, 그리고 늦은 밤까지— 우리는 물류와 떨어져 살 수 없다. 이 절은 시간대별로 일상에서 마주치는 물류를 살펴보고, 이 보이지 않는 움직임이 우리 삶을 얼마나 치밀하게 지탱하고 있는지 조명해본다.

아침 7시 – 냉장고 속 신선한 우유 한 잔

아침 식탁에 올라온 우유, 계란, 토스트 재료. 모두 물류의 결과물이다. 우유는 목장에서 착유된 뒤 위생적으로 가공되고, 일정 온도를 유지한 채 콜드체인 시스템을 따라 물류센터와 매장을 거쳐 소비자 집까지 온다. 이 과정에서 자동화된 온도 조절 장치, 냉장 화물차, 신선도 센서 같은 기술들이 조용히 작동한다.

계란 역시 마찬가지다. 농장에서 포장된 계란은 손상되지 않도록 충격 방지 포장과 함께 이동하며, RFID 태그를 통해 유통 경로가 추적된다. 냉장고 문을 여는 순간, 우리는 세계 최고 수준의 콜드체인 기술이 반영된 결과를 마주하는 것이다.

오전 10시 – 사무실에서 클릭 한 번, 문구류 당일 도착

사무실에서 필요한 볼펜이나 파일철, USB를 온라인으로 주문하면 몇 시간 뒤 도착하는 것이 일상이 됐다. 당일배송, 심지어 3시간 이내 퀵배송은 더 이상 특별한 서비스가 아니다. 이 속도는 단순히 '빠름' 그 이상이다. 고객의 구매 패턴을 예측해 물류센터는 사전에 해당 품목을 도심형 마이크로 풀필먼트센터에 배치하고, 주문 즉시 출고하도록 설계돼 있다.

AI 기반 주문 예측, 스마트 재고 배치, 자동화 피킹 시스템이 이 흐름을 뒷받침한다. 물류는 단순한 배송이 아니라, 사무실의 업무 효율을 높이고, 기업의 생산성을 높이는 숨은 조력자가 된다.

오후 12시 – 배달앱으로 점심 해결

점심시간, 배달앱으로 짜장면을 주문한다. 주문이 접수되자마자 가장 가까운 배달 라이더에게 자동으로 알림이 간다. 음식점의 조리시간과 라이더의 도착시간이 정밀하게 계산되어 음식이 뜨거운 채로 도착한다. 배달 플랫폼은 AI를 통해 최적의 동선을 짜고, 여러 주문을 효율적으로 묶어 배달 동선을 줄인다.

이 과정에서 중요한 것은 단순한 라이더(ryder) 수가 아니라 '물류 네트워크의 밀도'다. 밀도가 높아야 주문 간격이 줄고, 배달 시간도 짧아진다.

배달 물류는 개인 맞춤형 소비 시대의 상징이며, 즉각적인 만족을 가능하게 하는 도시형 초근거리 물류의 대표적 모델이다.

오후 3시 - 해외 직구 상품 배송 알림

며칠 전 주문한 스마트폰 액세서리가 해외에서 한국으로 들어오고 있다. 항공물류로 인천공항에 도착한 뒤 통관 과정을 거쳐 국내 물류센터에 도착했다. 이후 지역 터미널로 분류되어 배송 중이다. 이 모든 과정이 실시간으로 앱을 통해 추적 가능하다.

해외 직구는 글로벌 공급망의 집약체다. 해외 판매자, 항공운송사, 국내 통관대행사, 국내 택배사까지 수많은 주체가 긴밀히 연결되어야만 고객이 만족하는 '예상일 배송'이 가능하다. 국제 물류 허브, 자동 통관 시스템, 통합 물류 관제센터가 이를 뒷받침한다.

밤 11시 - 온라인 장보기, 새벽배송 예약

늦은 밤, 하루를 마무리하며 온라인 마트를 통해 다음 날 아침에 먹을 재료를 주문한다. 새벽배송을 선택하면, 고객이 잠든 시간 동안 물류는 가장 활발하게 움직인다. 자동화 물류센터에서 상품이 분류되고, 냉장·냉동차량이 조용히 아파트 단지로 들어온다.

배송 기사들은 이른 새벽 정해진 시간 안에 수십 가구에 상품을 정확히 배송한다. 낮보다 빠르게 움직이는 야간 물류 시스템은 낮 시간대 교통체증을 피하고, 정시성과 신선도 모두를 확보할 수 있는 장점이 있다. 새벽배송은 단순한 서비스가 아니라, 시간의 제약을 없애고 소비자의 생활 방식을 바꾸는 혁신이다.

하루를 움직이는 보이지 않는 힘

이처럼 하루를 통틀어 우리는 수많은 형태의 물류와 마주한다. 눈에 보이지 않지만, 모든 것이 물류와 연결되어 있다. 물류는 소비자와 생산자를 연결하고, 도시와 도시를 연결하며, 개인의 삶과 기업의 활동을 지탱하는 근간이 된다.

따라서 우리는 물류를 더 이상 '배경'으로 생각해서는 안 된다. 그것은 우리 삶의 '중심'이며, 매일같이 작동하는 숨은 인프라다. 물류를 이해한다는 것은 단순히 상품이 어떻게 오는지를 아는 것이 아니라, 세상이 어떻게 움직이는지를 이해하는 길이다.

보이지 않지만, 우리 삶을 움직이는 물류

물류는 마치 공기와 같다. 우리가 느끼지 못하지만 언제나 우리 곁에 있고, 그것이 없다면 단 하루도 정상적인 생활을 할 수 없다. 물류는 단지 물건을 옮기는 수단이 아니라, 현대 사회를 지탱하는 가장 중요한 시스템 중 하나다.

이 절에서는 왜 물류가 '보이지 않지만 결정적인' 역할을 하는지, 그리고 이 숨은 주인공이 현대 사회에 어떤 변화를 가져왔는지를 짚어본다. 일상 속에서 물류가 사라진다면 어떤 일이 벌어질지 상상해보자.

물류가 없다면 어떤 일이 생길까?

아침에 마실 커피가 없다

커피 원두가 적절한 시기에 수입되지 않으면 가격이 오르거나 매장에서 품절된다. 커피 한 잔의 뒷배경에는 국제 물류, 수입 통관, 국내 유통망이 긴밀하게 맞물려 있다.

온라인 주문이 지연된다

우리가 클릭 한 번으로 받는 상품들은 수많은 경로를 거쳐 도착한다. 물류센터의 자동화 시스템, 배송기사의 라스트마일, 재고 예측 시스템이 없다면 며칠씩 지연될 수 있다.

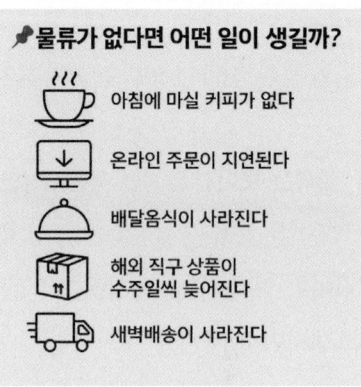

배달음식이 사라진다

배달앱의 확장은 단순히 라이더의 수가 늘어난 것이 아니라, 물류망이 촘촘히 깔렸기 때문이다. 음식이 조리되는 타이밍과 배달이 시작되는 순간은 고도로 정밀하게 연결돼 있다. 이 시스템이 무너지면 배달 서비스는 불가능하다.

해외 직구 상품이 수주일씩 늦어진다

우리가 해외에서 쉽게 상품을 구매할 수 있는 이유는 국제 물류 허브, 항공·해운 네트워크, 통관 시스템, 국내 배송망이 연결돼 있기 때문이다. 한 군데라도 지연되면 전체 흐름이 막힌다.

새벽배송이 사라진다

새벽배송은 단순한 서비스가 아니라, 물류의 정밀한 운영이 만든 기적이다. 야간 자동화 시스템, 콜드체인 배송, 새벽 도착 시간 설계 등 고난도의 물류 전략이 없다면 가능하지 않다.

물류는 보이지 않지만 작동해야만 하는 시스템이다

우리는 물류를 볼 수 없다. 하지만 물류는 매일, 매시간 우리를 위해 움직이고 있다. 물류는 상품을 보관하고, 이동시키고, 전달하는 물리적 시스템이면서 동시에 데이터를 수집하고 예측하고 최적화하는 정보 시스템이다. 예를 들어 :

- 고객의 구매 이력을 분석해 재고를 배치하고,
- 날씨와 교통 상황을 반영해 배송 경로를 조정하며,
- 신선도 유지 센서를 통해 유통 상태를 실시간으로 점검한다.

즉, 물류는 기술과 사람, 공간과 시간이 결합된 종합 시스템이다. 그리고 이 시스템이 제대로 작동하지 않으면 우리의 일상은 곧바로 불편해진다.

물류는 개인의 편리함을 넘어서 사회 전체를 움직인다

물류는 개인의 삶뿐 아니라 기업의 경쟁력, 국가의 경제력과도 직결된다. 예를 들어 :

- 제조업은 원자재를 제때 조달하지 못하면 생산이 중단된다.
- 병원은 의약품과 의료기기를 적시에 공급받지 못하면 진료에 차질이 생긴다.
- 농산물 유통은 제철 식재료를 신속하게 소비자에게 전달하지 못하면 식품 낭비가 늘어난다.

이처럼 물류는 국민의 삶의 질을 좌우하고, 경제 전반의 효율성과 지속 가능성을 좌우하는 핵심 인프라다.

물류를 이해하는 것은 세상을 이해하는 일이다
물류는 단순한 '운송'이 아니라 '연결'이다. 사람과 사람, 지역과 지역, 국가와 국가를 연결한다. 우리가 물류를 이해한다는 것은 :
- 상품이 오기까지의 과정에서 얼마나 많은 기술과 사람이 투입되는지 이해하는 것이며,
- 우리가 편리함을 누리기 위해 어떤 시스템이 작동하는지를 인식하는 것이고,
- 앞으로의 사회가 어떤 방향으로 진화해갈지를 가늠하는 통찰을 얻는 일이기도 하다.

결국 물류는 우리 삶의 '배경'이 아니라, 그 자체로 '중심'에 있다. 우리는 매일같이 물류의 힘을 빌려 하루를 시작하고, 살아가고, 다시 내일을 준비한다. 이 보이지 않는 물류가 작동을 멈추는 순간, 우리는 삶의 많은 부분이 얼마나 물류에 의존하고 있는지를 실감하게 될 것이다.

그러니 이제는 물류를 '당연한 것'이 아니라 '소중한 것'으로 바라보아야 한다. 그것이야말로 미래를 준비하는 첫걸음이다.

목차

프롤로그

물류는 우리 삶의 배경이 아니다, 중심이다 — 05

위기 상황에서 드러난 물류의 진짜 가치 — 09

하루 동안 우리가 경험하는 물류의 흐름 — 17

물류를 이해하는 것은 세상을 이해하는 일이다 — 23

제1부

보이지 않는 힘, 물류가 움직이는 세상

1장 클릭 한 번, 집 앞까지 – 전자상거래와 물류 혁명 — 32
1. 온라인 쇼핑의 물류 시스템 — 33
2. 라스트 마일 배송과 초고속 배송 경쟁 — 38
3. 물류 플랫폼과 풀필먼트 센터 — 43

Column 1 플랫폼 전략 : 물류 산업의 게임 체인저 — 49

2장 내일 도착합니다 – 빠른 배송의 비밀 — 53
4. 24시간 배송이 가능한 이유 — 54
5. 도심 물류와 도심형 물류센터 — 59
6. 기술과 데이터가 만드는 실시간 배송 혁신 — 65

Column 2 AI가 만드는 빠르고 지속가능한 물류 — 72

제3장 보이지 않는 손, 글로벌 물류 — 75
7. 우리가 입는 옷과 사용하는 스마트폰은 어떻게 오는 걸까? — 76
8. 바다 위를 달리는 창고, 글로벌 공급망과 컨테이너 물류 — 81

9. 팬데믹이 멈춰 세운 세계, 코로나19와 물류 대혼란 ─────────────── 86
Column 3 트럼프 2기와 글로벌 공급망– 대혼란의 시작인가, 예측 가능한 재편인가 ─── 92

제2부
기술이 바꾸는 물류, 더 똑똑하고 빠르게

4장 로봇과 인공지능이 일하는 물류창고 ─────────────────── 99
10. 물류 자동화와 스마트 물류센터 ──────────────────── 101
11. 로봇 물류 : 사람이 하지 않아도 되는 일들 ─────────────── 109
12. AI 기반 재고 관리와 수요 예측 : 필요한 만큼, 제때에 ─────────── 116
Column 4 AI 기반 물류체계 구축 : 혁신의 방향과 과제 ──────────── 122

5장 하늘을 나는 택배 – 드론과 자율주행 배송 ───────────── 125
13. 드론 배송은 어디까지 왔을까? ─────────────────── 127
14. 자율주행 트럭과 로봇 배달–
사람 없이도 배달하는 물류의 새로운 주인공들 ─────────── 133
15. 물류의 미래는 어떻게 변할까? ─────────────────── 141
Column 5 스마트공장의 진화가 물류에 던지는 다섯 가지 메시지 ─────── 146

6장 내 물건은 어디쯤? 실시간 물류 트래킹 ────────────── 148
16. 택배 조회 시스템은 어떻게 작동할까? ─────────────── 150
17. IoT와 RFID 기술이 바꾸는 물류 현장 ────────────── 155
18. 블록체인 물류 : 위변조 없는 투명한 공급망을 만드는 기술 ───── 161
Column 6 AI가 물류산업을 어떻게 바꿀까 ─────────────── 167

목차

제3부
지속 가능한 물류, 환경을 생각하다

7장 친환경 물류, 탄소 발자국을 줄이다 ─ 172
19. 친환경 배송 – 탄소를 줄이는 새로운 길 ─ 174
20. 지속 가능한 공급망과 탄소 중립 물류 ─ 179
21. 재활용 물류와 순환 경제–버리는 시대에서 다시 쓰는 시대로 ─ 185
Column 7 AI, ESG 그리고 물류 : 지속 가능성과 기술의 교차점 ─ 191

8장 신선하게, 안전하게 – 콜드체인 물류 ─ 194
22. 식품이 신선하게 도착하는 이유 ─ 195
23. 백신 물류와 콜드체인의 중요성 ─ 202
24. 콜드체인과 미래 기술 : 스마트 센서와 AI 예측 배송이 바꾸는 물류의 미래 ─ 209
Column 8 AI 에이전트, 물류산업의 새로운 고객이자 파트너 ─ 216

9장 쓰레기를 줄이는 물류–에코 패키징과 리버스물류 ─ 220
25. 택배 박스는 꼭 필요할까? – 패키지리스 배송의 도전과 실험 ─ 222
26. 다시 돌아오는 물류 : 반품과 재활용 ─ 229
27. 친환경 포장과 지속 가능한 유통 ─ 236
Column 9 AI 기반 리버스 로지스틱스 : 지속가능한 물류로 가는 길 ─ 242

제4부
일상과 함께하는 물류, 미래로 나아가다

10장 K–물류, 한국이 물류 강국이 된 이유 ─ 248

28. 한국 물류가 빠른 이유 ─── 250
29. K-물류의 글로벌 확장 ─── 255
30. 한국이 물류 강국이 되기 위한 과제 ─── 262
Column 10 스마트물류 : 혁신과 지속가능성의 결합 ─── 270

11장 물류가 만드는 새로운 비즈니스 모델 ─── 274
31. 공유경제와 물류 ─── 275
32. 정기구독형 배송 서비스 ─── 283
33. 개인이 참여하는 물류 : 크라우드소싱과 공유 물류의 확장 ─── 295
Column 11 공동물류, 공유물류와 탄력적 물류네트워크 구축 ─── 304

12장 우리가 만들어갈 미래 물류 ─── 308
34. 스마트물류 : 물류의 완전 자동화는 가능할까? ─── 310
35. 친환경 물류와 지속 가능한 소비 ─── 315
36. 미래의 물류 기술과 산업 변화 ─── 325
Column 12 물류산업의 AI 전환 : 다섯 개의 축이 만드는 새로운 운영 질서 ─── 357

에필로그
물류를 이해하는 것이 미래를 준비하는 길이다 ─── 361

37. 우리가 매일 이용하는 물류, 얼마나 알고 있을까? ─── 362
38. 물류의 변화가 가져올 새로운 기회 ─── 368
39. 지속 가능한 물류를 위해 우리가 할 수 있는 일 ─── 375

제1부

보이지 않는 힘, 물류가 움직이는 세상

보이지 않는 힘,
물류가 움직이는 세상

아침에 눈을 뜨고 스마트폰을 켠다. 손에 든 기기는 전 세계 부품이 모여 만들어졌고, 물류망을 따라 우리 손에 도착한 결과물이다. 냉장고 문을 열어 우유를 꺼내고, 편의점에서 산 샌드위치로 허기를 달랜다. 점심시간엔 온라인으로 클릭 한 번, 저녁이면 어제 주문한 택배가 문 앞에 도착한다. 이처럼 우리는 하루 종일 물류의 흐름 안에 살고 있다. 물류는 단지 기업의 운영을 위한 수단이 아니라, 우리 일상 그 자체를 움직이는 동력이다.

보이지 않지만, 이 거대한 시스템은 단 한순간도 멈추지 않고 작동한다. 스마트폰, 의류, 식료품, 약품, 가구까지—우리가 사용하는 모든 것들이 물류의 결과물이다. 심지어 빠른 배송을 당연하게 여기는 우리의 소비 습관도 물류의 변화가 만들어낸 것이다.

이제 물류는 더 이상 그림자 같은 배경이 아니다. 물류는 IT와 로봇 기술, 자동화와 AI, 친환경 전환과 연결되며 새로운 산업 패러다임을 만들어가고 있다. 쿠팡과 아마존이 새벽배송과 당일배송을 실현한 배경에도, 도시 곳곳에 설치된 물류 허브와 풀필먼트 센터가 있다. 코로나19 팬데믹 때 국가별 백신 운송을 지탱한 것도, 바로 물류 시스템이었다.

이 1부에서는 보이지 않지만 모든 것을 움직이는 물류의 현재 모습을 조명한다. 온라인 쇼핑과 초고속 배송, 글로벌 공급망, 자동화 물류 시스템, 도심 마이크로 허브 등 일상을 지탱하는 물류 혁신이 어떻게 우리 삶을 변화시키고 있는지를 다양한 사례를 통해 살펴본다. 이제 우리는 '보이지 않는 힘'이자 '현대 사회의 심장'인 물류가 어떻게 세상을 바꾸고 있는지, 그 핵심으로 함께 들어가 보자.

1장

클릭 한 번, 집 앞까지—전자상거래와 물류 혁명

 불과 10여 년 전만 해도 물건을 사기 위해선 직접 마트나 백화점에 가야 했다. 배송을 받는다는 건 며칠씩 기다리는 일이었고, 원하는 제품이 있어도 거리나 시간의 제약 때문에 구매를 망설일 때가 많았다. 하지만 지금은 어떨까? 클릭 한 번이면 다음 날, 때로는 몇 시간 안에 문 앞까지 물건이 도착한다. 당일배송, 새벽배송, 퀵배송이 일상이 되었고, 전자상거래는 소비자의 삶을 근본적으로 바꿔놓았다.

 이런 변화의 중심에 있는 것이 바로 물류 혁명이다. 온라인 쇼핑은 단순히 '온라인으로 주문한다'는 차원을 넘어선다. 소비자의 주문이 접수되는 순간부터 자동화된 물류센터에서는 AI와 로봇이 상품을 찾아내고, 포장하고, 분류하여 적재적소로 배분한다. 도심 곳곳의 마이크로 풀필먼트 센터는 도로와 시간의 장벽을 허물고, 최적화된 라스트 마일 배송 시스템은 우리의 집 앞까지 정확한 시간에 도착하는 것을 가능하게 한다.

 쿠팡의 로켓배송, 마켓컬리의 새벽배송, 아마존의 프라임 서비스는 이처럼 정교한 물류 시스템이 없었다면 불가능했을 것이다. 이들은 단순한 유통 기업이 아니라, 데이터와 기술을 바탕으로 한 물류 기업이다. IT 시스템, 인공지능 기반 수요 예측, 자율주행 로봇, 물류센터 자동화― 이 모든 요소들이 결합되어, 빠르고 정확한 물류 혁신을 가능하게 하고 있다.

이 장에서는 온라인 쇼핑 시대의 핵심 기반이 된 물류 시스템의 작동 원리를 살펴본다. 클릭 한 번의 주문이 어떻게 수천 개의 상품 중 하나를 찾아내고, 어떤 경로를 거쳐 소비자의 집 앞까지 도달하는지를, 실제 기업 사례와 기술적 혁신을 통해 풀어본다. 또한, 빠른 배송이 단지 편리함을 넘어서 어떻게 소비의 속도와 기대치를 바꾸고 있는지도 함께 알아본다.

전자상거래가 가져온 진짜 혁명은 '상품을 구매하는 방식의 변화'가 아니라, '배송을 기다리는 시간에 대한 감각'의 변화다. 이제는 소비자도 물류를 경험하는 시대가 된 것이다.

1. 온라인 쇼핑의 물류 시스템

인터넷에서 몇 번의 클릭만으로 필요한 물건을 주문하면, 하루 만에 집 앞에 도착하는 것이 이제는 당연하게 느껴진다. 하지만 이 과정이 가능하기 위해서는 보이지 않는 곳에서 엄청난 물류 시스템이 작동하고 있다. 한 개의 상품이 소비자의 손에 도착하기까지, 수많은 기술과 전략이 적용되며, 쿠팡, 아마존, 마켓컬리 같은 기업들은 이를 더욱 정교하게 발전시키고 있다.

클릭 한 번 뒤의 세계 : 온라인 쇼핑의 물류 흐름

인터넷 쇼핑은 이제 특별한 일이 아니다. 친구 생일 선물, 반려동물 사료, 오늘 저녁 재료까지도 스마트폰으로 주문하면 된다. 그런데 이 간단한 행동 뒤에는 복잡하고 정밀한 물류 흐름이 숨겨져 있다.

첫 번째 단계는 '주문 접수'다.

소비자가 온라인에서 상품을 고르고 결제를 완료하는 순간, 시스템은 재고를 확인하고 출고 준비에 들어간다. 이 과정은 거의 모든 쇼핑몰이 자동화 시스템으로 운영한다. 주문량이 많을수록 실시간 재고 관리와 수요 예측이 중요해진다.

다음은 물류센터에서의 작업이다.

이곳에서는 피킹(Picking), 포장(Packaging), 분류(Sorting) 작업이 이루어진다. 예전에는 사람이 일일이 물건을 찾고 상자에 담았지만, 이제는 로봇이 창고 선반 사이를 돌아다니며 자동으로 물건을 가져온다. 미국의 아마존 물류센터처럼 아예 사람 없이 운영되는 무인 자동화 창고도 등장했다.[04]

포장이 끝난 상품은 트럭, 기차, 항공 등을 통해 각 지역의 허브로 이동한다.

이 과정은 '허브앤스포크(Hub and Spoke)' 구조로 설명할 수 있다. 중심 허브에서 전국 각지로 물류가 퍼져나가는 방식이다. 이 단계에서는 얼마나 빠르고 효율적으로 대량 상품을 운송하느냐가 핵심이다.

마지막 단계는 '라스트 마일 배송(Last Mile Delivery)'.

바로 우리 집 앞까지 도착하는 과정이다. 이 구간은 물류 전체 과정 중 가장 비싸고 까다롭다. 서울 한복판처럼 복잡한 곳에서는 택배차나 오토바이, 심지어 걸어서 배송하는 경우도 있다. 미국에서는 아마존이 드론과 로봇을, 한국에서는 쿠팡이 로켓배송을 위해 자사 직고용 인력을 활용하는 식이다.

빠른 배송은 어떻게 가능해졌을까? : 기업별 전략

온라인 쇼핑이 이토록 빠르게 진화한 이유는 기업들의 끊임없는 혁신

---

[04] "미국 물류 자동화의 미래, 로보틱스가 만드는 아마존의 스마트 창고", KOTRA 해외시장뉴스(2025.5.16.)

때문이다. 특히 한국의 쿠팡, 미국의 아마존, 그리고 신선식품 전문 플랫폼인 마켓컬리는 각자 다른 방식으로 물류 시스템을 혁신하고 있다.

쿠팡 – 전국 단위의 로켓배송

쿠팡은 고객이 '밤 11시에 생수를 주문하면 다음 날 새벽 7시에 도착'하는 시스템을 만들었다. 비결은 전국에 분포한 '풀필먼트 센터'와 자사 배송 인력이다. 이 센터들은 주요 도시와 가까운 곳에 있어 주문이 들어오면 즉시 상품을 출고할 수 있다. AI로 수요를 예측해 인기 상품을 미리 배치하고, 재고 회전율도 높인다.

아마존 – 기술 중심의 글로벌 물류 혁신

아마존은 전 세계에서 가장 정교한 물류 시스템을 갖춘 기업 중 하나다. 고객이 뉴욕에서 헤드폰을 주문하면, AI가 가장 가까운 창고의 재고를 찾고 로봇이 포장한 뒤, 몇 시간 내 배송 차량이 출발한다. 일부 지역에선 드론을 통한 배송 시험도 진행 중이다. 첨단물류센터와 프라임 멤버십을 결합한 '1~2일 내 도착' 서비스는 업계의 기준을 바꿔놨다.[05]

마켓컬리 – 신선식품은 더 까다롭다

마켓컬리는 냉장·냉동 보관이 필요한 신선식품을 대상으로 새벽배송 서비스를 운영한다. 고객이 밤 10시에 주문한 유기농 채소는 냉장 창고에서 포장돼, 새벽에 신선한 상태로 문 앞에 도착한다. 이를 가능케 하는 건

---

[05] "아마존 특허로 보는 물류산업 지각변동", 코리아쉬핑가제트(2018.10)

'콜드체인(Cold Chain)' 물류 시스템과 AI 기반 배송 경로 최적화 기술이다.

온라인 물류가 만든 새로운 변화들

물류 시스템의 진화는 단지 '빨라졌다'는 수준을 넘어서, 우리 생활과 도시 구조까지 바꾸고 있다.

우선, 소비자의 쇼핑 방식이 완전히 달라졌다.

빠른 배송은 '당연한 서비스'가 되었고, 반복적으로 사야 하는 생필품은 정기배송으로 받아본다. '샴푸 떨어졌네'라는 생각이 들 때쯤 이미 도착해 있는 시스템은 소비자 부담을 줄이고 만족도를 높인다.

기업들도 물류 혁신에 사활을 걸고 있다.

배송 속도가 기업의 브랜드 가치를 결정짓는 시대다. 이에 따라 많은 기업이 자동화 설비에 투자하거나, 물류 스타트업과 협업하며 경쟁력을 확보하고 있다. 배달의민족, 쿠팡이츠처럼 음식 배달 앱들도 자체 물류망을 확장 중이다.

도시 구조에도 변화가 생기고 있다.

과거에는 외곽에 대형 물류센터를 두었지만, 지금은 도심 가까이에 소규모 물류 거점을 설치하는 '마이크로 풀필먼트(MFC)' 전략이 주목받는다. 이는 도심의 빠른 배송 수요에 대응하면서도 교통 혼잡과 탄소 배출을 줄이는 데 기여한다. 실제로 유럽과 일본에서는 전기 배송 차량이나 자전거 배송이 활성화되어 친환경적 접근도 동시에 이루어지고 있다.

미래의 온라인 쇼핑, 그 열쇠는 물류에 있다

앞으로도 온라인 쇼핑은 더 똑똑해지고 더 빨라질 것이다. 고객이 생각만 해도 물건이 집에 도착하는 '예측 배송', AI가 추천하는 상품을 자동으로 보내주는 '맞춤형 정기배송', 드론과 자율주행차가 활약하는 배송 시대가 곧 도래할 것이다.

이런 변화의 중심에 항상 물류가 있다. 우리가 무심코 누른 '구매하기' 버튼 뒤에는 수많은 물류 시스템이 실시간으로 움직이고 있다. 물류는 전자상거래의 숨은 주인공이자, 미래 혁신의 열쇠다. 그리고 우리는 이 진화의 중심에서, 클릭 한 번으로 더 똑똑하고 지속가능한 쇼핑의 미래를 누릴 준비를 하고 있다.

2. 라스트 마일 배송과 초고속 배송 경쟁

물류는 단순히 상품을 이동시키는 과정이 아니라, 우리가 일상에서 느끼는 '편리함'을 실현하는 기술과 시스템의 총체다. 특히 온라인 쇼핑의 마지막 단계, 바로 '라스트 마일 배송(Last Mile Delivery)'은 이 편리함을 눈앞의 현실로 만들어주는 결정적 순간이다. 우리가 클릭한 지 몇 시간도 되지 않아 상품이 도착하는 이 경험 뒤에는 기업들의 치열한 경쟁과 혁신이 존재한다. 이 장에서는 소비자와 가장 가까운 거리에서 벌어지는 물류의 최전선, 라스트 마일 배송의 세계를 쉽게 풀어본다.

배송의 하이라이트, 라스트 마일 배송

쇼핑몰에서 주문을 완료하고, 상품이 집 앞에 도착하는 그 짧은 시간 동안 무슨 일이 벌어질까?

라스트 마일 배송은 전체 물류 흐름의 마지막 단계다. 상품은 먼저 대형 물류센터에서 지역 배송 거점으로 옮겨진 뒤, 그곳에서 다시 우리 집으로 향한다. 이 마지막 구간이 바로 '라스트 마일'이다. 말은 짧지만, 실제로는 물류비의 절반 이상이 이 구간에 몰린다.

왜 이렇게 비용이 많이 들까?

- 배송지마다 거리, 건물 구조, 접근성이 다르다.
- 단독주택, 고층 아파트, 골목길 등 장소가 다양하다.

- 도심과 농촌의 차이, 교통 체증, 날씨 변수도 있다.
- 무엇보다, 소비자의 기대가 계속 높아지고 있기 때문이다.

예전에는 이틀 걸렸던 배송이 하루 만에, 그리고 몇 시간 만에 가능해지면서 이제 사람들은 '당연히 빨리 오겠지'라고 생각한다. 기업 입장에서는 이 기대를 충족시키지 못하면 곧바로 고객을 잃게 된다. 그래서 기업들은 더 빠르고, 더 정확한 배송을 위해 라스트 마일에서 가장 많은 노력을 기울이고 있다.

누가 더 빨리? 초고속 배송 전쟁

배송 경쟁은 이제 속도 싸움이다. 하루 배송은 기본, 몇 시간 안에 도착해야 살아남는 시대가 되었다. 주요 기업들의 사례를 통해 어떤 전략이 사용되고 있는지 알아보자.

쿠팡 – 로켓배송으로 일상이 바뀌다

쿠팡은 '오늘 주문, 내일 도착'이라는 슬로건으로 한국 소비자들의 기준을 바꿨다.
- 전국 물류센터를 기반으로 빠른 출고가 가능하다.
- '쿠팡친구'라는 자체 배송 인력 운영으로 제3자 택배사 없이 배송 속도와 품질을 통제한다.
- 신선식품에 특화된 새벽배송 시스템으로 밤 11시에 주문해도 다음날 아침에 받아볼 수 있다.

예를 들어, 서울 성수동에 사는 사람이 밤 10시에 물티슈를 주문하면,

바로 근처의 물류센터에서 포장돼 쿠팡친구가 새벽에 배송하는 구조다.

아마존 – 1시간 배송과 드론 실험

아마존은 전 세계에서 가장 혁신적인 물류 기업 중 하나다.

- 일부 도시에서는 '프라임 나우' 서비스를 통해 1시간 안에 상품을 받을 수 있다.
- 드론 배송 'Prime Air'를 실험하며, 배송 시간을 '몇 분' 단위로 줄이고 있다.
- 도시 중심에 '마이크로 풀필먼트 센터(MFC)'를 설치해 빠른 출고를 실현한다.

예를 들어, 미국 샌프란시스코에 사는 고객이 유아용 기저귀를 주문하면, 가장 가까운 마이크로 창고에서 상품이 출고되고, 드론이나 빠른 배송차량이 수 분 내로 배송을 완료할 수 있다.

배달의민족 – 음식도 생필품도 30분 내

'퀵커머스'라는 개념을 대중화한 대표주자가 바로 배달의민족이다.

- 'B마트'를 통해 라면, 물티슈, 세제 같은 생필품을 30분 내로 배달한다.
- '배민라이더스'는 AI 기반 배차 시스템으로 음식 배달 시간을 단축한다.
- 자율주행 로봇으로 일부 지역에서 로봇 배달도 실험 중이다.

즉, 오늘 저녁이 고민되면 20분 내로 음식이 도착하고, 필요한 생필품까지 함께 받을 수 있는 '즉시 쇼핑' 시대가 열린 셈이다.

더 빠른 배송을 위한 기술의 진화

초고속 배송이 가능해진 이유는 '기술' 덕분이다. 기업들은 다양한 첨단 기술을 도입해 라스트 마일을 혁신하고 있다.

[표 1-1] 초고속 배송 서비스가 가능한 주요 기술

기술 유형	설명	적용 기업 및 사례
자율주행 배송 차량	로봇이나 무인 트럭이 캠퍼스나 도심 내에서 배송 수행	스타쉽 로보틱스, 뉴욕 대학교 캠퍼스 내 실증 운영 등
드론 배송	하늘을 이용해 교통 체증을 피하고, 빠르게 배송	아마존 Prime Air, 구글 Wing, 월마트 등
도심형 마이크로 물류센터(MFC)	도심 인근 소형 창고에서 빠르게 출고 가능	쿠팡, 아마존, B마트 등
AI 배송 경로 최적화	실시간 교통 분석 및 자동 배차, 효율적인 루트 구성	배달의민족, CJ대한통운, 쿠팡, 아마존 등

이러한 기술 덕분에 소비자들은 클릭한 지 30분도 안 돼서 상품을 받을 수 있게 되었고, 기업은 비용을 절감하면서도 만족도를 높일 수 있게 되었다.

배송 속도만큼 고민도 빨라진다

하지만 속도가 빨라질수록 고민도 깊어진다. 빠른 배송을 위해 투입되는 인력, 차량, 포장재는 비용과 환경 부담으로 이어진다. 그래서 기업들은 '빠르면서도 지속가능한' 물류 시스템을 만들기 위해 노력 중이다.

- 전기 배송차 도입으로 탄소 배출을 줄이고,
- 재사용 가능한 친환경 포장재를 확대하고 있으며,

- 자율주행과 드론으로 인력 부담을 줄이려 하고 있다.

실제로 일본의 야마토운수는 전기 카트를 이용한 도심 배송을, 프랑스의 카르고(Cargonautes)는 자전거 배송 시스템을 운영하며 친환경 라스트 마일 모델을 실험 중이다.[06]

라스트 마일, 도시의 풍경을 바꾸다

라스트 마일 배송은 단지 상품을 빠르게 전달하는 기능을 넘어서, 도시의 모습을 바꾸는 역할도 한다. 골목마다 설치된 스마트 보관함, 밤늦게까지 오가는 전기배송차량, 자동 주차하는 자율배송 로봇까지—이제 도시의 풍경에는 물류가 녹아 있다.

그리고 이 변화는 계속될 것이다. 머지않아 우리는 '클릭 후 10분 배송'이 일상이 되는 시대를 맞이할지도 모른다. 그 중심에는 바로 라스트 마일의 혁신이 있다.

물류는 마지막 순간에 진짜 가치를 만들어낸다. 빠르고, 편리하고, 지속가능한 배송을 향한 여정은 지금 이 순간에도 계속되고 있다.

3. 물류 플랫폼과 풀필먼트 센터

우리는 스마트폰 화면을 스치듯 넘기고, '구매하기' 버튼을 누른다. 그러면 몇 시간 뒤 택배가 집 앞에 도착한다. 너무나 당연하게 여겨지는 이

---

[06] http://www.cargonautes.fr

일상 속에는 거대한 물류 플랫폼과 풀필먼트 센터가 숨겨져 있다. 이 시스템이 없었다면 온라인 쇼핑은 지금처럼 빠르고 편리하지 않았을 것이다. 이 장에서는 우리가 알지 못했던 물류의 핵심, 물류 플랫폼과 풀필먼트 센터의 세계를 쉽게 풀어본다.

쇼핑 뒤에서 움직이는 '보이지 않는 손' - 물류 플랫폼

온라인 쇼핑몰에서 결제를 완료하는 순간, 눈에 보이지 않는 시스템이 즉시 움직인다. 바로 물류 플랫폼이다. 이 플랫폼은 상품이 어디에 있는지 실시간으로 파악하고, 어떤 경로로 출고해야 가장 빠른지를 계산한다. 또한, 비용과 시간 면에서 최적의 배송 방식을 자동으로 결정한다.

예를 들어, 쿠팡에서 운동화를 주문하면 물류 플랫폼은 해당 제품이 어디 창고에 있는지를 파악하고, 주문자의 집과 가장 가까운 센터에서 출고 지시를 내린다. 동시에 쿠팡친구 중 가장 적합한 기사에게 배송을 배정한다. 이 모든 과정은 사람이 아니라 AI 기반 시스템이 실시간으로 처리한다.

이처럼 물류 플랫폼은 단순히 창고를 연결하는 기능을 넘어, 온라인 쇼핑 전체 흐름을 제어하고 있는 '두뇌' 같은 역할을 한다.

창고를 넘어선 물류 허브 – 풀필먼트 센터

과거의 물류센터가 '상품을 보관하는 장소'였다면, 오늘날의 풀필먼트 센터는 '상품을 출고하는 공장'에 가깝다. 풀필먼트(Fulfillment)는 '이행' 또는 '충족'이라는 뜻처럼, 고객의 주문을 충실히 실행하는 공간이다.

풀필먼트 센터는 다음과 같은 특징을 가진다.
- 주문이 들어오면 자동으로 피킹 → 포장 → 배송까지 연결된다.
- AI와 로봇이 상품을 빠르게 찾아 포장 작업까지 수행한다.
- 어떤 상품을 얼마나 보유해야 할지까지 예측해 미리 준비한다.

즉, 소비자가 주문한 순간부터 상품이 손에 쥐어지기까지의 모든 물류 흐름을 한 공간에서 처리할 수 있는 첨단 물류 허브다.

기업들은 어떻게 활용할까?

쿠팡 – 로켓배송의 원동력

쿠팡은 전국 곳곳에 자체 풀필먼트 센터를 구축해, '오늘 주문, 내일 도착'이라는 로켓배송을 실현했다. 주문이 들어오면 가장 가까운 창고에서 자동으로 상품을 출고하고, 쿠팡친구가 직접 고객에게 전달한다. 창고 안에서는 로봇이 피킹과 포장을 도와주며, AI는 재고를 분석해 필요한 상품을 사전에 배치해둔다.

예를 들어, 부산에 사는 고객이 밤 11시에 전자제품을 주문하면, 쿠팡의 부산 물류센터에서 새벽에 포장 후 바로 출고되어 아침까지 도착하는 식이다.

아마존 – 세계 최대의 풀필먼트 네트워크

아마존은 전 세계 100개 이상의 풀필먼트 센터를 보유하고 있다. 미국 내 대부분의 도시에 있는 이 센터들은 '2시간 배송(Prime Now)'이 가능하도록 설계되어 있다. 내부는 거의 자동화되어 있어, 로봇이 상품을 선반에서 꺼내고, 포장까지 자동으로 이뤄진다. 일부 지역에서는 드론을 활용해 배송 시간을 더욱 줄이고 있다.

예를 들어, 뉴욕의 한 고객이 휴대폰 충전기를 주문하면, 아마존은 가까운 MFC에서 자동으로 출고하고, 몇 시간 안에 드론 또는 차량으로 배송한다.

마켓컬리 – 신선식품도 빠르게

마켓컬리는 냉장·냉동 시스템을 갖춘 콜드체인 풀필먼트 센터를 운영하며, 식료품도 빠르게 배송한다. 밤 11시까지 주문하면 다음 날 아침 7시 전에 집 앞에 도착한다. AI는 신선도와 도로 상황을 고려해 가장 적절한 배송 시간을 계산하고, 냉장상태를 유지한 채 안전하게 배달한다.

예를 들어, 성수동 고객이 유기농 달걀과 연어를 밤 10시에 주문하면, 마켓컬리는 냉장 창고에서 포장 후 새벽 3시에 출고해 오전 6시에 문 앞에 두고 간다.

소비 문화를 바꾼 물류 시스템

물류 플랫폼과 풀필먼트 센터의 도입은 단지 기업의 운영 방식을 바꾼 것이 아니다. 우리의 쇼핑 습관과 소비 생활 전반을 변화시켰다.

[표1-2] 물류 플랫폼과 풀필먼트 센터가 바꾼 소비문화

변화 영역	주요 변화 내용	설명
배송 속도 혁신	하루 배송 → 몇 시간 내 배송	대부분의 상품(신선식품, 전자제품, 생필품 등)이 당일 또는 수시간 내 배송 가능
소비자 만족도 증가	정기 배송·예약 배송 가능	소비자가 원하는 시간에 맞춰 정확하게 상품 수령 가능. 구독 서비스 활성화
기업 경쟁 심화	배송 속도가 핵심 경쟁력으로 부상	쿠팡, 아마존, 마켓컬리 등 주요 이커머스 기업들이 물류 시스템에 대규모 투자 중

배송 속도는 이제 단순한 편의가 아니라, 브랜드의 신뢰도와 경쟁력을 결정짓는 요소가 되었다. 그래서 기업들은 물류 자동화, AI, 로봇 도입에 사활을 걸고 있다.

물류가 전자상거래의 미래를 만든다

이제는 좋은 상품만으로는 충분하지 않다. 아무리 품질 좋은 제품이라도 배송이 느리면 외면받는다. 그래서 쿠팡은 로켓배송에, 아마존은 드론과 자동화 센터에, 마켓컬리는 콜드체인과 새벽배송에 투자를 아끼지

않는다.

앞으로는 자율주행 배송차, AI 창고, 드론 배송이 보편화되면서 '주문 후 10분 내 도착'이라는 시대가 도래할 것이다. 그렇게 되면 쇼핑은 더 이상 시간과 장소의 제약을 받지 않게 된다.

우리가 무심코 누른 '구매하기' 한 번이 거대한 물류 네트워크를 움직이고, 이 시스템이 바로 전자상거래의 현재이자 미래를 결정하고 있다. 풀필먼트 센터와 물류 플랫폼이 이끄는 이 변화의 물결 속에서, 우리의 소비문화도 함께 진화하고 있다.

Column 1

플랫폼 전략 : 물류 산업의 게임 체인저

우리는 클릭 한 번으로 쇼핑을 끝내지만, 그 뒤에서는 수많은 주체들이 물건을 준비하고, 포장하고, 옮기고 있다. 이 모든 과정을 효율적으로 이어주는 게 바로 '플랫폼'이다. 플랫폼 전략은 단순한 기술이 아니라, 오늘날 물류 산업의 판을 바꾸는 게임 체인저다.

플랫폼 전략이란 무엇일까?
플랫폼 전략은 다양한 사람이나 기업을 한자리에 모아 서로 연결되게 만드는 전략이다. 예를 들어, 일본의 '라쿠텐'은 수많은 판매자들이 모여서 물건을 파는 온라인 쇼핑몰이다. 라쿠텐이 직접 물건을 만들거나 팔지 않지만, '장(場)'을 만들었기 때문에 수많은 판매자와 소비자가 이 플랫폼 안에서 거래를 한다.
이런 플랫폼 전략은 이제 쇼핑뿐 아니라 물류 산업에서도 중심적인 역할을 하고 있다. 과거에는 제조업체, 창고, 운송업체, 소비자가 각자 따로 움직였다면, 이제는 플랫폼이 이들을 연결해 하나의 '물류 생태계'를 만든다. 이는 속도와 비용, 고객만족까지 모든 면에서 큰 변화를 만들고 있다.
플랫폼 전략의 강점은 다음과 같다.

첫째, 매칭 기능 : 필요한 걸 빠르게 연결하는 힘
플랫폼의 가장 큰 강점 중 하나는 '매칭 기능'이다. 예를 들어, 어떤 소비자가 경기도에 사는데, 그 물건이 부산 창고에만 있다면 배송 시간이 오래 걸릴 것이다.

하지만 플랫폼은 서울 창고에 같은 물건이 있다면 그쪽에서 출고하도록 자동으로 연결해준다. 가까운 곳에서 보내니 배송 시간도 줄고, 비용도 아낄 수 있다.
한국의 '쿠팡'은 이런 매칭 시스템을 잘 활용하는 대표적인 기업이다. 고객과 가까운 물류센터에서 물건을 발송해 '로켓배송'이라는 이름으로 빠른 배송을 실현했다. 미국의 '아마존'도 비슷하다. 고객의 위치와 주문 데이터를 분석해 최적의 창고와 운송 루트를 선택한다. 이런 방식이 가능한 이유는 모두 플랫폼 기반의 매칭 기술 덕분이다.

둘째, 정보 통합과 최적화 : 공급망 전체를 똑똑하게 만든다
플랫폼은 수많은 데이터를 한곳에 모으고, 그 데이터를 똑똑하게 활용할 수 있게 만든다. 예를 들어, 상품 재고가 얼마나 있는지, 어느 지역에서 수요가 늘어나는지, 배송 차량이 어디에 있는지를 한눈에 파악할 수 있다.
이런 정보는 '예측'에도 쓰인다. 날씨, 계절, 트렌드 등을 분석해 어느 상품이 언제 많이 팔릴지를 미리 예측할 수 있다. 미국의 물류 스타트업 'Flexport'는 바로 이런 예측 분석 기술로 물류 효율을 높이고 있다. 한국에서도 마켓컬리는 데이터를 기반으로 신선식품 수요를 예측해 정확하게 물건을 준비하고 있다. 덕분에 음식이 상하지 않고, 재고도 낭비되지 않는다.

셋째, 커뮤니티와 네트워크 효과 : 작은 기업도 함께 성장할 수 있다
플랫폼은 단순한 연결을 넘어서, 참여자들 사이에 '커뮤니티'를 만든다. 중소기업, 1인 쇼핑몰, 지역 소상공인도 플랫폼을 통해 고객과 연결되고, 창고나 배송 서비스를 쉽게 이용할 수 있다.
예를 들어, 작은 식품업체가 만든 건강 간식을 팔고 싶은데, 유통망이 없다면 고객을 만나기 어렵다. 하지만 플랫폼에 입점하면 창고, 포장, 배송까지 연결된 물류 서비스를 쉽게 이용할 수 있다. 이런 구조는 혼자서는 어려웠던 사업을 가능하게 만든다.
또한, 플랫폼 안에서는 판매자들끼리도 정보를 나누고, 리뷰나 피드백을 통해 서로 배우는 문화가 생긴다. 이는 결국 서비스 품질을 높이고, 더 좋은 제품을 만드는 데 도움이 된다.

넷째, 삼각 프리즘 기능 : 전혀 다른 이들을 연결해주는 다리
플랫폼은 단순히 기존의 거래자만 연결하는 게 아니다. 서로 전혀 관계없던 이들까지도 이어주는 '삼각 프리즘' 같은 기능도 한다.
예를 들어, 지역 농민과 도시 소비자를 직접 연결해주는 농산물 유통 플랫폼이 있다. 중간 유통업자 없이 농민이 직접 소비자에게 신선한 농산물을 보낼 수 있고, 소비자는 품질 좋고 저렴한 가격에 식재료를 받을 수 있다. 서로 만날 일이 없던 두 집단이 플랫폼 덕분에 만나고, 새로운 거래가 생기는 것이다.
이런 방식은 중간 단계가 줄어 비용이 낮아지고, 지역 경제도 살아나는 효과가 있다. 한국의 '로컬푸드 직거래 플랫폼'이나, 일본의 '산지직송 서비스'들이 이 같은 역할을 한다.

세계가 주목하는 물류 플랫폼 기업들
미국의 'Convoy'[07], 'Uber Freight', 'Project44' 같은 기업들은 디지털 기술을 활용해 물류를 플랫폼화하고 있다. 인공지능을 활용해 가장 빠른 운송 루트를 계산하거나, 실시간으로 화물 위치를 보여주는 서비스는 이제 기본이 됐다.
한국의 컬리는 '샛별배송'이라는 신선식품 배송 서비스를 위해 자체 플랫폼을 만들었고, 이를 통해 유통 구조 전체를 바꿔놓았다. 쿠팡 역시 자체 물류 시스템을 플랫폼화해 수많은 중소 판매자가 쉽게 고객에게 도달할 수 있게 했다.

플랫폼 전략, 물류의 미래를 결정짓는다
결국 플랫폼 전략은 물류 산업을 더 빠르고, 더 정확하며, 더 친환경적으로 만드

---

[07] "[물류 다이나믹스(Dynamics)(19)] '디지털 화물운송 네트워크'의 강자 Convoy(미국)", (출처 https://www.news2day.co.kr/article/20220901500257)

는 데 핵심 역할을 하고 있다. 물건을 만드는 사람, 보관하는 곳, 운송하는 회사, 그리고 물건을 받는 고객까지 — 이 모두를 하나의 플랫폼 안에서 연결하고 최적화하는 것이 바로 '물류 플랫폼'의 힘이다.

이제 물류는 단순한 '배송'이 아니라, 데이터와 기술, 협업으로 이루어진 새로운 산업이 되고 있다. 이 중심에 플랫폼 전략이 있다. 우리는 클릭 한 번만 했지만, 그 뒤에는 수많은 연결과 기술이 움직이고 있는 것이다.

2장

내일 도착합니다 – 빠른 배송의 비밀

"지금 주문하면 내일 도착합니다."

이 문장은 이제 우리에게 너무나 익숙하다. 예전에는 인터넷으로 물건을 주문하고 며칠을 기다리는 것이 당연했지만, 이제는 '하루 배송'이 기본이 되었고, 몇 시간 내 도착하는 '즉시 배송'도 놀랍지 않다. 쿠팡의 로켓배송, 마켓컬리의 새벽배송, 아마존의 프라임 서비스까지—우리는 클릭 한 번만으로 세탁세제, 채소, 전자기기까지 바로 문 앞에서 받을 수 있는 시대에 살고 있다.

하지만 이 빠른 배송이 과연 어떻게 가능해진 걸까? 단순히 "배송 기사님이 열심히 뛰어서"는 설명이 되지 않는다. 그 뒤에는 정교하게 설계된 물류 인프라, 기술 혁신, 시스템 최적화가 복합적으로 작동하고 있다.

이 장에서는 '빠른 배송'이라는 마법 같은 경험 뒤에 어떤 물류 혁신이 숨어 있는지, 우리 일상에 어떤 영향을 주고 있는지를 쉽게 풀어본다. 새벽배송 · 당일배송 · 즉시배송을 가능하게 하는 물류 혁신, 그리고 도시

물류와 마이크로 허브의 역할을 살펴본다. 우리가 아무렇지 않게 이용하는 빠른 배송의 이면에는, 복잡한 물류 네트워크와 수많은 기술적 진보가 숨겨져 있다. 빠른 배송의 비밀을 이해하면, 우리가 소비하는 모든 제품이 어떻게 움직이는지, 그리고 물류가 현대 사회에서 얼마나 중요한 역할을 하는지 더욱 깊이 알 수 있을 것이다.

4. 24시간 배송이 가능한 이유

밤 10시에 생수를 주문하고, 아침 7시에 집 앞에서 받아본 적이 있는가? 지금은 너무나 익숙한 이 경험도 불과 몇 년 전만 해도 상상하기 어려운 일이었다. 예전엔 인터넷 쇼핑을 하면 며칠은 기다려야 했고, 배송이 늦어지면 그저 '그러려니' 해야 했다. 하지만 지금은 하루 배송은 물론, 몇 시간 내 즉시 배송까지 가능하다. 쿠팡의 로켓배송, 마켓컬리의 새벽배송, 아마존의 프라임 서비스는 우리에게 "내일 도착합니다"라는 약속을 당연한 것으로 만들었다.

그렇다면 어떻게 이런 일이 가능할까? 빠른 배송이 실현되기 위해 어떤 기술이 동원되고, 어떤 시스템이 작동하는지, 그리고 이것이 우리의 삶을 어떻게 바꾸고 있는지를 친근한 예시와 함께 쉽게 풀어본다.

내일 배송이 가능한 진짜 이유

단지 배송 기사가 열심히 달리는 것만으로는 하루 배송은 불가능하다. 실제로는 아래 네 가지 요소가 정교하게 맞물려 있어야 가능하다.

풀필먼트 센터 – '보관 창고'에서 '출고 공장'으로

과거의 물류창고는 상품을 쌓아두는 곳이었다. 그러나 지금의 풀필먼트 센터는 주문이 들어오자마자 상품을 꺼내고, 포장하고, 출고까지 하는 '즉시 반응형' 창고다. AI가 실시간으로 주문을 분석하고, 가장 가까운 센터에서 출고를 지시한다. 전국에 여러 개의 풀필먼트 센터가 분산 배치되어 있어, 고객과 가까운 곳에서 바로 배송이 시작된다.

예를 들어, 서울 용산에 사는 고객이 밤

풀필먼트 센터

자체 배송 시스템

도심형 마이크로 허브 AI 배송 경로 최적화

24시간 배송이 가능한 진짜 이유

11시에 신발을 주문하면, 가장 가까운 물류센터에서 포장 후 바로 배송 차량에 실려 출발한다.

자체 배송 시스템 – 속도와 품질을 동시에

기존에는 CJ대한통운 같은 외부 택배사를 이용했지만, 쿠팡은 직접 배송 인력을 운영한다. '쿠팡친구'라는 이름으로 불리는 이 배송 인력들은 쿠팡의 배송만 전담하며, 전용 시스템으로 배차와 이동 경로를 관리한다. 이 시스템 덕분에 상품 분류, 이동, 배차, 배송에 걸리는 시간을 줄이고, 서비스 품질까지 유지할 수 있다.

도심형 마이크로 허브 – 더 가까이, 더 빠르게

대형 물류센터가 외곽에만 있다면 배송은 느려질 수밖에 없다. 그래서 기업들은 도심 곳곳에 '마이크로 허브'를 설치하고 있다. 이 허브는 소형이지만 빠른 출고가 가능한 설비를 갖추고 있어, 도심 내 즉시 배송을 실현하는 핵심 역할을 한다.

미국 뉴욕의 아마존 프라임 나우 허브는 대표적인 예다. 고객이 주문하면 몇 블록 떨어진 허브에서 곧장 상품이 출고되어 1~2시간 내에 문 앞까지 도착한다.

AI 배송 경로 최적화 – 가장 빠른 길은 AI가 안다

사람보다 AI가 교통 상황, 날씨, 주문 밀도 등을 더 정확하게 파악하고, 가장 빠른 길을 계산한다.

예를 들어, 마켓컬리는 밤 10시에 들어온 신선식품 주문을 분석해, 새벽 시간대 교통 흐름과 고객의 위치를 반영한 최적의 배송 경로를 자동으로 만든다. 덕분에 냉장 우유도 새벽에 신선하게 도착할 수 있다.

로켓배송과 새벽배송, 어떻게 돌아갈까?

쿠팡 로켓배송 – "오늘 주문, 내일 도착"

쿠팡은 빠른 배송을 위해 세 가지를 갖췄다.

- 전국 100여 개의 풀필먼트 센터
- 자체 배송망 '쿠팡친구' 운영
- AI 주문 예측 시스템

이 조합 덕분에 밤늦게 주문해도 다음 날 아침에는 문 앞에 상품이 도착한다. 예를 들어, 밤 11시에 생수를 주문하면, 서울 근처 센터에서 자동 출고 → 새벽 차량 출발 → 아침 전 도착이라는 흐름이 자동으로 작동한다.

마켓컬리 새벽배송 – 신선함을 담아 새벽에

신선식품은 일반 택배처럼 다룰 수 없다. 그래서 마켓컬리는 냉장·냉동 시스템을 갖춘 콜드체인 풀필먼트 센터를 운영한다. 밤 11시 주문 → 냉장센터에서 새벽 3시 출고 → 전용 냉장 차량으로 배송 → 오전 6~7시 고객 도착

AI가 주문 데이터를 분석해 인기 상품을 미리 배치하고, 도로 상황까지 고려해 최적의 배송 루트를 구성한다. 이 모든 과정이 자동으로 이루어진다.

24시간 배송이 만든 소비 습관의 변화

배송이 빨라지면 소비자의 행동도 달라진다. 실제로 우리 삶에 다양한 변화가 나타나고 있다.

즉시 구매 문화 확산

이전에는 필요한 물건이 생기면 "나중에 몰아서 사야지"였지만, 이제는 "지금 당장 주문하면 내일 오니까 지금 사자"로 바뀌었다. 심지어 장보기도 즉시배송으로 해결하는 시대다.

쇼핑 기준의 변화

이제는 '상품 가격'보다 '배송 속도'가 쇼핑몰 선택의 기준이 되고 있다. 똑같은 제품이라도 더 빨리 배송해주는 곳을 선호하는 현상이 뚜렷하다.

기업 간 퀵커머스 경쟁

쿠팡 퀵배송, 배달의민족 B마트 등 몇 시간 내 즉시배송 서비스가 급속도로 확대되고 있다. 속도 경쟁은 가격 경쟁보다 훨씬 치열하다.

새로운 인프라의 등장

도심형 허브, 전기차 배송, 드론 테스트, 자율주행 로봇 도입 등 도시 곳곳이 새로운 물류 인프라로 변하고 있다. 물류가 도시의 풍경을 바꾸고 있는 셈이다.

내일 배송, 어디까지 가능할까?

지금은 '내일 도착합니다'가 빠른 배송의 상징이지만, 머지않아 '1시간 이내 배송', '10분 배송'도 일상이 될지 모른다. 기술은 이미 준비되고 있다.

- AI가 미리 고객의 수요를 예측해 상품을 선발송
- 드론이 아파트 베란다에 착륙해 배송
- 자율주행 로봇이 복도를 누비며 문 앞까지 배달

배송의 속도는 점점 더 빨라지고, 소비자의 기준은 계속 올라간다. 그 결과, 물류는 더 이상 기업의 '뒷단'이 아니라, 고객 경험을 결정하는 '전면'이 되었다.

'오늘 주문, 내일 도착'의 시대를 만든 것

24시간 배송은 단순한 시간 단축이 아니다. 기술, 인프라, 시스템, 그리고 사람의 노력이 맞물린 결과다. 우리는 클릭 한 번으로 이 모든 결과를 누리고 있는 셈이다.

이제 물류는 단지 상품을 전달하는 일을 넘어서, 우리의 소비방식, 도시 구조, 시간 감각까지 바꾸고 있다. '내일 도착합니다'는 서비스 문구가 아니라, 현대 사회의 속도를 상징하는 문장이 되었다. 그리고 이 문장을 가능하게 만든 것이 바로 물류 혁신이다.

5. 도심 물류와 도심형 물류센터

퇴근길에 비가 쏟아져 우산이 급하게 필요했을 때, 스마트폰을 열고 클릭 한 번으로 우산을 주문하고, 20분 만에 받아본 경험이 있는가? 이제 우리는 '미리 준비하는 소비'가 아니라, '필요한 순간에 바로 주문하는 소비'에 익숙해지고 있다. 이 변화의 중심에는 '도심 물류'라는 새로운 물류 전략이 있다.

과거에는 경기도 외곽 창고에서 서울까지 하루 넘게 걸리던 배송이, 이제는 서울 강남 한복판의 마이크로 물류 거점에서 몇 시간 안에 처리된다. 이는 단순히 창고 위치만 바뀐 것이 아니라, 도시와 물류가 다시 연결되고 있는 흐름의 시작이다. 이 장에서는 도심 물류가 왜 중요한지, 도심형 물류센터는 무엇이며, 우리 일상에 어떤 변화를 만들고 있는지를 쉽고 생생하게 살펴본다.

도심 물류란 무엇인가 – '더 가까운 창고'가 만든 빠른 세상

예전에는 물류센터가 대부분 도심 외곽에 위치했다. 땅값이 저렴하고 넓은 부지를 확보하기 쉬웠기 때문이다. 하지만 이 방식은 '배송 거리'라는 한계를 가지고 있었다. 상품을 출고하더라도 고객의 집까지 가는 데 시간이 오래 걸렸다.

도심 물류(Urban Logistics)는 이 문제를 해결하기 위해 도심 내부 또는 인접 지역에 소규모 물류 거점을 운영하는 전략이다. 고객과 가까운 곳에서 상품을 보관하고 바로 출고하니, 배송 속도는 비약적으로 빨라진다.

[표1-3] 도심 물류(Urban Logistics)의 변화

구분	기존 물류 시스템	도심 물류 시스템
물류센터 위치	도심 외곽(저렴한 땅값, 대규모 창고)	도심 내부 또는 인접 지역 (마이크로 허브)
상품 보관 위치	외곽의 대형 창고에 집중	소비자와 가까운 곳에 분산 보관
출고 및 배송 방식	먼 거리에서 출고되어 장거리 운송 필요	주문 즉시 근거리에서 출고 가능

구분	기존 물류 시스템	도심 물류 시스템
배송거리·시간	장거리운송 → 수시간~ 1일 이상	근거리 출고 → 수시간 내 배송 가능
배송 효율성	거리·시간 부담으로 배송 지연 가능성 높음	신속한 배송 가능, 고객 만족도 향상
대표 예시	경기도 외곽 → 서울 도심까지 하루 이상 소요	서울 도심 마이크로 허브 → 몇 시간 내 배송 완료
소비자 만족도	배송 지연 발생 가능성 높음	빠른 배송으로 만족도 향상

도심형 물류센터란 무엇인가 – '도심 속 작은 창고'의 큰 역할

도심형 물류센터(Urban Fulfillment Center 또는 Urban Logistics Hub)는 도시 한복판 또는 도심과 가까운 지역에 위치한 소규모·고밀도 물류 거점을 말한다. 이 센터는 소비자와 가까운 위치에서 빠른 배송을 실현하기 위한 소형 물류창고로 '즉시배송', '새벽배송', '퀵커머스' 같은 초단시간 배송 수요가 증가하면서 중요성이 커지고 있다.

왜 필요한가?

도심형 물류센터는 소비자 가까이에 있는 소규모 물류창고로, 빠른 배송을 가능하게 하는 핵심 인프라이다. 전자상거래, 즉시배송, 친환경 배송 트렌드가 맞물리면서 앞으로도 중요성이 계속 커지고 있다.

[표1-4] 도심형 물류센터가 필요한 이유

이유	설명
빠른 배송 요구	쿠팡, 마켓컬리, 배민B마트처럼 몇 시간 안에 도착하는 서비스가 늘면서 도심 내에 물류거점이 필요해졌다.

이유	설명
교통 혼잡 회피	외곽 물류센터에서 도심까지 트럭이 이동하면 시간도 오래 걸리고, 비용도 증가해. 도심에 거점을 두면 이 문제를 줄일 수 있다.
공간 활용	지하주차장, 폐건물, 다층 창고 등을 리모델링해서 물류센터로 활용하기도 한다.

도심형 물류센터의 특징

- 작고 빠르다 : 공간은 작지만 기능은 강력하다. 주문이 들어오면 즉시 출고 가능.
- 도심 가까이에 있다 : 접근성이 좋아 오토바이, 전동 킥보드, 심지어 도보 배송도 가능하다.
- 기존 인프라 활용 : 유휴 상가, 지하 매장 등 기존 공간을 리모델링하여 효율적으로 구축된다.

어떤 모습인가?

- 보통 대규모 물류창고처럼 넓지 않고, 100~1000평 규모의 중소형 창고임
- 도심 속 주차장, 유휴부지, 백화점 지하, 대형마트 뒷공간, 편의점 창고 공간, 상업건물의 일부를 활용
- 자율주행 로봇, 자동 피킹 설비, 콜드체인 시설 등을 갖춘 곳도 있음
- 핵심은 고객과의 물리적 거리를 최소화하고, 바로 출고할 수 있도록 운영된다는 점

도심형 물류센터를 도입한 기업들

쿠팡 – 로켓배송을 더 빠르게 만드는 핵심

- 전국 주요 도시에 '캠프(Camp)'라는 이름의 도심형 물류센터 운영해 로켓배송 실현
- 인기 상품을 미리 분산 배치해, 바로 출고 가능
- 쿠팡친구가 바로 픽업해 배송
- 예시 : 강남에 거주 중인 고객이 밤 11시에 핸드크림을 주문하면, 강남 캠프에서 새벽에 배송

배달의민족 – B마트로 생활밀착형 배송 실현

- 편의점처럼 도심 안에 B마트를 설치하고, 즉시 배달
- 10~30분 내로 우산, 라면, 생수 같은 생활 필수품 배달
- AI 기반 배차 및 경로 최적화 시스템 도입
- 예시 : 갑작스런 소나기에 우산이 필요할 때, B마트에서 주문하면 20분 안에 도착

아마존 – 프라임 나우(Prime Now)로 1시간 배송 실현

- 뉴욕, 런던, 도쿄 등 대도시에 프라임 나우 허브 운영
- 고객이 직접 찾으러 가거나, 1~2시간 내 즉시 배송
- 내부에는 로봇과 자동화 포장 시스템 탑재
- 예시 : 뉴욕에서 스마트폰 케이블을 주문하면, 1시간 이내 도착

도심형 물류센터가 바꾼 일상

배송 속도의 혁신

예전에는 1~3일 걸리던 택배가, 이제는 몇 시간 안에 도착한다. 생필품, 신선식품도 마찬가지다. '기다림의 시대'가 끝나고, '즉시성의 시대'가 시작된 것이다.

소비 방식의 변화

'필요할 때 바로 주문하면 금방 온다'는 믿음이 생기면서, 미리 사두는 습관이 줄고, 실시간 주문 소비가 늘고 있다. 이 변화는 퀵커머스 시장의 성장으로 이어졌다.

환경을 고려한 물류

도심형 물류가 많아지면서 전기 배송차, 자율주행 로봇, 드론 같은 친환경 배송 수단이 본격적으로 도입되고 있다. 특히 유럽과 일본에서는 자전거 배송도 활성화되고 있다.

앞으로의 도시 – 물류로 다시 설계된다

도심 물류와 도심형 물류센터는 단지 배송 속도를 빠르게 하는 기술이 아니다. 도시 구조, 소비 패턴, 사람들의 시간 감각에 따라 재편되는 '인프라의 혁신'이다.

도시는 더 작게, 더 촘촘하게 물류와 연결될 것이고, 우리는 더 빠른 배송을 원하고 있고, 기업들은 더 가까운 곳에서 배송하려 한다. 이 양방향의 흐름이 만나는 지점이 바로 도심 물류와 도심형 물류센터이다. 앞으로는 무인 마이크로 풀필먼트센터, AI가 자동 주문해주는 시스템, 자율주행 로봇이 건물 복도를 돌아다니며 물건을 전해주는 세상이 올 것이다.

배송의 속도는 이제 기업의 경쟁력을 넘어 도시의 구조를 바꾸고 있다. '필요할 때, 바로 도착하는 물류'– 이제 물류는 더 이상 도시 외곽에 머물지 않는다. 도심 속 골목과 건물 안, 우리가 사는 공간 가까이에 물류가 들어오고 있다. 그 변화는 이미 시작되었다.

6. 기술과 데이터가 만드는 실시간 배송 혁신

"내 택배가 지금 어디쯤 왔을까?"

이 질문은 예전에는 단순한 궁금증이었지만, 지금은 실시간 정보로 답을 받을 수 있는 시대다. 스마트폰 앱을 열면 내 상품이 어느 물류센터에 있는지, 도로 위에 있는지, 아니면 지금 바로 집 앞으로 오고 있는지 확인할 수 있다. 심지어 몇 분 뒤 도착 예정인지도 알 수 있다.

불과 10~15년 전만 해도 '출고되었습니다'라는 메시지를 받고 막연히 하루 이틀을 기다리는 것이 당연했다. 그러나 오늘날 빠른 배송의 세계에서는 '기다림'이라는 단어가 점점 사라지고 있다.

이러한 변화의 중심에는 기술과 데이터가 있다. 빠른 배송은 단순히 트럭을 더 많이 투입하거나, 기사님이 더 열심히 뛰는 것으로 이뤄지는 게 아니다. 배송의 전체 과정을 데이터로 분석하고, 기술로 최적화하며, 문제를 사전에 예측해 해결하는 것이 핵심이다.

AI가 설계하는 '최적의 경로'

배송의 첫 단계는 '경로'를 짜는 일이다.

예전에는 기사님이 경험과 감에 의존해 배송 순서를 결정했다. 하지만 이제는 AI(인공지능)가 이 역할을 맡고 있다. AI는 수십만 건의 주문 주소를 한꺼번에 분석하고, 그날의 교통 상황·날씨·도로 공사 정보·주차 가능 여부·아파트 엘리베이터 수리 일정 등 다양한 요소를 반영해 가장 효율적인 배송 동선을 설계한다.

쿠팡은 로켓배송 차량의 경로를 매일 새벽 AI가 자동 계산해 기사에게 제공한다. 덕분에 같은 시간 안에 더 많은 상품을 배달할 수 있고, 차량의 총 주행 거리를 줄여 연료비와 탄소 배출도 절감한다.

아마존은 한 발 더 나아가, 폭설이나 허리케인 등 기상 악화가 예상되면 사전에 물량을 다른 물류센터로 이동시키는 사전 재배치(Predistribution)를 한다. 이렇게 하면 날씨로 인한 배송 지연을 최소화할 수 있다.

야마토운수는 AI 경로 최적화 시스템을 도입한 후, 1인당 하루 배송량을 늘리면서도 전체 이동 거리를 10% 이상 줄이는 성과를 냈다. 이는 곧 기사들의 피로도 감소와 운영 효율성 향상으로 이어졌다.

IoT와 센서로 '보이는 물류'

아무리 경로를 잘 짜도, 중간에 문제가 발생하면 배송이 늦어진다.

이 문제를 해결하기 위해 물류 업계는 IoT(사물인터넷)와 센서 기술을 적극 활용한다.

냉동식품·백신·화장품처럼 온도 변화에 민감한 상품은 트럭 내부에 온도 센서를 부착해 실시간으로 모니터링한다. 온도가 1도라도 벗어나면 즉시 알람이 울리고, 기사나 관제센터가 대응한다.

마켓컬리는 냉장·냉동 배송 차량의 온도를 24시간 감시하고, 이상이 감지되면 즉시 다른 차량으로 교체하거나 경유지를 변경한다.

DHL이 '스마트 컨테이너'를 도입했다. 이 컨테이너는 GPS로 위치를 추적하는 것은 물론, 온도·습도·충격 여부까지 모두 기록한다. 만약 컨테이너가 심한 충격을 받으면 자동으로 경고가 전송되어, 화물 손상 가능성을 즉시 점검할 수 있다.

이런 기술 덕분에 배송 품질은 안정적으로 유지되고, 소비자도 '내 상품이 안전하게 오고 있다'는 신뢰를 가질 수 있다.

자동화 분류 시스템 – 물류센터의 심장

빠른 배송의 핵심은 물류센터에서의 분류 속도다.

배송 물량이 아무리 많아도, 센터에서 분류 작업이 늦어지면 전체 속도가 떨어진다. 과거에는 작업자가 박스를 하나하나 확인하고 손으로 분류했다. 하지만 지금은 자동화 분류기(소터)가 초당 수십 개의 상자를 자동으로 읽고, 목적지별로 분류한다.

CJ대한통운 곤지암 메가허브 터미널은 시간당 최대 17만 개의 택배를 자동화 시스템으로 분류할 수 있다.

아마존의 '로보틱스 풀필먼트 센터'에서는 로봇이 선반째로 상품을 작업

자 앞으로 가져온다. 사람은 상품을 꺼내 포장만 하면 되기 때문에, 하루 처리량이 크게 늘어난다.[08]

라쿠텐 로지스틱스는 자동 분류기를 도입한 덕분에 24시간 내 전국 배송 체계를 안정적으로 유지하고 있다.

자동화는 단순히 속도 향상뿐 아니라 오배송률 감소, 인건비 절감, 노동 강도 완화라는 세 가지 효과를 동시에 가져온다.

실시간 소비자 연결 – 기다림의 불확실성 해소

빠른 배송을 완성하는 마지막 요소는 소비자와의 실시간 연결이다. 아무리 물류가 빨라도, 소비자가 집에 없어서 재배송을 해야 한다면 시간과 비용이 모두 낭비된다.

이를 해결하기 위해 물류 회사들은 앱, 문자 메시지, 카카오톡 알림 등을 통해 배송 예상 시간을 안내한다.

택배사들은 '배송 예정 알림'을 제공해, 배송 1~2시간 전에 예상 도착 시간을 알려준다.

아마존은 '라이브 맵(Live Map)' 기능으로 배송 차량의 현재 위치를 지도에서 보여준다.

야마토운수는 고객이 사전에 원하는 배송 시간을 지정할 수 있는 서비스를 강화해, 부재율을 크게 줄였다.

이러한 실시간 연결은 단순한 편의 기능을 넘어, 배송 성공률을 높이고, 불필요한 재방문을 줄이는 효율성으로 이어진다.

---

[08] "아마존, 물류 로봇 100만대 시대 열어… AI 기반 최적화 기술 '딥플릿'도 공개", https://www.cio.com/article/4015957/

데이터 기반 예측 배송 – '미래의 물류'가 현재로

앞으로 빠른 배송의 경쟁은 '주문 이후'가 아니라 '주문 이전'으로 확장되고 있다. 미국 아마존이 시도하는 예측 배송(Predictive Shipping)이 대표적이다.

[그림1-1] 아마존 사전 선제 배송(Anticipatory Shipping)

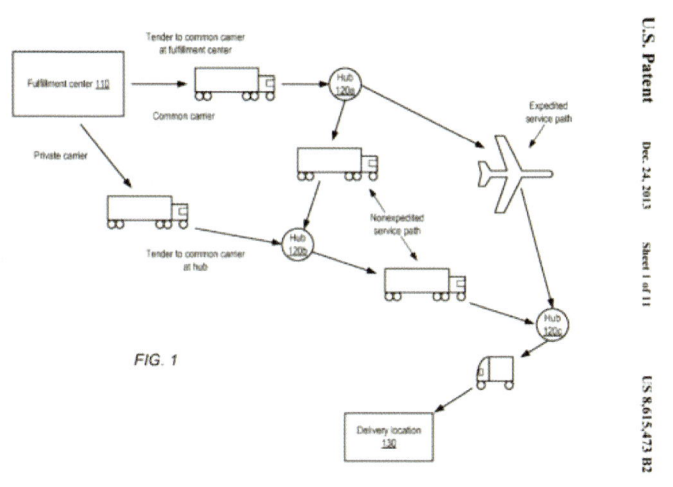

출처 : 아마존 관련 특허 문서 "Method and System for Anticipatory Package Shipping (US 8,615,473 B2)

이는 고객이 주문할 가능성이 높은 상품을 미리 해당 지역 물류센터나 차량에 배치해 두었다가, 주문 즉시 발송하는 방식이다.

AI는 고객의 구매 이력, 검색 기록, 관심 상품을 분석해 예측한다. 예를 들어, 한 소비자가 매달 첫째 주에 아기 분유를 주문한다면, 그 시기

전에 물류센터에 해당 제품을 미리 준비해 둔다. 이 방식이 완전히 상용화되면, '당일 배송'이 아니라 '몇 시간 내 배송'이 훨씬 더 일반화될 것이다.

글로벌 비교 – 기술 경쟁의 현주소

한국 짧은 지리적 거리와 촘촘한 도심형 물류 인프라, IT 친화적인 소비자 덕분에 세계 최상위권의 배송 속도를 자랑한다.

미국 거대한 국토 때문에 전국 당일 배송은 어렵지만, AI · 드론 · 자율주행 트럭 등 첨단 기술 도입 속도가 빠르다.

일본 높은 서비스 품질과 시간 지정 배송 문화가 발달해 있으며, 로봇 · AI 자동화를 통한 효율화에 집중한다.

EU DHL · DPD 등 글로벌 물류 강자가 IoT, 친환경 배송, 유럽 내 다국가 허브 네트워크 확충에 힘쓰고 있다.

앞으로의 방향 – 더 빠르고, 더 친환경적으로

빠른 배송은 이제 '특별한 서비스'가 아니라 '표준'이 되었다.

AI 경로 최적화, IoT 실시간 모니터링, 자동화 분류, 소비자 연결, 예측 배송까지—이 모든 기술이 합쳐져 하루 배송, 당일 배송, 심지어 20분 배송이 가능해졌다. 하지만 앞으로는 속도뿐 아니라 환경 영향 최소화도 중요한 과제가 된다.

전기차 배송, 친환경 포장재, 탄소 배출 모니터링 같은 ESG 요소가 빠른 배송과 함께 발전할 것이다.

빠른 배송의 본질은 단순한 '속도 경쟁'이 아니다. 그 뒤에는 데이터를 읽고 분석하는 AI, 상황을 감지하는 IoT 센서, 끊임없이 분류하는 자동화 장비, 소비자와 소통하는 실시간 시스템이 있다. 이 모든 요소가 맞물려 돌아갈 때, 우리는 클릭 한 번으로 내일, 아니 한 시간 안에 상품을 받아 볼 수 있는 시대를 살게 된다.

Column 2

AI가 만드는 빠르고 지속가능한 물류

빠른 배송이 일상이 된 시대 온라인 쇼핑이 일상이 되면서 '하루 배송'은 이제 특별한 서비스가 아니라, 소비자에게는 당연한 기본 조건이 되었다. 쿠팡의 로켓배송, 마켓컬리의 새벽배송, 아마존 프라임의 1~2시간 내 배송 등은 소비자들의 즉각적인 소비 욕구를 충족시키고 있으며, 이러한 변화는 물류산업의 근본적인 패러다임을 바꾸고 있다.

사람들은 이제 상품을 주문하고 하루, 아니 몇 시간 내에 집 앞에서 받아보기를 기대한다. 이러한 초고속 배송 시스템이 가능하기 위해서는, 고도화된 물류 시스템과 기술, 효율적인 인프라, 정교한 배송 네트워크가 필수적이다. 그 중심에는 인공지능(AI)이 있다. AI는 단순한 편의 기능을 넘어서, 빠른 배송의 핵심 엔진으로 기능하고 있다.

로켓배송과 새벽배송의 작동 원리
쿠팡의 로켓배송과 마켓컬리의 새벽배송은 빠른 배송의 대표적 사례다. 이들은 전국 곳곳에 풀필먼트 센터를 분산 배치하여 고객과 가까운 위치에서 상품을 즉시 출고할 수 있도록 한다. 이러한 풀필먼트 센터는 단순한 보관 공간이 아니라, AI 기반으로 주문 예측, 상품 분류, 포장, 출고를 실시간으로 처리하는 복합 물류 허브다.
쿠팡은 기존의 택배사 대신 자체 배송 인력인 쿠팡친구(쿠친)를 운영하여 배송 단계를 줄이고, 배송 시간을 단축시켰다. 마켓컬리는 신선식품을 대상으로 냉장·냉동 풀필먼트 센터를 운영하고, 새벽 전용 배송망을 통해 한밤중에 고객의 집 앞까지 상품을 전달한다. 이 모든 과정은 AI가 주문 정보를 분석하고, 날씨, 교통, 시간대별 주문량을 예측하여 물류센터와 배송 경로를 최적화하는 시스템 덕분에 가능하다.

도심형 마이크로 허브와 AI의 역할
빠른 배송의 또 다른 핵심은 도심형 물류 전략이다. 마이크로 허브는 대형 창고와 달리 도심 내부나 인근에 위치한 소규모 물류 거점이다. 고객과의 물리적 거리를 줄여 즉시 배송을 가능하게 하며, 다양한 배송 수단과 결합해 초단기 배송의 허브 역할을 한다. 예를 들어, 아마존의 프라임 나우는 뉴욕, 런던 같은 대도시에 마이크로 허브를 설치해 1~2시간 내 배송이 가능하다.

여기에도 AI가 중요한 역할을 한다. AI는 각 지역별 주문량을 분석해 인기 상품을 선별하고, 이를 미리 마이크로 허브에 배치한다. 또한, 배송 기사 또는 로봇이 이동할 수 있는 최적 경로를 계산하여 시간과 연료비를 줄인다. 이는 물류의 효율성을 높이고, 탄소 배출량을 줄이는 친환경적 전략과도 연결된다.

자동화 창고와 스마트 물류센터
물류의 또 다른 혁신은 자동화 창고와 스마트 물류센터의 등장이다. 이 공간에서는 사람이 아닌 로봇이 상품을 피킹(picking)하고, 포장하며, AI가 재고를 관리하고, 수요를 예측하여 자동으로 상품 이동을 계획한다. 아마존의 Kiva 로봇, 쿠팡의 AI 기반 풀필먼트, DHL의 자동화 창고는 대표적인 사례다.
스마트 물류센터는 IoT 센서, 드론, 자율주행 물류 차량, AI 기반 수요예측 시스템, 디지털 트윈 기술까지 적용되어 전 과정을 자동화한다. 이렇게 자동화된 시스템은 물류 작업 속도를 획기적으로 향상시키고, 오류를 줄이며, 인건비를 절감하면서도 보다 정밀한 재고 및 품질 관리를 가능하게 한다.

AI가 바꾸는 소비 패턴과 물류의 미래

AI와 빠른 배송 시스템의 발전은 소비자의 구매 습관에도 큰 영향을 미치고 있다. 과거에는 '필요한 것을 미리 사두는' 방식이었다면, 이제는 '필요할 때 바로 주문' 하는 소비 패턴이 일상화되었다. 퀵커머스(Quick Commerce), 20분 배송, 즉시배송 서비스는 이를 반영한 대표적인 흐름이다.

기업들은 AI를 통해 고객의 구매 이력, 날씨, 계절, 지역적 특성을 분석하여 수요를 예측하고, 이에 따라 재고를 조정하거나 상품을 사전 배치한다. 이는 재고 부담을 줄이고, 불필요한 물류 이동을 줄여 환경에도 긍정적인 영향을 미친다. 더 나아가, AI는 소비자의 주문을 예측해 미리 상품을 출고해두는 '예측 배송'까지 가능하게 하고 있다.

AI가 만드는 빠르고 지속가능한 물류

빠른 배송의 비밀은 단순한 물리적 속도에 있지 않다. 그 속에는 복잡한 데이터 분석, 정밀한 재고 관리, 최적의 경로 계산, 스마트한 재배치 전략 등이 숨겨져 있으며, 그 모든 중심에는 AI가 존재한다. AI는 배송의 속도를 높이는 것뿐 아니라, 물류 운영의 효율성과 지속 가능성을 함께 향상시키는 기술이다.

앞으로 배송은 더욱 빨라질 것이다. 드론이 아파트 베란다에 상품을 전달하고, 자율주행 로봇이 사무실과 아파트 복도를 누비며 물건을 전하는 시대는 이미 가까이 와 있다. 이러한 미래를 가능하게 하는 것은 바로 오늘날 우리가 구축하고 있는 AI 기반의 물류 시스템이다.

기업들은 이제 단순한 물류 혁신을 넘어서, 기술과 환경, 소비자 경험을 동시에 고려한 지속가능한 물류 모델을 만들어야 한다. 빠른 배송은 더 이상 선택이 아니라, AI와 함께 설계되어야 할 기본 인프라이다.

제3장

보이지 않는 손, 글로벌 물류

　우리가 아침에 마시는 커피, 손에 든 스마트폰, 출근길에 입은 옷과 신발, 사무실 책상 위의 노트북까지—이 모든 제품은 수많은 경로를 거쳐 우리 곁에 도착한다. 지금 우리가 사용하는 대부분의 물건은 한국에서만 만들어진 것이 아니라, 전 세계 여러 나라를 연결하는 글로벌 물류 시스템을 통해 이동해온 결과물이다.

　예를 들어 스마트폰 하나를 만들기 위해서는 한국, 일본, 대만, 미국, 독일 등 여러 나라의 부품과 기술이 결합된다. 우리가 즐기는 커피 한 잔도 아프리카, 중남미에서 생산되어 유통과 물류 과정을 거쳐 우리의 일상이 된다. 이처럼 지구 반대편에서 시작된 물건들이 복잡한 물류 네트워크를 타고 우리 삶에 스며들고 있다.

　그런데 이 시스템이 한순간만 멈춰도 큰 혼란이 발생한다. 코로나19 팬데믹 당시, 항공편 중단, 항만 정체, 컨테이너 부족 등으로 세계 곳곳에서 자동차 공장이 멈추고, 반도체 공급이 끊기며 스마트폰 생산도 지

연됐다. 이처럼 글로벌 물류는 '보이지 않는 손'처럼 세계 경제를 움직이는 핵심 인프라가 되었다.

오늘날 물류는 단순한 상품 이동이 아니라 국가 간 협력, 기업 경쟁력, 소비자 생활을 잇는 연결고리다. 그리고 AI, 드론, 자율주행차 등 기술의 발전으로 물류 시스템은 더욱 정교하고 스마트해지고 있다. 우리가 클릭 한 번으로 받는 택배, 마시는 커피 한 잔도 전 세계의 수많은 기업과 기술, 물류망이 맞물려 가능해진 결과다. 이처럼 물류는 이제 우리 일상을 설명하는 핵심 키워드이자, 세계를 움직이는 보이지 않는 엔진이다.

7. 우리가 입는 옷과 사용하는 스마트폰은 어떻게 오는 걸까?

물건 하나가 우리 손에 오기까지, 얼마나 많은 여정을 거치는지 생각해 본 적 있을까?

매일 아침 눈을 뜨자마자 손에 쥐는 스마트폰, 옷장에서 꺼낸 티셔츠, 그리고 출근길에 들고 있는 커피 한 잔까지, 우리가 아무렇지 않게 사용하는 이 상품들은 사실 '세계 여행'을 거쳐 도착한 것이다. 단순히 '메이드 인 코리아'가 아닌, 수많은 나라와 사람, 기술과 시간, 그리고 거대한 글로벌 물류 네트워크 위에 세워진 결과물이다.

우리가 입는 옷은 어디서 왔을까?

아주 평범한 면 티셔츠 하나를 예로 들어보자.

한국에서 유명한 SPA 브랜드 매장에서 산 옷이라면, 대부분의 사람들은 한국에서 만들었을 거라고 생각할 수 있다. 하지만 그 티셔츠는 사실 미국, 인도, 방글라데시, 베트남, 한국을 거쳐 온, 아주 긴 여정을 품고 있다.

첫 번째 여정 : 원재료 수확

티셔츠의 재료인 면(Cotton)은 한국에서는 재배하지 않는다. 주로 미국, 인도, 중국, 브라질 등의 나라에서 수확된다. 우리가 입는 대부분의 면 옷은 이런 나라에서 출발한다.

두 번째 여정 : 원단 가공

수확된 면은 실로 방적되고, 색을 입히는 염색 과정을 거쳐야 한다. 이 과정은 주로 방글라데시, 인도네시아, 베트남 등 의류 가공 산업이 활발한 국가에서 이루어진다.

세 번째 여정 : 옷으로 완성

가공된 원단은 봉제공장으로 넘어간다. 글로벌 의류 브랜드들은 임금이 저렴하고 봉제 인력이 풍부한 나라 −예를 들면 베트남, 캄보디아, 중국 등− 에 옷 제작을 맡긴다. 그래서 우리는 한국 브랜드 옷에서도 '메이드 인 베트남'이라는 라벨을 자주 본다.

네 번째 여정 : 바다를 건너는 물류

완성된 옷은 컨테이너 선박에 실려 수천 킬로미터를 이동해 한국으로 도착한다. 항만에서 하역된 상품은 물류센터를 거쳐 전국의 매장이나 온라인 유통망으로 흩어진다.

다섯 번째 여정 : 소비자의 손에 전달

당신이 온라인에서 주문한 옷은 물류센터에서 분류된 후 당일 또는 익일 배송으로 집 앞에 도착한다. 마치 마법처럼 느껴지는 이 속도는 사실 정교하게 짜인 물류 시스템 덕분이다.

결국 한 벌의 티셔츠는 미국에서 면이 자라고, 인도네시아에서 염색되고, 베트남에서 봉제되고, 한국으로 이동해 우리 손에 들어온다. 우리는 옷 한 벌을 통해 이미 세계 여행을 한 셈이다.

우리가 쓰는 스마트폰은 어떤 경로를 거칠까?

스마트폰은 옷보다 훨씬 더 복잡한 과정을 거친다.

갤럭시든 아이폰이든, 단일 국가에서 만들어지는 스마트폰은 없다. 각각의 부품들이 세계 각국에서 생산되고, 이를 다시 다른 국가의 공장에서 조립해 하나의 제품으로 완성하는 글로벌 협업의 결정체다.[09]

---

09 에드워드 흄스, 〈배송 추적 : Door to Door〉, 사회평론(2017.11)
아이폰 한 대를 만들기 위한 모든 부품들의 이동거리를 합치면 38만 6천Km나 된다. 이 엄청나게 복잡하고, 믿을 수 없이 광대한 공급사슬망(Supply Chain)은 스티브 잡스(Steve Jobs)가 물류 전문가인 팀 쿡(Tim Cook)을 영입해서 애플의 CEO 자리까지 물려준 이유이다. 그가 컴퓨터의 천재라서가 아니라 공급사슬의 전문가로서 물류를 관리하는 능력이 탁월했기 때문이다. 흔히 말하는 아이폰의 혁신은 제품 자체에서만 이뤄지는 것이 아니라 물류에

첫 번째 단계 : 부품 생산은 다국적

고급형 스마트폰 한 대에는 약 2,000개 이상의 부품이 들어간다. 반도체 칩은 한국과 대만에서, 디스플레이는 한국과 일본에서, 배터리는 중국과 한국에서, 카메라 모듈은 일본과 한국에서, 그리고 케이스나 커넥터 같은 기타 부품은 중국과 베트남에서 주로 만들어진다.

두 번째 단계 : 조립은 제3국에서

부품은 대부분 중국이나 베트남의 대규모 조립 공장으로 모인다. 애플의 아이폰은 중국의 폭스콘(Foxconn)에서, 삼성 갤럭시는 베트남이나 인도에서 주로 조립된다. 노동력과 생산비, 인프라가 결합된 조립 거점이다.

세 번째 단계 : 글로벌 배송 네트워크

조립이 끝난 스마트폰은 다시 세계 각국으로 배송된다. 해상 물류나 항공 물류를 이용해 주요 판매 국가로 보내지고, 각국의 물류센터에서 다시 유통망을 통해 소비자에게 전달된다.

네 번째 단계 : 당신의 손에 도착

우리가 "하루 배송"으로 받은 스마트폰은 사실 수많은 국가를 거친 다음 도착한 것이다. 이 복잡한 이동 경로가 단 몇 시간 만에 연결될 수 있

서 완성되는 것이다.
38만 6천 Km 여정의 마지막 순간인 라스트마일 서비스가 구매의 핵심기준으로 부각되고 있다. 기업은 까다로워지는 고객에 맞추기 위한 제조와 유통, 미들마일(Middle mile)물류 전 과정과 더불어 마지막 접점인 라스트마일에서의 차별화된 물류서비스를 위한 고민이 점점 깊어가고 있다.

는 건, 잘 설계된 글로벌 물류 네트워크 덕분이다.

Made in Korea가 아니라, Made in World

과거에는 '메이드 인 코리아', '메이드 인 차이나'라는 단순한 라벨이 제품을 설명했다. 하지만 지금은 그런 문장만으로는 부족하다. 지금 우리가 사용하는 제품은 실제로는 '메이드 인 월드(Made in the World)'다. 세계 곳곳에서 각자의 역할을 수행한 결과물이기 때문이다.

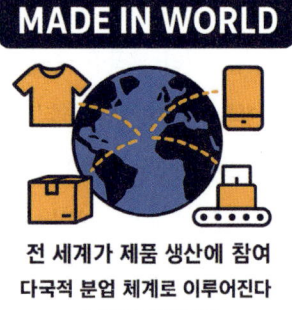

전 세계가 제품 생산에 참여
다국적 분업 체계로 이루어진다
물류가 연결하다

- 옷 한 벌도, 스마트폰 한 대도 단일 국가에서 만들어지지 않는다.
- 각 제품은 원재료부터 조립, 유통까지 수많은 국가의 분업 체계로 이루어진다.
- 이 모든 흐름을 매끄럽게 이어주는 것이 바로 물류다.

보이지 않지만 강력한 글로벌 물류

우리는 종종 물류를 단순히 '택배' 정도로 생각하지만, 사실 글로벌 물류는 세계 경제를 움직이는 보이지 않는 손이다. 물류 없이는 스마트폰도, 옷도, 커피도 우리에게 오지 못한다.

- 컨테이너 선박이 없었다면, 옷은 생산국에 그대로 남아 있었을 것이다.
- 항공 물류가 없었다면, 해외 직구 상품은 한참을 기다려야만 받을 수

있었을 것이다.
- 물류센터가 없었다면, 온라인 쇼핑은 지금처럼 빠르지 않았을 것이다.

오늘날 우리는 그 혜택을 누리며 살아가고 있다. 글로벌 물류는 단순히 '운송'이 아니라, 우리가 누리는 일상의 전제 조건이다.

미래는 더 빠르고, 더 정교해질 물류

앞으로 물류는 더 빠르게, 더 친환경적으로, 더 지능적으로 변할 것이다. 로봇이 창고에서 자동으로 물건을 픽업하고, 드론이 직접 집 앞까지 배송하며, AI가 수요를 예측해 주문 전에 상품을 먼저 보내주는 시대가 열릴 것이다.

그 중심에는 여전히 글로벌 물류 네트워크가 있고, 그 끝자락에는 바로 우리의 일상이 있다. 우리가 사용하는 모든 물건의 배경에는, 보이지 않지만 멈추지 않는 세계 물류의 숨결이 흐르고 있다.

8. 바다 위를 달리는 창고, 글로벌 공급망과 컨테이너 물류

우리가 아침에 마시는 커피 한 잔, 온라인 쇼핑몰에서 주문한 스마트폰, 마트에서 집어 든 수입 맥주. 이 모든 상품은 누가, 어떻게, 어디서부터 우리 손에까지 옮겨준 걸까? 그 중심에는 '컨테이너 물류'가 있다. 철제 상자로 된 이 정체불명의 박스는 사실, 우리가 살아가는 현대 사회를 움직이는 가장 강력한 동력 중 하나다. 컨테이너는 이제 단순한 물건의 운반 수단이 아니라, 전 세계 경제를 연결하는 실핏줄이자 거대한 창고다. 오늘날 우리가 누리는 편리하고 풍요로운 소비의 이면에는, 조용히 바다 위를 달리는 수많은 컨테이너선이 있다.

해운의 혁신, 컨테이너의 등장

과거에는 물건을 배에 하나하나 낱개로 싣고 내리는 방식으로 물류가 이뤄졌다. 커피 포대, 기계 부품, 옷 상자, 신발 박스를 일일이 들고 옮기고 내리려면 엄청난 시간과 노동력이 필요했다. 그러다 1956년, 미국의 사업가 말콤 맥린이 제안한 컨테이너 표준화가 물류의 혁명을 일으켰다.

컨테이너는 크기와 모양이 일정한 철제 상자로, 트럭·기차·선박 어디에나 실을 수 있다. 이 하나의 변화는 운송의 속도와 안정성을 극적으로 끌어올렸고, 결과적으로 상품 가격도 낮추는 결과를 만들었다. 덕분에 우리는 해외에서 만든 옷, 스마트폰, 가전제품, 식료품 등을 손쉽게, 빠르게, 싸게 구매할 수 있게 되었다. 현재 세계 무역의 약 90%는 이 해상 컨테이너 물류에 의해 이루어진다.

컨테이너가 가진 놀라운 장점들

표준화된 컨테이너는 여러 측면에서 장점이 있다.

- 규격화된 운송 : 어떤 트럭이나 배에도 실을 수 있어 운송 효율이 높다.
- 운송 속도 향상 : 항구에서 하역 시간이 단축된다.
- 분실·파손 위험 감소 : 물건을 직접

컨테이너의 장점

규격화된 운송

운송 속도 향상

분실·파손 위험 감소

대량 운송 가능

다루지 않아 안정성이 높다.
- 비용 절감 : 운송 시간과 인력 비용이 줄어들어 가격 경쟁력이 생긴다.
- 대량 운송 가능 : 한 번에 수천 개의 제품을 옮길 수 있다.

결과적으로 소비자는 더 저렴하고 다양한 상품을 만날 수 있고, 기업은 더 넓은 시장에 제품을 판매할 수 있다. 컨테이너는 상품과 사람, 자본과 자원을 연결하는 조용하지만 막강한 수단이다.

세계를 잇는 해운사의 경쟁

전 세계 해운 시장에서는 거대한 해운사들이 컨테이너선을 운영하며 물류의 혈관을 책임지고 있다. 이들은 단순한 운송업체를 넘어 글로벌 공급망을 움직이는 주역이다.

HMM(대한민국) 한때 한진해운 파산으로 위기를 겪었지만, 초대형 컨테이너선 투입과 정부 지원을 통해 극복. 한국 기업들의 수출을 뒷받침하는 핵심 물류 파트너다.

머스크(덴마크) 전 세계에서 가장 큰 해운사. 디지털 플랫폼, 친환경 선박 도입 등으로 선도적 입지를 굳혔다. 코로나19 팬데믹 당시에도 항로를 새로 만들며 세계 경제의 버팀목 역할을 했다.

MSC(스위스) 머스크와 어깨를 나란히 하는 또 하나의 거대 해운사. 항만 운영권 확보와 선박 확장으로 시장을 넓히고 있다.

CMA CGM(프랑스) 친환경 연료인 LNG를 사용하는 선박과 AI 기반 물류 자동화로 새로운 길을 개척 중이다.

COSCO(중국) 중국 정부의 전폭적인 지원을 받아 세계 주요 항구에 투자하고 있으며, 육상 철도망까지 포함한 복합 물류 전략을 추진하고 있다.

이들 기업의 움직임은 단순한 시장 경쟁을 넘어서, 각국의 경제 전략과도 깊은 관련이 있다. 특히 한국처럼 수출에 의존하는 경제 구조에서는 HMM과 같은 해운사의 역할이 더욱 중요하다.

우리 곁에 있는 컨테이너 물류의 실제 사례

컨테이너 물류는 추상적인 개념이 아니다. 우리가 매일 마주하는 상품 하나하나에 그 흔적이 담겨 있다.

아마존 전 세계 상품을 조달하여 각국 물류센터에 보낸 뒤 소비자에게 전달한다. 화장품은 한국, 전자제품은 중국, 의류는 유럽에서 오며, 모두 컨테이너에 실려 움직인다.

아이폰 일본의 카메라, 한국의 디스플레이, 미국의 설계, 중국의 조립 공정을 거쳐 다시 세계로 퍼진다. 이 모든 과정에 컨테이너와 항공 물류가 개입되어 있다.

테슬라 테슬라 자동차는 한국과 일본에서 부품을 조달하고, 미국·중국

공장에서 조립한 차량이 컨테이너를 통해 유럽, 아시아로 수출된다.

현대자동차 한 대의 자동차에 필요한 수만 개의 부품이 전 세계에서 도착하고, 완성차는 다시 수출된다. 이 모두가 컨테이너의 도움 없이는 불가능하다.

초콜릿 한 조각 아프리카에서 재배된 카카오가 유럽에서 가공되고, 완제품은 컨테이너에 실려 한국으로 수입된다. 우리가 마트에서 집은 초콜릿 하나에도 글로벌 물류가 숨 쉬고 있다.

마트 속 바나나 필리핀, 코스타리카 등에서 수확된 바나나는 냉장 컨테이너에 실려 한국으로 들어온다. 일정 온도를 유지해야 하는 콜드체인 기술도 함께 작동한다.

컨테이너가 멈추면, 세계가 멈춘다

만약 전 세계의 컨테이너 물류가 멈춘다면 어떤 일이 벌어질까?
- 공장은 부품을 받지 못해 멈추고, 제품 생산이 중단된다.
- 기업은 수출을 할 수 없고, 소비자는 필요한 상품을 구하지 못한다.
- 수급 불균형으로 인해 가격이 오르고, 글로벌 경제는 흔들린다.

결국, 컨테이너는 단순히 물건을 담는 상자가 아니라 세계 경제를 지탱하는 실질적인 인프라다. 인터넷으로 물건을 주문하고, 이틀 뒤 집 앞에서 택배를 받는 일이 가능한 이유도, 우리가 수입 커피를 마시고 외국 브랜드 옷을 사입을 수 있는 이유도, 모두 컨테이너 덕분이다.

　바다 위를 묵묵히 달리는 거대한 선박 위의 철제 상자들. 그것들이 바로 우리의 삶을 이끌고 있는 보이지 않는 실핏줄이다. 오늘도 수많은 컨테이너가 전 세계를 누비며 우리의 일상을 가능하게 만든다.

9. 팬데믹이 멈춰 세운 세계, 코로나19와 물류 대혼란

　2020년, 전 세계를 멈춰 세운 단 하나의 단어— 바로 코로나19였다. 처음에는 단순한 감기처럼 보였지만, 곧 모든 것이 바뀌었다. 출근길이 사라졌고, 비행기가 멈췄고, 학교는 문을 닫았으며, 마트에는 휴지가 사라졌다. 그런데 더 놀라운 변화는 우리가 쉽게 누리던 '배송'과 '공급'이라는 말이 통하지 않게 됐다는 것이다. 팬데믹은 우리 삶을 떠받치던 글로벌 물류의 흐름을 근본부터 흔들어버렸다.[10]

물류는 눈에 보이지 않아도, 멈추면 바로 느껴진다

　우리는 보통 인터넷에 상품을 주문하면 하루나 이틀 안에 택배가 도착하는 것을 당연하게 생각해왔다. 하지만 코로나19는 그 당연함이 얼마나

---

[10] 빌게이츠, 《넥스트팬데믹을 대비하는 법》, 비즈니스북스(2022.6)
　　 빌 게이츠는 인류의 가장 큰 위협으로 전염병을 꼽았다. 특히 그가 경계하는 것은 호흡기 바이러스에 의한 전염병이다. 가장 두려운 재난은 "핵무기도 기후변화도 아닌, 전염성 강한 인플루엔자(influenza) 바이러스"라고 말할 정도다. 실제로 20세기 인류의 목숨을 앗아간 가장 치명적이었던 사건은 전쟁이 아니라 전염병이었다. 1918년 스페인 독감으로 약 7000만 명이 사망했다. 1968년 홍콩 독감, 2009년 신종 플루, 2020년의 코로나19까지 팬데믹의 발생 간격 또한 짧아지고 있다

복잡한 시스템 위에 세워져 있었는지를 낱낱이 보여줬다. 마트의 선반은 텅 비었고, 온라인 쇼핑은 몇 주씩 지연됐다. 공장도 멈추고, 배송도 멈추고, 수출입도 멈췄다. 왜 이런 일이 벌어졌을까?

바로 전 세계가 서로 연결된 '공급망(supply chain)' 구조 속에 있기 때문이다. 하나의 노트북을 만들기 위해 디스플레이는 일본에서, 반도체는 한국에서, 조립은 중국에서 이뤄지는 식이다. 그런데 코로나19로 이 연결고리 하나하나가 끊기기 시작한 것이다. 마치 거미줄 중 한 줄이 끊기면 전체 구조가 흔들리는 것처럼, 글로벌 공급망도 팬데믹 앞에서 연쇄적으로 무너졌다.[11]

마비된 물류, 멈춘 공장, 비어버린 선반

코로나19는 단지 사람의 이동만 막은 것이 아니었다. 공장의 생산이 중단되자 부품이 없어 완성품이 만들어지지 못했고, 항공기와 배가 멈춰서며 물건이 이동할 수 없었다. 결과적으로, 세계 곳곳에서는 아래와 같은 상황이 벌어졌다.

• 자동차 공장이 멈춰섰다 : 부품이 들어오지 않아 현대차, 포드, 도요타

---

11 이상근, 『공급망 불확실 시대의 물류의 재해석 : RE :Logistics』, 아웃소싱타임스(2022.11)

같은 회사들이 생산라인을 멈췄다.
- 스마트폰 생산이 지연됐다 : 반도체 부족으로 삼성과 애플은 신제품 출시 일정을 변경해야 했다.
- 마트의 물건이 사라졌다 : 트럭 운전기사 격리와 국경 폐쇄로 운송이 끊겼다. 공장에는 물건이 있었지만 매장에는 물건이 없었다.
- 택배가 밀렸다 : 갑자기 폭증한 온라인 주문으로 하루 배송은 커녕 일주일 넘게 기다리는 일이 다반사였다.

이와 같은 상황은 단순한 불편을 넘어, 전 세계 경제의 흐름에 심각한 영향을 주었다. 특히 물류가 멈추자, 기업들이 제품을 팔지 못했고 소비자들은 원하는 상품을 구하지 못했다.

가격은 오르고, 소비자는 기다리고

컨테이너는 제대로 배치되지 않았고, 항구는 선박으로 붐볐다. 그러자 해상 운임이 3~4배 이상 폭등했다. 예전에는 중국에서 미국까지 3천 달러면 오던 화물이 1만 달러 이상을 주고도 기다려야 했다. 해운사들은 갑자기 몰린 수요에 대응하기 위해 새 선박을 긴급 투입했고, 항만들은 하역 인력 부족 문제를 해결하려 했지만 근본적인 해결은 어려웠다.

항공 운송도 마찬가지였다. 여객기의 국제선 운항이 거의 중단되면서, 동시에 항공 화물 공간도 사라졌다. 그 결과, 노트북, 스마트폰 같은 전자제품의 공급이 지연되었고 가격은 상승했다. 글로벌 전자제품 기업들은 제품 생산 일정을 늦추고, 일부 항공사는 여객기를 화물기로 개조해 대응에 나섰다. 결국 팬데믹은 단지 배송 시간이 느려진 문제가 아니라, 가격의 불안정, 생산의 중단, 소비의 위축이라는 경제 전반의 위기를 초래했다.

기업과 소비자는 이렇게 바뀌었다

이번 위기로 가장 큰 교훈을 얻은 곳은 기업이다. 과거에는 공장과 공급망을 '효율' 중심으로 운영했다. 최대한 저렴한 곳에 부품을 외주 주고, 생산은 집중해서 했다. 하지만 이제는 '분산'과 '안정성'이 중요해졌다.

- 현대차는 부품 하나가 부족해도 공장이 멈춘다는 걸 경험했고,
- 삼성, 인텔, TSMC는 반도체 생산기지를 확장하며 공급망을 다변화했고,
- 미국, 일본, 유럽은 전략 물자 생산을 자국 내로 유턴(reshoring)시키려는 움직임을 본격화했다.

한편 소비자들도 크게 바뀌었다. 처음으로 온라인으로 장을 본 60대 어르신부터, 매일 새벽배송을 받는 젊은 세대까지. 온라인 쇼핑은 이제 '비상시 대안'이 아니라 '주요한 소비 방식'이 되었다.

건강과 안전에 대한 우려가 커지면서 비대면 쇼핑은 기본이 되었고, 식품·의약품·생활용품까지 온라인으로 사는 것이 보편화되었다. 전자상거래는 단기간에 수년치 성장을 이루며 소비자 습관 자체를 바꾸어놓았다.

새로운 표준, 스마트하고 유연한 물류로

기업들은 자동화 공장, AI 재고 관리, 로봇 물류 시스템 도입을 서둘렀다. 예를 들어 LG CNS는 스마트팩토리 시스템을 확장했고, 쿠팡은 물류

센터 자동화를 강화해 로켓배송의 속도를 유지했다. 인공지능 기술은 수요 예측 정확도를 높이고, 로봇은 물류센터에서의 작업을 분담하면서 노동력 부족 문제 해결에도 기여하고 있다.

오프라인 매장도 변신 중이다. 이마트는 온라인 주문 상품을 오프라인 매장에서 픽업할 수 있는 시스템을 마련했고, 무신사는 쇼룸을 통해 옷을 입어본 뒤 QR코드로 온라인 주문하는 하이브리드 모델을 운영하고 있다. 유통은 더 이상 공간이 아니라 '경험과 연결'의 플랫폼이 되어가고 있다. 또한, 국경을 넘는 온라인 쇼핑, 즉 해외직구도 활성화되면서 글로벌 물류 전략 역시 새로운 전기를 맞았다. 코로나19는 단지 한 시기를 통과한 위기가 아니라, '새로운 표준'을 만든 기점이 된 것이다.

위기는 끝났지만, 교훈은 계속된다

코로나19가 우리에게 남긴 가장 큰 교훈은, 물류와 공급망이 얼마나 취약하고 동시에 중요한지를 모두가 깨달았다는 것이다. 단 한 번의 팬데믹이 전 세계 소비자, 기업, 정부를 모두 뒤흔들었고, 물류는 더 이상 '숨겨진 기술'이 아니라 '삶의 중심'이 되었다.

앞으로 또 다른 위기가 올 수도 있다. 하지만 이번 경험 덕분에 우리는 더 빠르게 대응할 수 있을 것이다. 더 스마트한 기술, 더 탄탄한 공급망, 더 유연한 시스템이 우리 일상을 지켜줄 준비를 하고 있다. 물류는 이제 단순한 운송이 아니라, 일상을 지키는 가장 중요한 기반이 되었다.

최근 계속되는 공급망 불안은 기업에 다시 한번 '위험에 대비한 공급체계 다양성에 비용을 지불하라'는 독촉장을 보낸 셈이다. 글로벌 가치사슬은 전 세계의 정치·경제적인 흐름에 따라 큰 변화를 겪고 있었다. 이러한 GVC 변화의 물결은 코로나19 이후 각국의 대응 정책에 따라 변화의 속도가 더욱 빨라지고 강도가 거세질 것으로 보인다.[12]

필자는 "우리나라는 최근 몇 년간 △2019년 일본 수출규제로 인한 반도체 생산 차질 우려 △2020년 중국내 코로나 확산으로 인한 자동차 부품 수급 차질 △2021년 중국 수출 전 검사 시행으로 인한 요소수수급 차질 등 지속적으로 공급망 관련 리스크를 겪어왔다", "일본 반도체 소재 수출규제는 소재·부품·장비의 대일 의존도를 낮추고 공급선의 다변화와 자립화 필요성을, 중국 요소수수출규제는 특정국가에 대한 공급의존성 리스크를 일깨웠다"고 지적했다. 이에 "정부 차원에서 공급망 리스크에 대비한 시스템 정비와 선제적 대응을 담당할 조직이 필요하다"고 강조했다. 이는 리스크 발생 시 주 교역국을 선별해 정보를 수집하고, 각 기업에 정보를 제공하는 체계가 필요하다.[13]

그리고 이제 우리는 안다. 마트 선반에 휴지가 사라진 그 날, 온라인 장바구니가 비어 있었던 그 순간, 세상을 움직이는 물류라는 숨은 거인이 멈춰 있었다는 것을.

---

12 리처드 볼드윈 외, 〈코로나 경제전쟁〉(2020.4)
13 김엘진, "러-우 사태로 전세계 물류 공급망 혼란", 현대해양 2022년 5월호

Column 3

트럼프 2기와 글로벌 공급망-
대혼란의 시작인가, 예측 가능한 재편인가

2025년 트럼프 대통령이 다시 집권하면서, 세계 무역 질서가 크게 흔들리고 있다. 특히 '해방의 날'로 불리는 4월 2일, 미국은 대부분의 수입품에 최소 10% 관세를 매기고, 중국 등 57개국에는 최대 145%의 고율 관세를 적용했다. 이 조치는 글로벌 공급망에 큰 충격을 줬다.

미국 중심 공급망, 효율보다 안보와 통제를 중시
트럼프의 정책은 '미국 우선주의'를 강화하는 방향이다. 1기 때와 마찬가지로 다자무역보다는 미국과 가까운 나라 중심의 거래, 즉 '프렌드쇼어링'을 강조하고 있다. 한국, 일본, 대만, 멕시코, 캐나다 등 우방국과는 협력을 강화하지만, 중국 같은 나라와는 거리를 두려는 움직임이다. 이로 인해 미국은 효율보다는 안정성, 통제력, 기술 자립을 우선으로 하는 공급망을 만들고 있다.

중국 중심 공급망에서 동남아 · 인도로
이런 변화로 인해 많은 글로벌 기업들이 중국에서 생산을 줄이고 동남아나 인도, 멕시코로 옮기고 있다. 이를 '탈중국화'라고 부른다. 하지만 이 과정은 쉽지 않다. 특히 중소기업들은 비용 부담과 적응이 어려워 어려움을 겪고 있다.
또한 미국은 환경, 사회, 지배구조(ESG) 기준도 완화하고 있다. 반면, 유럽과 한국, 일본은 ESG 규제를 강화하고 있어, 글로벌 기업들은 국가별로 서로 다른 기준을 맞추는 데 어려움을 겪고 있다.

한국, 미국과 중국 사이에서 전략 필요

한국은 미국과 안보 동맹국이면서, 동시에 중국과 깊은 경제 관계를 맺고 있다. 미국은 반도체, 배터리, AI 같은 전략 산업의 미국 내 생산 확대를 요구하고 있고, 중국은 여전히 한국의 최대 수출국이자 원재료 공급처다.

따라서 한국은 한쪽에만 의존하지 않고, 여러 나라와 연결된 공급망을 설계하는 '다층 전략'이 필요하다. 예를 들어, 일본 외에도 독일이나 벨기에에서 반도체 소재를 들여오고, 인도네시아나 호주와 배터리 원료 장기 계약을 맺는 방식이다.

또한 중소기업이 이 변화에 적응할 수 있도록, 정부와 대기업이 함께 지원 체계를 만들어야 한다. 공급망 리스크 분석, 재고 점검, 통관·인증 지원, 협업 플랫폼 등이 그것이다.

물류기업도 전략 파트너가 되어야

정부는 공급망을 국가 전략 자산으로 보고 체계적으로 관리해야 한다. 산업부와 외교부, 중기부의 역할을 통합하고, 정기적으로 공급망을 점검해야 한다. 물류기업도 단순히 물건을 옮기는 역할에서 벗어나, 공급망 전략을 함께 설계하고 실행하는 주체로 나서야 한다. 예측 시스템, 디지털 물류 플랫폼, 동남아·중남미 거점 확보 등 미래를 대비한 투자가 필요하다. 중소기업을 위한 복합운송과 원스톱 서비스 제공도 중요하다.

빠르게 움직이는 자가 주도권을 가진다

지금의 공급망 위기는 단순한 외교 문제가 아니다. 세계 경제 구조 전체가 바뀌고 있는 순간이다. 이때 가장 중요한 것은 빠르고 전략적인 대응이다. 정부, 기업, 물류업계가 함께 움직여야 하며, 그 연결이 잘 될 때만이 우리나라가 새로운 질서 속에서도 안정적인 자리를 차지할 수 있다. 준비는 지금 바로 시작해야 한다. 공급망의 미래는, 가장 먼저 움직이는 자의 것이다.

제2부

기술이 바꾸는 물류, 더 똑똑하고 빠르게

**기술이 바꾸는 물류,
더 똑똑하고 빠르게**

똑똑해진 물류, 우리의 일상을 바꾸다

요즘은 온라인 쇼핑을 하면, 물건이 어디쯤 와 있는지를 실시간으로 확인할 수 있다. 단순히 '빠르게 온다'는 것을 넘어서, '정확히 어디쯤 있는지', '언제 도착하는지'를 알 수 있게 된 것이다. 이처럼 물류는 단순한 배송을 넘어, 기술과 데이터를 바탕으로 한 '스마트 물류'로 진화하고 있다.

예전에는 넓은 창고 안에서 사람들이 제품을 손으로 분류하고 정리하며 트럭에 싣는 모습이 일반적이었다. 그러나 지금은 로봇이 창고를 누

비며 상품을 운반하고, 인공지능이 수요를 예측해 재고를 자동으로 조절하며, 자율주행 차량과 드론이 물류의 마지막 단계를 책임지고 있다. 노동 중심의 물류에서 기술 중심의 물류로 전환된 지금, 물류는 우리 일상 속에서 보이지 않는 또 하나의 혁신이 되었다.

자동화는 선택이 아닌 생존의 조건

코로나19 팬데믹 이후, 전자상거래가 폭발적으로 증가하면서 물류 시스템의 부담도 커졌다. 기업들은 더 빠르고 정확하게, 더 많은 상품을 고객에게 전달해야 하는 상황에 놓이게 되었으나 늘어나는 수요를 단순히 사람의 노동으로 해결하기에는 한계가 명확했다.

이에 따라 등장한 것이 바로 자동화 기술이다. 이제는 스마트 웨어하우스를 도입해 인공지능과 로봇이 창고 운영을 맡고 있다. 창고 안에서 자율주행 로봇이 이동하며 물건을 찾아오고, 로봇팔이 포장과 분류를 한다. 자율주행 차량은 스스로 경로를 판단해 도심 속을 움직이고, 드론은 하늘을 날아 외곽지나 산간지역까지 배송이 가능하게 됐다.

특히 실시간 트래킹 기술은 소비자에게 신뢰를 주는 동시에, 기업에는 운영 효율을 높이는 중요한 도구가 되고 있다. 어느 지점에서 병목이 생겼는지, 얼마나 시간이 소요되는지, 상품 상태는 어떤지를 실시간으로 파악할 수 있는 시스템이 운영되고 있다.

물류의 현재는 곧 미래다

불과 몇 해 전만 해도 로봇이 물건을 옮기고 드론이 배송하는 모습은 공상과학 영화 속 이야기였다. 그러나 지금은 이미 현실이 되었다. 아마존은 물류센터에서 백만대 이상의 '키바 로봇'을 운영하고 있으며, 테슬라는 차량 제조뿐 아니라 물류 시스템 전반에 자동화를 접목시키고 있다. 이마트, 쿠팡, 마켓컬리 같은 기업들도 자동화 물류센터를 구축해 새벽배송과 당일배송을 실현하고 있다. 물류가 똑똑해질수록, 소비자는 더 빠르고 정확한 서비스를 경험하게 되고, 기업은 더 적은 비용으로 더 높은 만족도를 제공할 수 있게 된다. 단순한 속도 경쟁이 아니라, 누가 더 똑똑하게 시스템을 설계하고 운영하느냐가 물류의 미래를 결정하게 되는 것이다.

이제 우리는 '언제 도착하나'보다 '어떻게 도착하나'를 생각하게 되는 시대에 살고 있다. 제2부에서는 이러한 스마트 물류의 구체적인 모습, 그리고 그것이 우리 생활과 산업에 어떤 변화를 가져오는지 본격적으로 살펴보게 될 것이다.

4장

로봇과 인공지능이 일하는 물류창고

사람보다 정확하고, 지치지 않는 일꾼들

예전에는 물류창고 하면 상자와 물품이 산처럼 쌓여 있고, 사람들이 분주히 움직이는 풍경을 떠올리기 쉬웠다. 제품을 꺼내고 분류하고 포장하는 모든 과정이 사람의 손으로 이뤄졌다. 하지만 요즘의 물류창고는 사뭇 다르다.

이제는 팔레트를 옮기는 것도, 상자를 쌓는 것도, 창고 안을 이동하는 것도 대부분 로봇[14]이 맡는다. 키바 로봇처럼 작은 몸체로 무거운 선반을 이동시키거나, 자율주행 로봇(AGV)이 스스로 길을 찾아다니며 물건을 실

---

[14] 로봇의 어원인 'robota'는 체코어로 노동을 의미한다. 1920년 체코의 카렐 차페크(Karel Capek)는 자신의 쓴 희곡 〈로숨의 유니버설 로봇〉에서 처음으로 로봇이라는 말을 사용했다. 로봇은 인간이 해야 하는 특정한 위험한 노동을 대신 수행하도록 만들어졌다. 단순히 프로그램된 명령에 따라 작업을 수행했지만 점점 기술이 개발되면서 스스로 주변 정보를 파악하고 판단하는 것까지 영역이 확장되었다. 이제는 위험한 육체적 노동을 넘어 정신적 노동까지 인간의 모든 노동을 대체하려 한다

어 나른다.[15] 인공지능은 수천 가지 재고를 실시간으로 파악하고, 어떤 물건이 언제 필요할지를 예측해 자동으로 재주문까지 한다.

왜 로봇과 AI가 필요해졌을까?

그 이유는 단순하다. 너무 빨라진 세상 때문이다. 하루 배송, 당일 배송, 심지어는 1시간 배송까지 요구되는 시대에서, 사람의 손과 눈만으로는 이 속도를 따라잡을 수 없다. 게다가 단순 반복 업무는 인력 부족으로 이어지고, 오차도 발생하기 쉽다.[16]

왜 로봇과 AI가 필요해졌을까?

- 너무 빨라진 세상 때문이다.
- 사람에게 단순 반복 업무는 둔감하다.

그래서 등장한 것이 '스마트 웨어하우스'다. 미국 아마존은 이미 로봇이 일하는 창고를 통해 사람보다 빠르고 정확하게 물류를 처리하고 있고, 테슬라는 자사의 공장뿐 아니라 부품 창고까지 자동화를 확대하고 있다. 이들이 공통적으로 강조하는 것은 "속도보다 정확성, 반복보다 예측"이다.

---

15 제이슨 솅커, 「로봇 시대 일자리의 미래」, 미디어숲(2021.05)
   미국 노동통계국은 220~310만 명의 운송업 종사자들이 자동화의 위협을 받고 있다고 추산했다. 운송업에 종사하고 있는 사람들은 한마디로 우유 팩과 같은 신세로, 유통기한 만료일이 다가오고 있으며 그날은 우리 생각보다 이를 수 있다.
16 이상근, "불 꺼진 채 로봇만 일하는 물류센터가 오고 있다", 코스메틱저널코리아(2023년 1월호)

10. 물류 자동화와 스마트 물류센터

쇼핑몰에서 상품을 주문하고 단 몇 시간 만에 배송받는 세상. 이렇게 빠른 배송은 어떻게 가능할까? 그 답은 우리가 보지 못하는 물류창고 안에서 시작된다. 과거에는 사람들이 직접 물건을 찾고, 포장하고, 트럭에 실었지만 이제는 인공지능(AI)과 로봇이 이 모든 과정을 대신하고 있다. '스마트 웨어하우스(Smart Warehouse)'라 불리는 이 자동화 창고는 오늘날 빠르고 정확한 물류의 핵심 기반이 되고 있다.

물류는 더 이상 사람의 손만으로 움직이는 단순한 창고가 아니다. 온라인 쇼핑이 일상이 되고, 하루에도 수백만 건의 주문이 오가는 시대에, 빠르고 정확한 물류 처리를 위해 '자동화 창고'와 '스마트 물류 센터'가 물류 산업의 새로운 중심으로 떠오르고 있다. 고객이 '구매하기'를 클릭하는 순간, 로봇이 움직이고 AI가 계산을 시작하며, 배송 준비는 몇 분 안에 완료된다. 이 장에서는 자동화 창고와 스마트 물류 센터가 무엇인지, 이들이 어떻게 작동하고 있는지, 그리고 우리 일상을 어떻게 바꾸고 있는지를 살펴본다.

자동화 창고는 어떻게 진화했을까?

기존의 창고는 단순히 상품을 쌓아두는 공간이었다. 사람이 일일이 창고를 돌아다니며 상품을 찾고, 수작업으로 포장하고 분류했다. 당연히 작업 속도는 느렸고, 실수도 잦았다. 하지만 자동화 창고는 이러한 방식의 한계를 기술로 극복했다.

자동화 창고는 로봇과 인공지능(AI) 기술이 결합된 시스템이다. 고객이 온라인에서 상품을 주문하면, 창고 내부에 배치된 로봇이 해당 상품의 위치를 찾아 이동시키고, 컨베이어 벨트를 통해 포장 구역으로 옮긴다. 이후 AI가 가장 빠른 배송 경로를 계산해 출고를 진행한다. 이 모든 과정은 단 몇 분 안에 이루어지며, 사람 손이 거의 닿지 않는다.

이러한 자동화 창고는 작업 속도를 높일 뿐 아니라, 오류를 줄이고, 공간을 더욱 효율적으로 활용할 수 있게 해준다. 좁은 공간에 상품을 밀도 있게 보관하고, 로봇이 그 사이를 오가며 작업하므로 창고 운영비도 절감된다.

[표2-1] 기존 창고 vs 자동화 창고 비교

구분	기존 창고	자동화 창고
작업 방식	사람이 직접 물건을 찾고 운반	로봇과 AI가 자동으로 작업
속도	수작업으로 시간이 오래 걸림	자동화 시스템으로 즉시 처리 가능
정확도	사람의 실수로 오배송 발생 가능	AI가 정확하게 관리하여 오류 최소화
효율성	공간을 많이 차지하고 운영비가 높음	공간을 효율적으로 활용하여 비용 절감

스마트 물류 센터는 단순한 창고가 아니다

자동화 창고가 물리적인 작업을 빠르게 처리하는 공간이라면, 스마트 물류센터는 물류 전체를 데이터 기반으로 관리하는 '지능형 시스템'에 가깝다. 스마트 물류센터에서는 AI, IoT, 자율주행 기술이 서로 연결되어 작동하며, 물류 전 과정을 실시간으로 분석하고 최적화한다.

[표2-2] 스마트 물류센터의 핵심 기술

기술	설명
AI 재고 관리	인공지능이 과거 판매 이력, 날씨, 시즌 요인 등을 분석해 수요를 예측하고 재고를 자동으로 보충 또는 감축
로봇 피킹 시스템 (Picking Robot)	상품을 사람이 아닌 로봇이 지정된 위치에서 자동으로 찾아 이동시키며 작업 효율성과 정확성을 높임
IoT 센서 네트워크	상품 위치, 온도, 습도, 충격 상태 등을 실시간으로 모니터링해 정밀 재고관리와 품질유지 가능
자율주행 물류 차량 (AGV/AMR)	창고 내에서 상품을 자동으로 운반하며, 경로를 스스로 인식하고 장애물을 피함(ex. Amazon Kiva)
스마트 컨베이어 시스템	무게, 크기, 바코드를 자동 인식해 목적지별로 자동 분류 및 이송하는 시스템
음성 인식 시스템 (Voice Picking)	창고 근무자가 음성 명령으로 피킹 지시를 받고 작업하며, 작업자의 손을 자유롭게 활용 가능
디지털 트윈 (Digital Twin)	물류센터 전체를 3D로 가상화해 시뮬레이션과 운영 최적화를 동시에 수행
드론 재고 관리 시스템	재고 위치나 수량 파악을 위해 드론이 창고 상단을 비행하며 자동 스캔 수행(대형 창고에 적합)
에너지 효율 자동 제어 시스템	조명, 냉난방, 전력 사용을 센서 기반으로 자동 제어해 에너지 비용을 절감하고 ESG 대응 강화

스마트 물류센터의 대표적인 기술로는 AI 재고 관리, 로봇 피킹 시스템, IoT 센서 네트워크, 자율주행 물류 차량, 스마트 컨베이어, 음성 인식 시스템, 디지털 트윈, 드론 재고관리 시스템 등이 있다. 각각의 기술은 물류 작업의 속도와 정확성을 높이고, 운영비를 줄이며, 탄소 배출을 줄이는 데 기여하고 있다.

예를 들어, AI 재고 관리 시스템은 날씨, 계절, 과거 구매 패턴 등을 분석해 어떤 상품이 얼마나 팔릴지를 예측하고, 자동으로 재고를 보충하거나 줄인다. 로봇 피킹 시스템은 사람이 직접 찾는 대신 로봇이 지정된 위치에서 상품을 꺼내 이동시키고, 자율주행 물류 차량은 창고 내 상품 운반을 자동화한다. 드론은 창고 상단을 날아다니며 재고 상태를 실시간으로 점검하고, 디지털 트윈 기술은 물류센터 전체를 가상 공간에서 시뮬레이션하면서 운영 효율을 극대화한다.

스마트 물류센터의 진화 사례

스마트 물류센터는 단순한 창고가 아니다. 주문과 동시에 상품을 출고하고, 몇 시간 안에 고객의 문 앞까지 도달하게 만드는 이곳은, 데이터와 기술이 중심이 된 자동화 공간이다. 인공지능은 재고를 분석하고, 로봇은 물건을 옮기며, 시스템은 전체 흐름을 제어한다. 이러한 물류 혁신은 이제 선택이 아니라, 빠른 배송 시대의 필수 조건이 되었다.

아마존 : 로봇이 선반을 가져오는 창고

미국 아마존은 키바(Kiva)라는 로봇을 도입해, 사람이 움직이지 않아도 로봇이 선반을 가져오게 만들었다. 이를 통해 포장 작업은 한 자리에서 이루어지고, 물류 속도는 50% 이상 빨라졌다. AI는 고객의 구매 패턴을 예측해 상품을 미리 지역 창고로 이동시키는 '예측 배송' 실험도 진행 중이다.[17]

---

17 이상근, "로봇이 물류인력을 대체할 수 있을까?", 아웃소싱타임스(2022.12.5.)

테슬라 : 공장 전체가 하나의 스마트 창고

테슬라의 기가팩토리(Gigafactory)는 자동차 공장이면서 동시에 초대형 스마트 웨어하우스다. 자율주행 로봇이 부품을 실어 나르고, AI가 실시간 재고를 분석해 자동 주문한다. 이 공장은 거의 인간의 개입 없이 운영되며, 향후 전 과정 자동화를 목표로 하고있다.

월마트 : AI와 로봇이 만드는 초대형 유통망

월마트는 '알파봇(Alphabot)'이라는 로봇 시스템을 도입해 온라인 주문을 처리하고 있다. AI가 주문을 분석하고 로봇이 상품을 찾아 직원에게 전달한다. 이 시스템 덕분에 주문 처리 속도는 3배 이상 증가했고, 비용은 30% 절감됐다.

알리바바 : 1억 건을 하루 만에 처리하는 중국식 스마트 물류

중국의 알리바바는 '캐리봇(CarryBot)'과 '차이냐오 네트워크'를 통해 전국 단위의 초고속 물류 시스템을 구축했다. 광군제 당일 수천만 건의 주문도 몇 시간 만에 처리 가능하며, AI가 수요를 예측하고 로봇이 자동으로 상품을 분류·포장하는 시스템을 운영 중이다.

DHL : 지속가능성과 기술을 동시에

DHL은 유럽을 중심으로 AI와 로봇이 작동하는 스마트 물류센터를 운영한다. 태양광 에너지, 전기 지게차, 친환경 포장재 등 ESG 기준을 반영해 탄소 배출도 줄이고 있다. 물류 속도는 30% 증가하면서 비용은 20% 줄었다.

야마토 : 고령화에 대응하는 일본형 자동화

일본의 야마토는 로봇과 AI를 활용해 인력 의존도를 절반 이하로 낮췄다. 자동화된 피킹과 포장은 물론, 라스트 마일 배송까지 로봇이 담당하는 실험도 진행 중이다. 일본의 고령화와 노동력 부족 문제에 대응하는 해법이 되고 있다.[18]

UPS : AI 기반 자동 분류 허브

UPS는 미국 전역의 스마트 허브에서 자동 분류 시스템을 가동하고 있다. 바코드를 스캔하면 AI가 배송지와 상황을 분석해 최적 경로를 설정하고, 자동 시스템이 분류를 수행한다. 오류율은 줄고, 배송 속도는 상승했다.

[표2-3] 스마트 물류 기술 도입 사례 및 특징

기업	주요 기술	활용 업무	특징
아마존	풀필먼트 자동화, Kiva 로봇과 드론으로 물류 무인화 AI 예측 배송	로봇 / 드론 / AI /피킹 자동화, 예측 기반 재고 이동 및 출고	글로벌 확장, 프라임 회원 기반 운영 주문 1시간 내 처리, 창고 효율 50%↑

---

[18] 田中康仁, 「物流のしくみ」, 同文館出版(2023.5)
　일본은 2024년 4월 1일부터 트럭 운전자의 연간 시간 외 노동은 960시간으로 제한했다. 1개월의 가동 일수를 22일(주휴 2일)이라고 하면, 1일의 시간 외 노동의 상한은 3.6시간이 된다. 즉, '4시간 초과~7시간 이하 + 7시간 초과 18.3%'는 60시간을 초과, 볼륨 존인 '1시간 이상~4시간 이하 48.1%' 중에도 960시간을 초과하는 경우가 포함된 계산이다.
　운전자 부족과 2024년 문제는 미래의 물류 위기(운반할 수 없는 화물의 증가)를 일으킬 수 있다. 트럭 운전자 나이는 산업 평균보다 높고, 노동 시간도 길고, 급여액도 전체 산업 평균에 비해 낮다.

기업	주요 기술	활용 업무	특징
테슬라	자율주행 로봇, AGV, AI 재고관리	부품 자동 조달, 공장 내 무인 운반, AI 수요예측	자동차 공장의 스마트 물류화, Tesla Semi 개발, 배터리 공급망 자체 구축
월마트	알파봇, 드론, AI 기반 발주	온라인 주문 피킹, 매장 자동화 운영	처리 속도 3배↑, 비용 30%↓
알리바바	캐리봇, 차이냐오 네트워크, AI	차이니아오를 통한 초대형 스마트 물류 네트워크 구축, 쇼핑몰 주문 분류, 물류 경로 실시간 최적화	광군제 하루 1억 건 처리 중국 전역 24시간내 배송 목표실현 추진
DHL	AI, 로봇, 태양광 에너지	친환경 패키징, 자동 분류 및 배송 계획 최적화	EU 중심 ESG 물류 전략, 탄소 감축 투자 확대 탄소배출↓, 비용 20%↓
야마토	AI 재고 예측, 로봇 피킹	수요 기반 출고, 라스트마일 로봇 배송	인력 의존도 50%↓
UPS	AI 기반 자동 분류 시스템	패키지 분류 자동화, 배송 경로 자동 결정	처리 오류↓, 물류 속도↑
쿠팡	AI 수요예측, 자동 분류 시스템 풀필먼트 + 자체배송망으로 속도 극대화	AI 재고관리 / 풀필먼트 새벽배송 출고 자동화, 냉장 물류 효율화	새벽배송 선도, 고객 맞춤형 물류 설계 로켓배송 핵심 기반
SP Group	자율주행 카트, 드론, AI	도심형 자동 배송, 에너지 절감형 물류 운영	탄소중립 + 자동화 융합 모델

① 출처 : Patrik Borsosa, "Overview of Current Research on AI in Logistics, LOGI"(vol16. No1, 2025)
② 각사 Website

쿠팡 : 로켓배송의 뒷배경, 스마트 풀필먼트 센터

한국의 쿠팡은 전국 곳곳에 스마트 풀필먼트 센터를 운영하고 있다. AI가 재고를 예측하고, 자동 분류 시스템이 수시간 안에 출고를 완료한다. 냉장 배송도 가능한 시스템을 갖추고 있어, 다양한 제품군을 빠르고 효율적으로 처리한다.

YCH Group : 친환경 도심형 스마트 물류

싱가포르의 YCH Group은 'Supply Chain City'라는 도심형 스마트 물류센터를 운영하며, 자율주행 카트와 드론, AI를 결합한 자동 물류 시스템을 구축하고 있다. 동시에 태양광을 활용해 탄소 중립까지 실현하고 있다.

자동화와 스마트 물류가 만들어낸 변화

자동화 창고와 스마트 물류 센터의 도입은 단지 '빠른 배송'을 가능하게 만든 것을 넘어서, 물류 산업 전반의 판을 바꾸고 있다.

배송 속도는 혁신적으로 빨라졌고, 몇 시간이 걸리던 상품 분류와 포장 작업이 몇 분 안에 끝나게 되었다.

운영비 역시 크게 줄었다. 반복적이고 단순한 작업을 로봇이 대신하면서 인건비는 줄고, 고밀도 보관 기술 덕분에 창고 공간 활용도는 높아졌다. AI를 통한 물류 최적화로 불필요한 이동과 에너지 낭비도 줄어들었다.

환경적 측면에서도 긍정적인 변화가 이어지고 있다. 자율주행 전기차, 드론 배송, 에너지 효율 시스템 도입을 통해 탄소 배출을 줄이고, 지속 가능한 물류 시스템으로 나아가고 있다.

미래를 바꾸는 물류 기술

이제 물류창고는 더 이상 단순히 물건을 저장하는 공간이 아니다. 인공지능과 로봇, 자동화 시스템이 한데 어우러져 빠르고 정확한 배송을 실현하는 미래형 인프라다. 향후에는 AI가 소비자의 행동을 예측해 물건을 먼저 출고하고, 로봇은 24시간 멈추지 않고 피킹과 포장을 담당하며, 창고는 태양광과 친환경 시스템으로 운영될 것이다.[19] 초고속 배송 시대. 그 배후에는 언제나 '스마트 웨어하우스'가 있다.

앞으로 물류는 더욱 고도화된 자동화 시스템으로 진화할 것이다. 주문 버튼을 누르기 전, 이미 배송 준비가 완료되고, 로봇이 출고하며, 드론이나 자율주행 트럭이 직접 고객에게 전달하는 시대가 곧 도래할 것이다. 무인 물류센터, 전면 로봇화 창고, AI 기반 예측배송, 스마트 에너지 제어 시스템이 일상이 되면, 우리는 더 빠르고 정확하며, 더 친환경적인 물류 서비스를 누릴 수 있을 것이다. 우리가 무심코 누른 클릭 하나가 거대한 물류 네트워크를 작동시킨다. 그리고 그 네트워크의 중심에는 '자동화 창고'와 '스마트 물류 센터'가 있다. 물류는 지금, 기술과 만나는 중이다. 그리고 그것은 우리의 일상을 바꾸는 혁신으로 이어지고 있다.

11. 로봇 물류 : 사람이 하지 않아도 되는 일들

"이제 물류센터에서는 로봇이 일한다!"

예전에는 넓은 물류창고 안에서 사람들이 직접 물건을 정리하고, 포장하고, 트럭에 싣는 모습이 익숙했다. 하지만 지금은 그런 장면이 점점 사라지고 있다. 로봇들이 물류센터뿐 아니라 도로, 상점, 항만, 공항까지 곳곳에서 활약하고 있다. 이제는 로봇이 물류 산업의 중요한 구성원이

---

[19] https://www1.logistics.or.jp/date/concept.html

되었고, '로봇 물류 시대'가 본격적으로 열리고 있다.[20]

로봇 물류는 특정 대기업이나 선진국만의 이야기가 아니다. 기술 발전에 따라 다양한 기업과 도시, 공공기관에서도 로봇을 도입하고 있다. 그렇다면 지금 이 순간, 실제로 로봇들이 어떤 역할을 하고 있을까?

물류센터에서 일하는 로봇들

아마존 키바 로봇 – "직원은 걷지 않는다, 선반이 온다"

아마존의 키바 로봇은 대표적인 예다. 상품을 찾으러 직원이 걷지 않아도 된다. 선반 자체를 키바 로봇이 이동시켜 포장자 앞으로 가져오면, 사람은 제자리에서 포장만 하면 된다. 덕분에 작업 속도는 2~3배 빨라지고, 창고 공간도 더 효율적으로 쓸 수 있게 됐다.

[그림2-1] 아마존 키바로봇

출처: https://www.aboutamazon.com/news/operations/

이케아 자동 포장 로봇 – "10초 만에 포장을 끝낸다"

포장도 이제는 로봇의 몫이다. AI가 상품 크기를 자동 분석한 뒤, 최적의 포장 방식과 상자를 결정하고, 로봇이 자동으로 포장을 완료한다. 포장 속도는 사람보다 3배 이상 빠르며, 실수율은 거의 0%에 가까울 정도로 정확하다.

---

20 이상근, "2024년 일본 물류위기와 우리의 시사점", 아웃소싱타임스(2023.7.3.)

아마존은 자동 포장 시스템을 통해 포장 속도를 5배 향상시키고, 불필요한 포장재를 줄여 환경 보호 효과도 얻었다. 이케아(IKEA) 역시 대형 가구 배송을 위해 스마트 포장 로봇을 도입해 포장 시간 40% 단축, 물류비 20% 절감이라는 성과를 기록했다.[21]

샤오미(Xiaomi) - 가전 창고의 로봇화

중국의 가전·스마트폰 기업 샤오미는 물류센터 자동화를 위해 AGV(무인 운반 차량)와 로봇팔 기반 피킹 시스템을 도입했다. 샤오미의 물류창고는 스마트폰, 가전제품, 액세서리 등 다양한 제품군이 보관되기 때문에, 빠르고 정확한 출고 시스템이 중요하다.

AI가 주문량과 배송지를 실시간 분석하면, AGV가 창고 내 지정 위치에서 상품을 픽업해 패킹 존으로 자동 이동시키고, 로봇팔이 정확한 위치에 제품을 포장한다. 이 시스템은 중국 내 24시간 배송 구현에 핵심적 역할을 하고 있으며, 샤오미는 이를 통해 연간 수천억 원 규모의 물류비를 절감하고 있다.

스타벅스 - 물류 센터에도 '바리스타 로봇'

전 세계 수천 개 매장을 운영 중인 스타벅스도 물류 자동화 시스템 고도화에 집중하고 있다. 특히 일본과 중국에서는 '자동 분류 로봇'과 '음료 패킹 로봇'을 도입해, 커피 원두, 시럽, 컵 등 매장용 물품의 패키징 작업을 자동화하고 있다.

---

21 이상근, "불 꺼진 채 로봇만 일하는 물류센터가 오고 있다", 코스메틱저널코리아(2023년 1월호)

[그림2-2] 바리스타 로봇

출처: dimensionia.com

　스타벅스는 물류센터에서 매장으로 공급되는 제품을 신속하게 조달하기 위해 AI 기반 수요 예측 시스템도 함께 운영하고 있으며, 일부 로봇은 실제 '바리스타'처럼 음료 제조까지 실험적으로 수행하고 있다. 이는 단순 창고 작업을 넘어, 매장까지 확장되는 로봇 물류 생태계로의 전환을 보여주는 사례다.

지멘스(Siemens) – 제조와 물류를 통합한 산업용 로봇 운영

독일의 대표적인 산업 기술 기업 지멘스는 스마트 팩토리 구현에 있어 로봇 물류 기술을 선도적으로 도입하고 있다. 지멘스의 전자제품 생산공장에서는 생산 라인과 물류 시스템이 통합되어 있으며, 자율 이동 로봇 (AMR, Autonomous Mobile Robot)이 생산 공정과 창고 간의 자재 이송을 자동으로 수행하고 있다.

이러한 로봇은 실시간으로 공정의 진행 상황을 분석해 필요한 부품을 필요한 시점에 운반하며, 재고 부족을 방지하고 생산 지연을 최소화하는 역할을 한다. 지멘스는 이를 통해 공장 내 재고 회전율을 높이고, 운영 비용을 절감하고 있다.

[표2-4] 로봇 물류 기술 사례

사용처	기업	로봇 기술	주요역할
물류센터	아마존	키바 로봇	선반 자동 이동, 피킹 작업 속도 향상
	알리바바	캐리봇	자동 선반 이동, 재고 위치 최적화
	JD닷컴	스마트 창고 로봇	피킹 및 분류 자동화
	이케아	스마트 포장 로봇	포장 자동화, 포장비 절감
	샤오미	AGV + 로봇팔	피킹 및 패킹 자동화
	스타벅스	음료 패킹 로봇	매장 공급용 패키징 작업 자동화
	지멘스	AMR	공정별 부품 이동, 생산–창고 연계 자동화
배송	스타쉽 로보틱스	자율주행 배달 로봇	보도 주행, 음식 및 택배 무인 배송
	도미노피자	누로(Nuro)	자율주행 전기차, 피자 무인 배송
	월마트	쇼핑 자율주행 로봇	문 앞까지 자동 배송
	페덱스	Roxo	단거리 소형 물품 무인 배송

사용처	기업	로봇 기술	주요역할
항만/공항	상하이 항만	자율주행 크레인	컨테이너 자동 배치, 무인 하역
	싱가포르 PSA 항만	자율 트럭 + 크레인	전기 기반 무인 물류 운영, 완전 자동화 시스템

배송을 맡는 로봇들 – 라스트마일까지 책임진다

스타쉽 로보틱스 – "보도 위를 달리는 자율 배달 로봇"

미국과 유럽 일부 도시에서는 이미 자율주행 배달 로봇이 실전 배치되어 있다. 대표적인 예가 스타쉽 로보틱스(Starship Robotics)다. 이 로봇은 음식이나 편의점 물품 등을 싣고 보도 위를 자율 주행하며 목적지까지 이동한다. 장애물은 스스로 회피하고, 도착 후에는 고객이 스마트폰 인증을 통해 뚜껑을 열고 물건을 수령한다.

이 기술은 미국 대학 캠퍼스나 영국 일부 지역에서 상용화되었으며, 야간, 주말에도 인력 없이 운영 가능, 도로 혼잡 없이 친환경 배송 가능하다는 장점이 있다. 우버이츠(Uber Eats), 도요타(Toyota)도 이와 유사한 자율 배달 로봇을 실험하고 있다.

도미노피자 & 월마트 – "피자도 쇼핑도 로봇이 배달"

도미노피자는 누로(Nuro)라는 자율주행 전기차 로봇을 통해 고객의 집 앞까지 피자 배달을 시험하고 있다. 고객은 스마트폰으로 인증 후 차량 문을 열고 직접 음식을 수령한다. 월마트 역시 자체적인 자율주행 쇼핑 배달 로봇을 활용해 정해진 경로에 따라 스스로 이동하며 식료품이나 생필품을 문 앞까지 배달하는 방식을 테스트하고 있다.

이러한 방식은 인건비 절감, 배송 시간 단축, 무인화 운영 가능성 등을 통해 물류 혁신을 실현할 수 있으며, 특히 도심과 근거리 배송에 매우 적합하다.

페덱스(FedEx) – 라스트마일을 겨냥한 '로봇 택배원' 도입

글로벌 특송 물류 기업 페덱스는 '로봇 택배원(Roxo)'라는 이름의 라스트마일 전용 자율주행 로봇을 2019년 2월 공개했다. 이 로봇은 인도(人道, 보도)를 따라 안전하게 이동하며, 엘리베이터나 문턱도 넘을 수 있도록 설계되었다.

페덱스는 미국 내 일부 도시와 대학 캠퍼스를 중심으로 시범 운영을 시작했고, 미래에는 이 로봇을 통해 단거리 소형 배송의 자동화와 무인화를 구현할 계획이다. 페덱스는 2022년 Roxo 운영을 중단했다. 로봇과 자동화는 핵심전략이었지만, 'Roxo'는 단기적인 가치 요구사항을 충족하지는 못했다.

공항과 항만에서 활약하는 로봇들

자율주행 크레인 – "컨테이너도 로봇이 옮긴다"

대형 항만에서는 사람 대신 자율시스템이 컨테이너를 이동 및 적재하고 있다. AI는 화물의 무게와 부피를 분석해 가장 안전하고 효율적인 적재 방식을 결정하며, 무인으로 컨테이너를 정확한 위치로 이동시킨다. 이 방식은 인건비절감, 시간단축, 무인화 운영 가능성들을 통해 물류혁신을 실현하고 있다.

중국 상하이 항만의 '스마트 항만 시스템', 싱가포르 PSA 항만의 자동화 시스템이 대표적이다. 이들 항만에서는 전기 자율주행 트럭과 로봇 크레인이 연계되어 완전 무인 물류 환경이 구축되고 있다.

이제 물류의 주인공은 점점 '사람'에서 '로봇'으로 바뀌고 있다.
이제 로봇은 단순한 실험이 아니다. 이미 물류의 핵심이 되고 있다. 창고에서는 선반을 옮기고, 포장하고, 공장에서 필요한 부품을 운반하며, 도심에서는 자율주행으로 라스트마일 배송까지 책임진다. 앞으로는 자율주행 트럭, 드론, 공중 창고 같은 기술이 더해지며 '완전 무인형 공급망'도 가능해질 것이다. 사람은 반복적인 노동에서 벗어나 로봇을 설계하고 관리하며, 더 창의적이고 전략적인 일에 집중하게 될 것이다.

로봇 물류는 물류의 속도와 정확성을 높이는 데 그치지 않는다. 인력 부족, 야간 작업, 환경 문제까지 해결할 수 있는 실질적인 해법이기도 하다. 앞으로 우리가 받는 택배나 배달 음식 뒤에는, 수십 대의 로봇들이 조용히 그리고 쉼 없이 일하고 있을 것이다.[22]

12. AI 기반 재고 관리와 수요 예측 : 필요한 만큼, 제때에

마트에서 찾던 제품이 품절되어 실망한 적, 온라인 쇼핑몰에서 "일시 품절" 표시를 본 적은 누구에게나 있다. 반대로 기업 입장에서는 팔리지 않고 창고에 쌓인 재고 때문에 손해를 보는 경우도 흔하다. 이런 문제를

---

[22] 제이슨 솅커, 「로봇 시대 일자리의 미래」, 미디어숲(2021.05)

해결하기 위해 기업들이 주목하는 것이 바로 인공지능, AI 기반의 재고 관리와 수요 예측 시스템이다.

과거에는 직원이 재고 수량을 일일이 확인하고, 이전 판매 데이터를 참고해 감으로 발주량을 정하는 경우가 많았다. 하지만 이런 방식은 변화하는 소비자 수요를 빠르게 반영하지 못해 실수가 많았다. 이제는 AI가 이 과정을 대신한다. AI는 판매량, 계절, 날씨, 지역 특성, SNS 트렌드까지 다양한 데이터를 분석해 어떤 제품을 언제, 얼마나 준비해야 할지를 미리 예측한다.

예를 들어, 장마철이 다가오면 AI는 우산이나 방수 신발의 수요가 증가할 것을 예측해 재고를 확보한다. 여름에는 선풍기, 겨울에는 전기장판처럼 계절 제품의 수요도 미리 계산한다. SNS에서 유행하는 특정 아이템이 급부상하면, AI는 이를 감지하고 빠르게 관련 상품을 추천하거나 재고를 늘린다.

AI는 이렇게 다양한 정보를 바탕으로 정확하고 빠르게 판단해 재고를 관리한다. 단순히 수량을 맞추는 것이 아니라, 어떤 제품이 어디서 얼마나 필요할지를 예측해 물류 전 과정이 효율적으로 돌아가도록 만든다. 이처럼 AI는 수요 예측을 통해 기업이 '필요할 때, 필요한 만큼만' 제품을 준비할 수 있도록 돕는다. 결과적으로 소비자는 원하는 상품을 제때 받을 수 있고, 기업은 창고 비용과 재고 손실을 줄일 수 있다.

AI 수요 예측으로 효과를 본 글로벌 기업들

AI 기반 재고 관리 시스템을 도입한 기업들은 다음과 같은 효과를 얻고 있다 :

- 품절 감소 : 인기 상품이 조기에 동나 고객이 불편을 겪는 일이 줄어든다.
- 재고 낭비 방지 : 팔리지 않을 제품을 쌓아두지 않아 창고 공간이 효율적으로 사용된다.
- 비용 절감과 고객 만족 : 공급량을 최적화해 물류비를 줄이고, 고객은 필요한 상품을 정확히 받을 수 있어 만족도가 높아진다.

AI 기술은 단순히 데이터를 수집하는 것을 넘어, 기업의 물류 전략을 뒷받침하는 중요한 수단으로 자리 잡고 있다. AI가 실제로 어떻게 작동하는지는 글로벌 기업들의 사례를 통해 볼 수 있다.[23]

아마존은 전 세계 물류센터의 재고 상황을 AI로 분석하고, 부족한 제품은 자동 발주한다. 고객의 구매 패턴과 지역별 선호를 실시간으로 분석해 수요 예측의 정확도를 높이고 있다. 월마트는 매장에 설치된 센서와 날씨 데이터를 분석해 계절 상품을 미리 준비하고 매대에서 부족한 상품을 실시간으로 채워 넣는다. 이는 상품의 품절률을 줄이고 고객 만족도를 높인다. 자라(ZARA)는 매장별 판매량과 트랜드를 분석해 인기 상품을 빠르게 생산하고, 재고가 과도하게 남는 품목은 빠르게 재배치해 유연한 공급 전략을 유지한다.

---

23 Knowledge Sourcing.(2024). Top 10 Retail Brands Leading the AI Transformation. Retrieved from https://www.knowledge-sourcing.com/resources/thought-articles/top-10-retail-brands-leading-the-ai-transformation

[표2-5] 기업의 AI 활용과 성과

기업	AI 활용 방식	성과
나이키	매장 · 온라인 · 날씨 데이터 분석	재고 과잉 감소, 맞춤형 생산, 매출 증가
월마트	날씨+지역별 수요 분석	상품 사전 배치, 물류비 절감, 매출 증가
코카콜라	음료 소비 패턴 분석	유통기한 낭비 줄이고, 수요에 맞춘 공급
스타벅스	매장별 주문 데이터+날씨+시간대 분석	재고 최적화, 음료 폐기량 감소
H&M	SNS 트렌드+판매 데이터 분석	유행 상품 빠른 생산, 재고 부담 감소
맥도날드	시간대별 인기 메뉴 분석	주문 대기 시간 단축, 음식 낭비 감소
아마존	주문 패턴+지역별 수요 분석	자동 발주, 창고 재고 효율 증가
자라(ZARA)	매장별 실시간 판매량 분석	빠른 생산 조정, 재고 최소화
도요타	글로벌 부품 수요 예측	공급망 안정화, 생산 차질 방지

　나이키는 지역별 · 연령별로 어떤 운동화가 유행할지를 AI로 예측해 재고를 조절한다. 신상품의 출시 타이밍과 수량을 조정해 생산 효율성과 판매율을 동시에 높이고 있다. 월마트는 더운 여름에는 에어컨, 태풍 예보 시에는 생수와 휴지 같은 생필품을 미리 매장에 배치한다. 예측 기반의 상품 배치로 고객 편의를 높이고 비용도 절감하고 있다. 코카콜라는 계절별 음료 소비 데이터를 분석해 여름엔 스포츠음료, 겨울엔 따뜻한 음료를 자동 조절해 공급한다. 유통기한이 짧은 음료 특성상 AI 예측은 손실을 줄이는 데 큰 역할을 한다.

　스타벅스는 오전 출근 시간엔 아메리카노, 비 오는 날엔 라떼 같은 따뜻한 음료가 잘 팔리는 패턴을 AI가 학습해 원두 수요를 조정한다. 고객 경험과 원재료 효율을 동시에 개선하고 있다. H&M은 SNS에서 많이 언급되는 디자인을 빠르게 캐치해 인기 있는 옷을 먼저 생산하고, 판매 데이터를 통해 유행이 끝난 상품은 빠르게 재고 정리한다. 패션 트렌드에 민감한 시장에서 AI는 빠른 대응의 핵심 도구다.

맥도날드는 시간대별 인기 메뉴를 예측해 조리 타이밍을 자동 조정하고, 고객 대기 시간을 줄인다. 음식 낭비도 줄어들어 비용 절감에 기여하고 있다.

도요타는 전 세계 공장의 부품 수요를 AI로 예측해, 공급망이 중단되지 않도록 사전에 조치를 취한다. 글로벌 부품 공급의 안정성과 생산 계획의 유연성이 크게 향상됐다.

AI는 물류의 '두뇌'가 되고 있다

이제 물류는 단순히 제품을 보관하고 이동시키는 것만이 아니라, '무엇을 얼마나 보관해야 할지'까지 예측하고 준비하는 스마트한 시스템으로 진화하고 있다. AI는 이러한 예측의 중심에서 사람의 감이나 경험에 의존하던 과거 방식보다 훨씬 정밀하고 빠르게 일한다.

AI는 매일 수천만 건의 데이터를 분석하면서 학습하고, 점점 더 똑똑해지고 있다. 날씨, 지역 행사, SNS 언급량, 트렌드 키워드 등 다양한 요인을 고려해 수요를 예측하고 공급을 조절한다. 이를 통해 예측 정확도는 날로 높아지고 있으며, 기업은 더 이상 재고 문제로 고민할 필요가 없어진다.

앞으로 더 많은 기업들이 AI 기반 수요 예측 시스템을 도입하게 될 것이다. 그 결과로 소비자는 언제 어디서나 원하는 상품을 만날 수 있게 되고, 기업은 더욱 효율적인 운영을 통해 경쟁력을 갖추게 될 것이다.

우리가 마트에서 물건을 집어 들거나, 온라인으로 클릭할 때, 그 이면에는 이미 수천만 건의 데이터를 학습한 AI가 우리를 기다리고 있다. 우리가 필요한 순간, 필요한 물건을 바로 만날 수 있는 것은 바로 그 AI 덕분이다.

Column 4

AI 기반 물류체계 구축 : 혁신의 방향과 과제

요즘 우리는 버튼 하나만 눌러도 물건이 집 앞까지 빠르게 도착하는 세상에 살고 있다. 하지만 그 이면에는 복잡한 물류 시스템과 엄청난 양의 정보가 움직이고 있다. 이 복잡한 흐름을 빠르고 정확하게 운영할 수 있도록 도와주는 것이 바로 인공지능, AI다.

물류업계는 지금 다양한 변화 속에 있다.
소비자들은 더 빠르고 개별화된 배송을 원하고, 기후 위기로 인해 탄소 배출을 줄여야 하며, 세계 공급망은 정치·경제적 이유로 흔들리고 있다. 이런 상황에서 AI는 단순히 일을 자동화하는 기술을 넘어서, 물류 산업을 새롭게 설계하는 중심 도구가 되고 있다.
이미 세계의 여러 물류기업들은 AI를 적극 활용하고 있다. 예를 들어, 미국의 UPS는 AI를 활용해 배송 경로를 효율적으로 설계한다. 이를 통해 불필요한 운행을 줄이고 연료비를 아낀다. 아마존 역시 어떤 기사든지 AI가 추천한 경로를 따라가면 일정한 품질로 배송할 수 있도록 시스템을 만들어 운영하고 있다.

창고 안에서도 AI는 활약 중이다. 로봇이 스스로 물건을 나르고, 어디에 어떤 물건을 둘지 AI가 결정해준다. 테슬라는 공장 안에서 움직이는 무인차량에 AI를 적용해 충돌 없이 물류를 자동으로 운반하고 있다. 덕분에 사람의 피로도는 줄고, 속도와 정확도는 높아진다.

냉장·냉동이 필요한 식품이나 약품에도 AI는 유용하다. AI는 온도 센서를 통해 창고나 트럭 안의 상태를 실시간으로 확인하고, 필요한 조건이 무너지면 경고를 보낸다. 예를 들어 바나나처럼 숙성이 중요한 식품은 AI가 어느 정도 익었는지를 분석해 출하 시점을 조정할 수 있다.

또한, AI는 물류센터를 어디에 짓는 게 좋은지도 알려줄 수 있다. 지도 정보, 교통 편의성, 소비자 위치 등을 모두 고려해 가장 효율적인 입지를 찾아준다. 한국의 쿠팡이나 SSG도 이런 방식으로 물류센터를 설계하고 있다고 한다.

AI는 차량의 자율주행에도 쓰이고 있다. 고속도로에서는 앞 차량 한 대만 사람이 운전하고 나머지는 AI가 제어하는 '군집주행'이 실험되고 있다. 이렇게 하면 운전자의 피로도도 줄고, 기름도 덜 쓰게 된다. 앞으로는 장거리 화물 운송에 이런 방식이 널리 쓰일 가능성이 크다.

최근에는 3D 프린팅과 AI를 결합한 새로운 방식도 등장했다. 예를 들어 전쟁터나 오지 같은 곳에서 필요한 부품을 즉석에서 AI가 설계하고 3D 프린터로 만들어 공급하는 방식이다. 이런 기술은 위기 상황뿐 아니라 긴급한 상황에 빠르게 대응할 수 있는 새로운 방법으로 주목받고 있다.

소비자 맞춤형 배송도 AI가 가능하게 만든다. 어떤 사람이 무슨 요일에 어떤 물건을 자주 사는지, 날씨가 흐릴 때 어떤 제품이 잘 팔리는지를 분석해 미리 준비할 수 있다. 고객에게 딱 맞는 제품을 추천하고, 매장에 미리 재고를 배치하거나 배송 일정을 자동으로 조정하는 것도 AI의 역할이다.

AI는 이처럼 물류 전 과정에서 점점 더 큰 역할을 하고 있다.
물건을 빠르게 옮기는 것을 넘어서, 어떻게 더 똑똑하게 운영할 것인지, 어떻게 낭비 없이 필요한 만큼만 이동시킬지를 고민하게 만든다. 특히 친환경 물류를 위해 탄소 배출을 줄이는 경로를 계산하거나, 불필요한 포장재를 줄이는 방법을 찾는 데도 AI는 큰 도움이 된다.

이제 물류는 단순히 창고와 배송만의 문제가 아니다. AI를 통해 예측하고, 최적화하고, 자동으로 운영하는 것이 당연한 시대가 되고 있다. 이를 위해 물류기업들은 AI를 기술로만 보지 않고, 회사의 전략과 조직문화까지 바꾸는 도구로 인식해야 한다.
대기업은 내부 데이터를 체계적으로 모으고, AI를 적용할 수 있는 영역부터 차근차근 바꿔나가야 한다. 중소기업은 정부의 지원사업이나 가벼운 AI 솔루션을 활용해 천천히 전환을 시작할 수 있다. 중요한 건, AI를 도입하느냐 마느냐의 문제가 아니라, 얼마나 빠르게, 얼마나 효과적으로 활용하느냐다.
앞으로 물류의 경쟁력은 단순히 얼마나 많은 물건을 옮기느냐가 아니라, 얼마나 예측하고, 똑똑하게 대응하며, 지속가능하게 운영하느냐에 달려 있다. 그 중심에는 AI가 있다. 그리고 이 거대한 전환을 먼저 준비한 기업과 나라가 물류의 미래를 주도하게 될 것이다.

5장

하늘을 나는 택배 – 드론과 자율주행 배송

배송, 이제 하늘을 날다

온라인으로 물건을 주문하면 드론이 날아와 배송해 주는 시대가 성큼 다가왔다. 드론은 하늘을, 자율주행차는 도로를 이용해 더 빠르고 효율적으로 우리에게 상품을 전달한다. 단순히 사람이 직접 문 앞까지 가져다주던 배송 방식이, 기술로 인해 완전히 바뀌고 있는 것이다.

미국에서는 아마존이 드론 배송 서비스인 '프라임 에어'를, 월마트는 자율주행 드론을 활용한 식료품 배달을 시험하고 있다. 피자를 주문하면 드론이 하늘을 날아 30분 안에 가져다주는 실험도 현실이 되었다. 유럽에서는 스타쉽 로보틱스가 소형 배달 로봇을 통해 학교나 아파트 단지에 음식을 전달한다.

도로 위를 달리는 로봇과 자율주행 트럭

하늘뿐 아니라 땅에서도 자율주행 기술이 배송 혁신을 일으키고 있다. 자율주행 트럭은 긴 거리도 스스로 운전하며, 일정한 속도와 최적 경로를 유지해 운송 효율을 높인다. 도심에서는 작은 배달 로봇이 인도 위를 조용히 달려 고객의 집 앞까지 상품을 전달한다.

이런 기술 덕분에 기업은 인건비를 줄이고, 소비자는 더 빠르고 정확한 배송을 경험할 수 있다. 특히 사람이 접근하기 어려운 농촌, 섬 지역, 재난 현장 등에서도 물품을 전달할 수 있어 사회적으로도 큰 가치를 지닌다.

미래를 여는 스마트 배송

드론과 자율주행 배송은 단순히 편리함을 넘어, 물류 시스템 전체를 바꾸고 있다. 더 적은 에너지로 더 많은 상품을, 더 빠르게 배송할 수 있게 되면서, 환경에도 긍정적인 영향을 준다. 앞으로는 하늘과 땅을 넘나드는 스마트 배송 기술이 더 많은 사람들의 삶을 바꿔놓을 것이다.

"배송, 이제 하늘을 날고 스스로 움직인다!"

택배가 집 앞에 도착하는 방식이 변하고 있다. 이제는 사람이 직접 배달하지 않고, 하늘을 나는 드론과 도로 위를 달리는 자율주행 차량이 우리의 택배를 가져다준다.

13. 드론 배송은 어디까지 왔을까?

한때 영화 속 장면 같았던 드론 배송이 이제는 현실로 다가오고 있다. 아마존, 월마트, 도미노피자, 짚라인 같은 글로벌 기업들은 드론을 이용해 상품을 빠르고 효율적으로 전달하는 실험을 넘어서, 실제 서비스를 상용화하고 있다. 도심의 교통 체증 없이, 인건비 부담 없이, 오지까지 날아가 물건을 전하는 '하늘의 택배'가 우리 곁에 성큼 다가왔다.

드론 배송(Drone Delivery)이란 무인 항공기, 즉 드론을 활용해 고객에게 직접 상품을 전달하는 시스템이다. 현재는 2~5kg 정도의 소형 상품을 대상으로 하며, 보통 30분 이내에 도착하는 초고속 배송이 가능하다. 드론은 도심에서보다 시야가 트인 교외나 농촌, 그리고 접근이 어려운 산간·도서 지역에서 특히 강점을 발휘한다. 의료용품처럼 긴급한 물품을 빠르게 전달하는 데도 탁월하다.

드론 배송의 가장 큰 장점은 '속도'다. 도로를 달릴 필요가 없으니 교통 체증에 구애받지 않고 직선 거리로 이동할 수 있다. 게다가 전기로 작동하므로 탄소 배출이 거의 없어 환경 친화적이기도 하다. 사람이 직접 가지 못하는 산간 지역이나 재난 현장에서도 드론은 유용하다. 짚라인은 아프리카 르완다 등지에서 혈액과 백신을 실시간으로 배송하며 생명을 구하는 데 활용되고 있다.

또한 드론 배송은 효율적인 인력 운용 측면에서도 장점이 크다. 노동력 부족 현상이 심화되고 있는 상황에서, 무인으로 움직이는 드론은 물류 인력을 대체할 수 있는 유력한 수단이다. 고령화 사회에 접어든 국가들, 인구가 줄어드는 농어촌 지역에서는 드론이 사람 대신 일할 수 있는 새로운 물류 파트너가 될 수 있다. 더불어 기상 예보와 연동하여 안전하게 비행할 수 있도록 하는 기술도 꾸준히 발전하고 있어, 보다 정밀하고 안정적인 서비스가 가능해지고 있다.

[표2-6] 드론 배송(Drone Delivery)의 장점과 단점

구분	내용
장점	배송 시간 단축 - 30분 이내 빠른 배송 가능
	비용 절감 - 인건비 및 연료비 감소
	친환경 - 전기로 작동, 탄소 배출 없음
	오지 및 재난 지역 접근 - 사람이 가기 어려운 곳도 배달 가능
단점	배터리 수명 제한 - 30~50km 이상 장거리 배송 어려움
	도심 운행 제한 - 건물·전선 등 장애물 많아 제한적
	무게 제한 - 2~5kg 이하 소형 상품만 배송 가능

물론 한계도 있다. 드론의 배터리 수명이 짧아 장거리 운행이 어렵고, 도심에는 고층 건물과 전선, 통신 간섭 같은 장애물이 많아 운행에 제약이 있다. 무게 제한도 있어 가벼운 물건에만 적합하다. 또한 날씨, 특히 강풍이나 비, 눈 같은 기상 조건에 민감한 점도 현재 기술의 과제로 남아있다. 그럼에도 불구하고, 기술 발전과 함께 이러한 제약들은 점차 극복되고 있다. 여러 기업은 배터리 성능을 향상시키고, 충전소를 자동화하며, 드론에 AI 기술을 접목해 비행 경로를 최적화하는 등 다양한 방법으로 문제를 해결해 가고 있다.

글로벌 기업들은 이미 드론 배송을 실현하고 있다

드론 배송 기술은 단순한 실험을 넘어서 상용화 단계에 접어들고 있다. 세계 여러 기업들이 다양한 방식으로 드론 배송을 구현하고 있으며, 각자의 강점을 살려 배송 속도와 효율성, 환경 영향을 줄이는 데 초점을 맞추고 있다.

아마존(Amazon) – 프라임 에어(Prime Air)

아마존은 '프라임 에어(Prime Air)'라는 프로젝트를 통해 고객이 주문한 상품을 30분 이내에 배송하는 것을 목표로 드론 배송 기술을 개발해 왔다. 이 서비스는 AI 기반의 자율 비행 드론을 활용해, 지정된 위치에 물건을 배달후 복귀하도록 설계되어 있다.

2016년 영국에서 첫 드론 배송을 16분 만에 성공적으로 마쳤고, 이후 미국의 캘리포니아와 텍사스 지역에서 테스트를 거듭하며 상용화를 준비 중이다. 다만, 배송 가능한 물건의 무게는 2.2kg 이하여야 하고, 건물과 전선이 많은 도심에서는 서비스가 제한되며, 기상 조건에도 영향을 받는다.[24]

월마트(Walmart) – 드론업(DroneUp) 프로젝트

월마트는 드론 배송 스타트업인 드론업(DroneUp)과 협력해 자사 매장을 중심으로 드론 배송 시스템을 구축했다. 대형 물류센터가 아닌 각 지역 매장에서 드론이 직접 출발해 고객 집으로 날아가는 방식이다.

---

[24] https://en.wikipedia.org/wiki/Amazon_Prime_Air?utm_source=chatgpt.com

2022년부터 미국 6개 주에서 상용화되었고, 최대 하루 1만 건의 드론 배송이 가능하다고 발표되었다. 특히 교외 주거 지역에서 빠르게 물건을 전달하는 데 적합하며, 미래에는 4,000개 이상의 매장에서 드론 배송을 확대할 계획이다. 다만 3kg 이하의 상품에 한정되고, 도심 운영은 여전히 어려움이 있다.[25]

도미노피자(Domino's Pizza) - 드론으로 피자 배달

도미노피자는 뉴질랜드에서 세계 최초로 드론을 이용한 피자 배달을 시도했고, 실제로 2016년에 첫 성공 사례를 만들어냈다. 드론은 피자를 픽업한 후 고객의 집 앞 공터에 착륙하거나 일정 고도에서 피자를 안전하게 내려놓는 방식으로 운영된다.

이후 호주, 영국, 독일 등에서도 테스트가 이루어졌으며, 기존 30분 이상 걸리던 배달 시간을 10분 이내로 줄이는 데 성공했다. 기상 조건과 음식의 온도 유지가 중요한 과제로 남아 있지만, 음식 배달 산업에 새로운 가능성을 열었다.[26]

[그림2-3] Domino's 피자 드론 배송
(DRU Drone by Flirtey)

출처: https://www.rttnews.com/2716926/domino-s-completes-world-s-first-pizza-by-drone-delivery.

25 https://corporate.walmart.com/news/2024/01/09/
26 https://www.weforum.org/stories/2016/08/from-life-saving-medicines-to-pizza-drones-

집라인(Zipline) - 의료용 드론 배송

집라인은 단순한 상업 배송이 아니라, 사람의 생명을 살리는 의료용 드론 배송에 특화된 기업이다. 아프리카 르완다, 가나 등 의료 인프라가 부족한 지역에서 혈액과 백신을 드론으로 신속하게 전달하는 데 성공했으며, 현재 미국과 일본 등 선진국에서도 시스템이 확대되고 있다.

드론은 병원에서 출발해 목적지 상공에서 낙하산을 이용해 물품을 투하하고, 다시 자동 복귀하는 방식이다. 기존 육로보다 90% 이상 빠른 속도로 의료물품을 전달할 수 있으며, 특히 긴급성이 높은 지역에서 큰 효과를 발휘하고 있다. 다만 드론의 적재 용량이 한정되어 있어 대량 배송에는 한계가 있다.[27]

[표2-7] 글로벌 드론 배송 사례

기업/기관	프로젝트명	주요 특징	적용 지역
아마존(Amazon)	Prime Air	30분 배송 목표, 자율비행 드론 사용	영국, 미국 (시범 운영 중)
월마트(Walmart)	Drone Up 파트너쉽	매장 기반 출발, 30분 내 배송	미국 6개 주 이상
도미노피자(Domino's)	드론 피자 배달	음식 배송 최적화, 짧은 시간 내 배달	뉴질랜드, 호주, 영국 등
집라인(Zipline)	의료 드론 배송	혈액, 백신 등 응급 물품 배송	르완다, 가나, 미국, 일본
알파벳(Wing) (구글)	Wing	생활용품, 커피, 약국 제품 등 공중 호버링 낙하식 배송	호주, 핀란드, 미국

---

and-robots-could-soon-be-delivering-them/
27 https://en.wikipedia.org/wiki/Zipline_%28drone_delivery_company%29?utm_

기업/기관	프로젝트명	주요 특징	적용 지역
Flirtey	상업용 드론 배송	미국 FAA 최초 승인, 7-Eleven 협업	미국 네바다 등
SF 익스프레스	산악지역 드론 배송	산간지역 연결, 수직이착륙 드론(VTOL) 사용	중국 내륙 산악 지역
ANA (전일본공수)	도서지역 드론 배송	외딴 섬·도서 지역에 식료품 및 약품 정기 배송	일본 규슈, 오키나와 등
한국 정부[28] / 우정사업본부	우편·의약품 드론 배송 실증	공공 주도 도서·산간지역 드론 실증, 우체국 배송 연계	전남 고흥, 전북 무주, 제주 등

이처럼 드론 배송은 더 이상 실험적 기술이 아니라, 실제로 우리의 일상과 산업 현장에서 활용되고 있는 새로운 물류 인프라로 자리 잡아가고 있다. 앞으로 더 많은 국가, 더 다양한 기업이 이 기술을 도입하게 될 것이다.

드론이 바꾸는 우리의 생활

앞으로 드론 배송이 본격화되면 '배송 시간'은 지금보다 훨씬 짧아지고, '배송 방식'은 도로가 아닌 하늘로 이동하게 될 것이다. 우리는 커피 한 잔, 약 한 알을 주문한 지 몇 분 만에 하늘에서 받아볼 수 있는 시대를 살게 된다. 특히 산간, 도서 지역 주민이나 고령자들에게는 더 큰 편의와 삶의 질 향상을 가져다줄 수 있다.[29]

또한 드론은 환경을 생각하는 물류 시스템으로도 주목받고 있다. 전기

---

[28] 국토교통부와 항공안전기술원은 2024년 2월 「드론실증도시 구축 및 드론상용화 지원 공모」 결과 인천시 등 17개 지자체가 '드론실증도시 구축사업'에 참여했고, 파블로항공. 등 14개 기업이 '드론 상용화 지원사업'에 선정됐다.

[29] "서울시-GS칼텍스, 주유소를 '미래 생활물류 거점'으로 키운다", 로봇신문(2022.11.28.)

를 사용하는 드론은 도로를 달리는 화물차보다 훨씬 적은 탄소를 배출하며, 이는 탄소중립 사회를 위한 중요한 대안이 된다. 도로 위 화물 트럭이 줄어들면 도심의 교통 혼잡, 대기오염, 소음 문제도 줄어든다. 이런 측면에서 드론은 친환경 도시 설계의 중요한 열쇠가 될 수 있다.

무엇보다도 드론 배송은 단순히 '더 빠른 배송'을 넘어서, '사람 없이도 움직이는 물류'라는 새로운 시대를 연다. 자동화, 무인화, 지능화를 특징으로 하는 스마트 물류는 드론을 기점으로 본격화되고 있다. 이로 인해 물류산업 전반에 걸쳐 직업 구조, 운영 방식, 고객 서비스 패러다임이 크게 바뀌게 될 것이다.

드론은 단순히 기술이 아니다. 그것은 우리가 '배송'이라는 개념을 새롭게 정의하게 만드는 변화를 가져오고 있다. 하늘을 나는 택배는 더 이상 상상이 아니라, 지금 이 순간에도 우리를 향해 날아오고 있는 현실이다.

14. 자율주행 트럭과 로봇 배달- 사람 없이도 배달하는 물류의 새로운 주인공들

택배를 기다릴 때면 우리는 늘 누군가 차를 몰고 와서 문 앞에 물건을 놓고 가는 모습을 떠올린다. 그런데 앞으로는 이런 배달 풍경이 조금씩 달라질지도 모른다. 사람이 운전하지 않아도 스스로 달리는 트럭, 그리고 사람 없이도 골목을 누비는 작은 로봇이 물건을 직접 배달하는 시대가 오고 있기 때문이다. 바로 자율주행 트럭과 배달 로봇 이야기다.

트럭이 스스로 달리는 시대

기존의 화물차는 사람이 직접 운전해야 했다. 장거리 운송일 경우 밤을 새우며 운전해야 했고, 피로 누적이나 졸음운전으로 사고가 나기도 했다. 그런데 자율주행 기술이 발전하면서 이런 문제를 해결할 수 있게 된다. 이제는 AI가 트럭을 대신 운전하고, 스스로 길을 찾아 달릴 수 있다. 운전자가 없어도 트럭이 움직이는 것이다.[30]

자율주행 트럭의 장점은 많다. 우선, 사람이 쉬지 않아도 되니 24시간 운행이 가능하다. AI는 실시간으로 도로 상황을 분석해 막히는 구간을 피해가고, 연료를 아끼는 경로도 찾아준다. 이 덕분에 운송 시간은 줄어들고, 연료비도 절감된다. 또 사람이 운전하지 않으니 졸음운전이나 과로로 인한 사고도 줄어든다. 물류업체 입장에서는 인건비와 연료비라는 큰 비용을 아낄 수 있어 효율성이 높아진다.

물론 해결해야 할 문제들도 있다. 나라별로 자율주행 트럭이 도로에서 달릴 수 있는 조건이나 법이 다르고, 실제 도로에서 갑작스럽게 나타나는 돌발 상황에 AI가 얼마나 잘 대응할 수 있을지도 중요한 과제다. 사람과 AI 트럭이 함께 도로를 이용할 때 충돌하지 않도록 하는 시스템도 필요하다.

자율주행 트럭을 만드는 기업들

지금 세계 곳곳에서는 여러 기업들이 자율주행 트럭 개발에 속도를 내

---

[30] 제이슨 솅커, 「로봇 시대 일자리의 미래」, 미디어숲(2021.05)
미국 노동통계국은 220~310만 명의 운송업 종사자들이 자동화의 위협을 받고 있다고 추산했다. 운송업에 종사하고 있는 사람들은 한마디로 우유 팩과 같은 신세로, 유통기한 만료일이 다가오고 있으며 그날은 우리 생각보다 이를 수 있다.

고 있다. 미국의 투심플(TuSimple)은 세계 최초로 운전자 없이 화물을 운송하는 데 성공했고, 테슬라는 전기 기반의 자율주행 트럭 '세미(Semi)'를 개발해 상용화를 준비 중이다. 다임러는 미국과 독일에서 자율주행 트럭 실도로 테스트를 진행하고 있으며, 웨이모는 UPS, FedEx와 협력해 자율주행 트럭 '웨이모 바이아드(Waymo Via)'의 상용 가능성을 시험 중이다. 유럽에서는 이베코와 플러스가 협력해 기존 트럭에 자율 시스템을 적용해 테스트하고 있고, 중국의 바이두는 '아폴로(Apollo)' 프로젝트를 통해 실도로 주행과 상용 운송을 시작했다.[31]

이 기업들은 단순히 사람이 운전하지 않는 트럭을 넘어서, 물류 효율 향상, 환경 부담 완화, 교통 안전성 강화까지 실현하려는 목표를 가지고 기술을 발전시키고 있다.

대표 사례로, 투심플은 AI 기반 고속도로 주행 기술을 바탕으로 2021년 완전 자율주행 화물 운송에 성공했으며, 이후 미국 대형 물류회사들과 협업을 통해 실질적인 운송도 진행하고 있다. 테슬라는 전기차 기술과 자율주행을 결합해 기존 디젤 트럭보다 친환경적이면서도 운영비가 적게 드는 트럭을 만들고 있다. 한 번 충전으로 800km까지 주행이 가능하며, 실제로 펩시코에 공급되어 운행 테스트를 진행 중이다.

다임러는 세계 최초로 자율주행 트럭 공식 허가를 받았고, 웨이모는 자율주행 승용차에서 쌓은 기술을 트럭으로 확장하고 있다. 이베코-플러스는 유럽형 솔루션으로 실용적인 자율주행 기술을 추구하고 있고, 바이두는 AI와 클라우드 기술을 접목해 실시간 경로 예측과 충돌 회피 기능

---

[31] "A closer look at ArcBest's Class EV Pilot" Truckigdive(July 21, 2025)

을 구현하고 있다.

이처럼 자율주행 트럭 기술은 이미 상용화 문턱에 들어서 있으며, 전 세계 물류의 새로운 표준이 되어가고 있다.

[표2-8] 자율주행 트럭 도입 사례

기업	주요 특징	기술 내용
투심플 (TuSimple)	미국 최초 완전 자율주행 화물 운송 성공	AI 기반 고속도로 주행, 센서 융합 시스템
테슬라 (Tesla)	전기 기반 자율주행 트럭 '세미(Semi)' 개발 전기 픽업트럭 (Cyber Truck) 출시	EV + 자율주행, 최대 800km 주행
다임러 (Daimler)	세계 최초 자율주행 트럭 공식 허가 획득	레벨 3 자율주행, 연료 효율 5~10% 향상
웨이모 (Waymo)	구글의 자율주행 트럭 '웨이모 바이아드' 개발	센서 융합 AI, 야간 주행 가능
이베코 & 플러스	유럽형 자율 물류 솔루션 공동 개발	기존 트럭 개조, 연료 최적화, 경로 자동 분석
바이두 (Baidu)	중국형 자율주행 트럭 '아폴로 오토' 개발	AI + 클라우드 기반 경로 예측 및 교통 데이터 활용

골목을 달리는 작은 배달 로봇 – 라스트 마일을 바꾸는 조용한 혁신

택배나 음식 배달을 받을 때 가장 중요한 단계는 마지막 구간, 즉 '라스트 마일'이다. 이 구간은 물류 전체에서 가장 많은 시간과 비용이 들어가는 부분이다. 사람이 일일이 찾아가서 문 앞까지 물건을 전달해야 하기 때문이다. 이런 문제를 해결하기 위해 등장한 것이 바로 자율주행 배달 로봇이다.

이 로봇은 작은 상자처럼 생긴 기기로, 바퀴가 달려 스스로 움직인다. 도보나 자전거도로를 따라 움직이며, GPS, 센서, 카메라, AI 기술로 장애물을 피하고 목적지를 찾아간다. 고객이 앱으로 주문을 하면, 로봇이 매장이나 물류센터에서 물건을 받아 집 앞까지 이동하고, 알림을 보내면 고객은 인증 후 물건을 꺼내면 된다.

이 기술의 장점은 명확하다. 인건비를 줄일 수 있고, 24시간 쉬지 않고 운행할 수 있으며, 비대면 배송이 가능하고, 전기로 작동하니 환경에도 부담이 적다. 특히 코로나19 이후 사람과의 접촉을 피하고 싶은 수요가 늘면서 더욱 주목받고 있다.

배달 로봇을 개발·운영 중인 주요 기업들

스타쉽 로보틱스는 미국과 유럽에서 대학 캠퍼스를 중심으로 배달 로봇 서비스를 운영 중이다. 작고 둥근 6륜 로봇이 보도를 따라 이동하며 음식과 물품을 배달한다.

뉴로는 미국에서 차량 크기의 무인 배달차를 개발해 월마트, 도미노피자 등과 협업하고 있다. 이 차량은 대량의 상품을 한 번에 운송할 수 있어 효율적이다.

서모는 중국에서 AI 기반의 자율 배달 로봇을 운영하고 있다. 1,000대 이상이 대형 쇼핑몰과 대학에서 활동 중이며, 텐센트와 협력해 기술을 고도화하고 있다. 키위봇은 콜롬비아에서 시작된 스타트업으로, 미국 대학가에서 저비용 배달 서비스를 제공한다. 100개 이상의 대학과 제휴해 많은 학생들에게 서비스를 제공하고 있다. 페덱스는 '록소(Roxo)'라는 중형 배달 로봇을 개발해 도심 내 테스트 운행을 했다. 최대 45kg의 물건

[그림2-4] starship-robot

출처: http://pocketnow.com/starship-robor-delivery

을 옮길 수 있으며, 자사의 기존 택배 시스템과 연계했다.

　자율주행 배달 로봇은 지금도 도심 곳곳에서 조용히 움직이고 있다. 이 작은 기술이 비용 절감, 배송 속도 향상, 친환경 배송, 비대면 서비스라는 네 가지 변화를 동시에 이끌고 있으며, 머지않아 '사람 없이도 물건이 도착하는 시대'가 일상이 될지도 모른다. 지금까지 배달은 사람이 하는 일로 여겨졌지만, 앞으로는 로봇이 골목을 누비는 모습이 자연스러워질 것이다. 이는 단순한 기술의 변화가 아니라, 물류 시스템 전반의 패러다임을 바꾸는 조용한 혁신이다.[32]

---

[32] 일본 물류시스템협회(JILS)의 보고서 「로지스틱 컨셉 2030(2020년 2월)」
https://www1.logistics.or.jp/date/concept.html

[표2-9] 배달 로봇 도입 사례

기업	국가	형태	주요 특징	적용 분야
스타쉽로보틱스(Starship Robotics)	미국/유럽	도보형 소형 로봇	보도 주행, 캠퍼스 중심, 앱 인증 후 수령	음식, 소형 물품, 캠퍼스 및 도시 내 라스트 마일 배송
뉴로(Nuro)	미국	도로 주행형 무인 배달 차량	완전 무인, 대용량 배송 가능, 도로 주행	식료품, 음식, 생활용품 대량 배송
서모(Sermo)	중국	소형 자율주행 배달 로봇	쇼핑몰·대학 중심, AI+텐센트 협력, 1000대 이상 운영	도심, 캠퍼스, 쇼핑몰 배달
키위봇(Kiwibot)	콜롬비아/미국	도보형 소형 로봇	저비용, 대학 중심, 100개 이상 대학 서비스	학생 대상 음식 및 간단한 소형물품 배송
페덱스(FedEx)	미국	중형 바퀴형 자율주행 로봇(록소)	45kg 적재 가능, 360도 감지, 기존 택배 대체 목적	일반 택배 및 도심 라스트 마일 물류

우리나라에서도 최근 거리나 사무실, 아파트 단지에서 움직이는 배달 로봇을 본 적이 있을 것이다. 이런 로봇들은 단순한 기술 실험 단계를 넘어, 실제 일상생활 속에서 배달이라는 역할을 맡기 시작했다. 특히 사람 손이 부족한 시대, 빠른 배송 수요 증가, 그리고 법과 제도의 변화가 함께 작용하면서, 로봇이 본격적으로 물류 시장의 새로운 주체로 떠오르고 있다.

스타트업 뉴빌리티(Newbility)는 LG디스플레이 파주 사업장에 '뉴비(Neubie)'라는 자율주행 배달로봇을 도입해 실제 배달 서비스를 운영 중이다. 직원들이 앱으로 음료를 주문하면 로봇이 직접 사무실 입구까지 배달하는 방식이다. '배달의민족'으로 유명한 우아한형제들은 자사의 배달 로봇 '딜리'의 차세대 모델을 2025년 8월부터 본격 상용화한다. 이 로봇은 공공도로에서 주행 가능한 인증(운행안전인증)을 받았고, 실제로 논현동, 역삼동 일대에서 B마트 배달 테스트를 진행했다. 헬스테크 기업 미니쉬테크놀로지는 로보티즈의 자율주행 로봇 '개미'를 이용해 의료용 수복물을 운반하고 있다. 로봇은 강남 본사에서 협력 치과까지 약 6km를 자율주행으로 다녀오며, 사람의 개입 없이 운행·주차·복귀까지 전부 무인으로 처리된다.

배달로봇은 이제 실험단계를 넘어 실제로 사람을 대신해 배달 업무를 수행하는 시대에 접어들었다. 인건비 상승과 인력 부족, 그리고 빠르고 정밀한 배송 수요가 결합되며, 배달로봇은 미래 물류의 주인공으로 점점 자리를 잡고 있다.[33]

배달의 풍경이 바뀌고 있다

머지않은 미래에는 고속도로에서는 자율주행 트럭이 화물을 실어나르고, 도심 인도 위에서는 작고 똑똑한 배달 로봇이 커피, 음식, 소형 택배를 배송하는 모습이 일상이 될 수 있다. 이러한 변화는 단순히 기술의 발전이 아니라, 효율성, 안전, 환경, 삶의 질을 동시에 높이는 전환점이 될 것이다. 이제는 '물류'를 '자율주행'이라는 키워드로 다시 쓰이고 있는 중이다. 그리고 그 변화는, 이미 우리 곁에서 조용히 시작되고 있다.

---

33 "사람 없어도 OK…로봇배달, 물류 주체로 시장 커진다", zdnet(2025.8.4.)

15. 물류의 미래는 어떻게 변할까?

더 빠르고, 더 똑똑하고, 더 친환경적인 물류의 시대 – 요즘은 스마트폰에서 몇 번만 클릭하면 식료품이든 가전제품이든 집 앞까지 바로 도착한다. 당일 배송, 새벽 배송은 이제 일상이 되었고, 누군가는 문 앞에 물건이 놓여 있다는 사실조차 놀라워하지 않는다. 하지만 우리가 누리고 있는 이 편리함은 사실 이제 막 시작된 변화일 뿐이다.

앞으로 물류는 단순히 '물건을 옮기는 일'을 넘어 도시의 구조를 바꾸고, 사람의 생활을 설계하고, 환경까지 책임지는 중요한 역할로 진화하게 될 것이다. 더 빠르고, 더 똑똑하며, 더 지속 가능한 방식으로 말이다.

사람이 없어도 물류가 흐르는 세상 – 무인 배송의 일상화

과거에는 '배송'이라고 하면 사람이 직접 트럭이나 오토바이를 운전해 문 앞까지 배달해주는 걸 떠올렸다. 하지만 지금은 드론, 자율주행 트럭, 배달 로봇이 우리 주변을 움직이고 있다. 사람이 없어도 물류가 멈추지 않고 흐르는 시대가 시작된 것이다.

예를 들어, 드론은 하늘을 날아 음식이나 약을 배달해주고, 자율주행 트럭은 밤낮없이 고속도로를 달리며 장거리 화물을 옮긴다. 캠퍼스와 도심에서는 작고 둥근 배달 로봇이 사람 대신 골목길을 누비고 있다.

미국의 아마존과 월마트는 드론을 이용해 30분 내 배송 서비스를 실험하고 있고, 투심플은 운전자 없이 화물차를 운전하는 자율주행 기술을 상용화에 가까운 단계까지 끌어올렸다. 특히 교통이 불편한 지역이나 재난이 발생한 곳에서는 드론이 생명과 직결된 긴급 물자를 공급하는 역할도 할 수 있다.

도심에서는 뉴로(Nuro) 같은 기업이 만든 자율주행 배달차가 실제 도로를 달리며 고객의 집 앞까지 물건을 가져다준다. 자율주행 트럭은 기존 차량보다 연료 효율이 높고, 사고 위험이 적으며, 24시간 운행이 가능해 물류 전체의 효율을 높이는 데 큰 기여를 하고 있다. 앞으로는 운전하는 사람도, 배달하는 사람도 필요 없는 배송이 더 늘어날 것이다. 물류는 사람의 손에서 AI와 로봇의 손으로 넘어가고 있다.

주문하지 않아도 도착하는 상품 – AI와 빅데이터 기반의 예측 물류

앞으로는 고객이 클릭하지 않아도, 물건이 먼저 우리 집 앞으로 출발할 수 있다. 그 중심에는 AI와 빅데이터 기술이 있다. 이 기술들은 사람들이 어떤 물건을, 언제, 얼마나 살지 미리 예측하고, 그에 맞춰 물류 시스템을 자동으로 움직이게 만든다.

아마존은 '예측 배송 시스템'을 통해 고객이 주문하기도 전에 미리 특정 지역에 상품을 보내놓는다. 고객이 클릭하는 순간 이미 트럭에 실려 있거나 배송이 시작된 상태다. 월마트는 날씨 데이터를 분석해 더운 날씨에는 아이스크림과 생수, 태풍이 예상되면 손전등과 장화를 먼저 지역 창고에 비치해 둔다.

의류 브랜드 자라(ZARA)는 전 세계 SNS 데이터를 분석해 어떤 옷이 유행할지를 예측하고, 빠르게 제품을 생산해 매장에 배치한다. 이렇게 되면 고객이 원하는 물건을 더 빨리, 더 정확하게 받을 수 있다.

이제 AI는 단순히 물류를 효율적으로 만드는 것을 넘어, 소비자보다 한 발 앞서서 움직이는 물류를 만들어가고 있다. 물류는 더 이상 기다리는 게 아니라, 먼저 움직이는 시스템이 되고 있다.

환경까지 생각하는 배송 – 친환경 물류의 확산

이제는 빠르기만 한 배송은 환영받지 못한다. 기후 변화와 환경 위기 속에서 물류 역시 탄소를 줄이고 지속 가능한 방식을 추구해야 한다.

아마존은 전기차 스타트업 리비안과 협력해 전기 배송 밴 10만 대를 주문했고, 일부 도시는 이미 전기차로만 배송이 이뤄지고 있다. 테슬라는 장거리 운송용 전기 세미 트럭을 개발해, 디젤 차량을 대체하려는 움직임을 주도하고 있다.

물류센터 역시 변화하고 있다. 독일 DHL은 탄소 배출이 없는 물류센터를 직접 지어 운영 중이며, 많은 기업들이 창고 지붕에 태양광 패널을 설치하고, 전기 지게차를 도입하고 있다. AI 기반의 에너지 관리 시스템도 도입되며 창고 운영의 친환경화가 가속화되고 있다.

포장도 달라지고 있다. 종이, 옥수수 전분, 생분해성 소재로 만든 포장재가 널리 쓰이고 있고, 포장 자체를 줄이거나 아예 없애는 '제로 패키지 배송'도 실험되고 있다. 이제 친환경 물류는 선택이 아니라 기업이 살아남기 위한 기본 전략이 되고 있다.

'지금 배송'이 기준이 되는 시대 – 초고속 배송의 보편화

예전에는 '익일 배송'도 굉장히 빠른 서비스였다. 하지만 지금은 한 시간 내 배송이 당연한 서비스가 되어가고 있다. 이 변화의 중심에는 도심 곳곳에 설치된 마이크로 풀필먼트 센터(MFC)가 있다.

쿠팡, 아마존, 월마트 등은 대형 물류센터를 도시 안에 축소형으로 만들고, 고객과 가까운 곳에 배치하고 있다. 덕분에 주문한 지 몇 시간 만에 물건을 받는 시대가 열렸다. 쿠팡의 새벽배송이나 아마존의 프라임나우는 고객이 자는 사이에 물건을 문 앞에 두고 간다. 아침에 일어나면 이미 도착해 있는 것이다.

더 나아가, 약이나 비상 생필품처럼 긴급하게 필요한 물건은 15~30분 안에 배송되는 초단기 서비스도 등장하고 있다. 이는 프랑스 파리의 도시계획자이자 소르본대학교 교수인 카를로스 모레노(Carlos Moreno)가 제안한 '15분도시'의 개념에 부합한다.[34] 이제 배송은 단순히 빠르다는 의미를 넘어, 소비자의 생활 리듬에 맞춰지는 배송이라는 점에서 의미가 크다. 배송은 이제 '빠름'에서 '적절한 타이밍'으로 진화하고 있다.

---

[34] "15분 도시(15-minute city)"란 도시 내에서 모든 주요 생활 필수 서비스(직장, 학교, 병원, 공원, 상점 등)를 도보나 자전거로 15분 안에 접근할 수 있는 도시 구조를 의미한다. 이 개념은 프랑스 파리의 도시계획자이자 소르본대학교 교수인 카를로스 모레노(Carlos Moreno)가 제안했다.
주요 목표는 지속가능성, 공동체 회복, 교통 혼잡 감소, 탄소배출 저감, 삶의 질 향상이다.
'15분 도시'는 아래 기능들을 각 지역에 골고루 갖춰야 한다 :
살기(Living) – 주거 공간 확보
일하기(Working) – 지역 내에서의 고용 기회
공부하기(Learning) – 학교, 도서관 등 교육시설
돌보기(Caring) – 병원, 약국, 복지시설 등
쇼핑하기(Supplying) – 슈퍼, 상점 등 생활 소비 공간
즐기기(Enjoying) – 공원, 문화시설, 카페, 운동 공간 등

물류는 삶을 연결하는 시스템이 된다

미래의 물류는 다음과 같은 방향으로 바뀌고 있다.

- 무인 배송이 일상이 된다 : 드론, 자율주행 트럭, 배달 로봇이 배송의 주체가 된다.
- AI가 물류를 주도한다 : 소비자가 주문하기도 전에, 물건이 먼저 도착한다.
- 친환경 물류가 기본이 된다 : 전기차와 태양광 창고, 재사용 포장이 보편화된다.
- 배송 속도는 '분 단위'가 된다 : 내일이 아니라 오늘, 바로 지금 받는 시대가 열린다.

이제 물류는 단순히 물건을 옮기는 산업이 아니다. 사람과 도시, 기술과 환경을 연결하는 플랫폼이자, 시민의 삶의 질을 결정하는 핵심 인프라가 되고 있다. 기업의 경쟁력은 물류의 혁신 속도에 달려 있고, 사회 전체의 지속 가능성 또한 물류의 변화에 달려 있다.

우리는 더 빠르고, 더 똑똑하고, 더 친환경적인 방식으로 살아가게 될 것이다. 이 모든 변화의 중심에는 바로 '물류'라는 조용하지만 강력한 시스템이 있다. 클릭 한 번으로 시작되는 우리의 생활은 이제 물류를 통해 완전히 달라지고 있다.

Column 5

스마트공장의 진화가 물류에 던지는 다섯 가지 메시지

예전에는 공장에서 물건을 만들고, 물류는 그 물건을 운반하는 역할만 했다. 하지만 요즘은 '스마트공장'이 등장하면서 그 경계가 사라지고 있다. 스마트공장은 단순히 자동화된 생산공장이 아니라, 인공지능(AI), 로봇, 사물인터넷(IoT) 같은 첨단기술이 융합된 똑똑한 공장이다. 그리고 이 변화는 물류 산업에도 큰 영향을 주고 있다. 스마트공장의 진화가 물류에 어떤 메시지를 주는지를 다섯 가지로 정리해보자.

첫째, 제조와 물류가 하나로 통합되고 있다.
이전에는 물건을 다 만든 뒤에야 물류가 움직였다면, 이제는 생산계획과 동시에 물류계획도 함께 세워진다. 예를 들어, 특정 부품이 언제 몇 개 필요한지를 AI가 예측하면, 그 부품이 어느 경로로 들어올지도 동시에 계획된다. 물류는 단순히 운반만 하는 게 아니라, 생산 과정에 꼭 필요한 전략 요소가 되고 있다.

둘째, 예측 기반의 물류가 중요해지고 있다.
AI는 날씨, 소비자 행동, 과거 판매량 등을 분석해 수요를 미리 예측한다. 이런 예측은 생산량뿐 아니라 창고에 얼마나 보관할지, 언제 배송할지까지 결정하게 한다. 또, 기계가 고장 날 징후를 미리 파악해 물류 차질을 줄이는 데도 AI가 활용된다. 즉, 문제가 생긴 후에 움직이던 물류가 아니라, 미리 준비하고 대응하는 물류가 되는 것이다.

셋째, 로봇이 물류 작업 방식을 완전히 바꾸고 있다.
공장 안에서는 이제 자율주행 로봇이 자재를 옮기고, 협동로봇이 사람과 함께 일한다. 사람이 하던 무거운 운반이나 반복작업을 로봇이 대신하고, 사람은 더 섬세하고 판단이 필요한 업무에 집중한다. 이는 작업자의 피로를 줄이고, 안전사고를 예방하는 데도 큰 도움이 된다.

넷째, 현장에서 즉시 대응할 수 있는 기술이 중요해졌다.
스마트공장은 데이터를 수집해 바로 처리하고 실행할 수 있는 '엣지 컴퓨팅' 기술을 사용한다. 예를 들어, 피킹 작업 중 제품 위치가 바뀌면 작업자에게 바로 안내해준다. AR(증강현실) 기술을 활용해 화면에 위치를 보여주기도 한다. 이렇게 실시간 대응이 가능해지면, 물류 작업의 속도와 정확도가 크게 높아진다.

다섯째, 지속가능성과 사람-로봇 협업이 새로운 기준이 되고 있다.
스마트공장은 에너지 사용과 탄소 배출을 줄이기 위해 AI와 에너지 관리 시스템을 함께 활용한다. 또한, 로봇이 단순하고 위험한 작업을 맡고, 사람은 판단력과 소통이 필요한 일을 맡는 협업 방식이 점점 보편화되고 있다. 이런 변화는 특히 고령화가 진행 중인 사회에서 물류 인력 문제를 해결할 수 있는 중요한 해법이 될 수 있다.

결론적으로 스마트공장은 단순히 생산을 위한 기술이 아니라, 물류를 더 똑똑하고 지속 가능하게 만드는 새로운 출발점이다. 앞으로의 물류는 예측 가능하고 유연하며, 환경을 고려하고 사람과 기술이 함께 일하는 방향으로 진화할 것이다. 이제 물류기업도 스마트공장을 고객의 생산 현장으로만 보지 말고, 자신들의 미래 전략 모델로 삼아야 할 때다.

6장

내 물건은 어디쯤? 실시간 물류 트래킹

요즘 온라인 쇼핑을 하면 가장 먼저 확인하게 되는 것이 있다. 바로 배송 조회 버튼이다. 예전엔 물건을 주문하면 도착할 때까지 며칠이고 막연히 기다리는 게 당연했지만, 이제는 클릭 한 번이면 내가 주문한 상품이 어디쯤 오고 있는지, 어느 물류센터를 거쳤는지, 몇 시쯤 도착할지까지 실시간으로 확인할 수 있다.

어디쯤 왔을까? 실시간 조회가 가능한 이유

우리가 '지금 어디쯤'이라는 정보를 확인할 수 있는 이유는 단순한 위치 추적을 넘어선 복합 기술의 결합 덕분이다.

상품에는 포장 시점부터 바코드나 QR코드가 부착되고, 이동 과정 중에 여러 거점(물류센터, 터미널, 배송 차량 등)에서 스캔된다. 이 정보가 서버에 자동으로 등록되면서, 고객은 물론 기업도 동시에 배송 상황을 확인할 수 있다. 이런 시스템 덕분에 고객은 배송 시간을 예측할 수 있고, 기업은 지연 구간을 조기에 파악하거나, 불만을 줄이는 정확한 대응이 가능해진다. 단순한 조회 기능을 넘어, 신뢰와 품질을 확보하는 도구가 된 것이다.

IoT와 RFID가 바꾸는 물류 현장

IoT(사물인터넷) 기술은 제품, 창고, 차량 등에 부착된 센서가 실시간으로 온도, 위치, 충격 여부 같은 정보를 수집해 서버에 전송하는 방식이다. RFID(무선 인식 기술)는 여러 개의 물건 정보를 한 번에 무선으로 읽을 수 있어, 입출고 자동화에 특히 유용하다.

예를 들어, 고가의 전자제품이나 신선식품처럼 관리가 까다로운 물품은 RFID 덕분에 단위별로 추적이 가능하다. 이 두 기술이 결합되면, 사람이 개입하지 않아도 빠르고 정확하게 물류 흐름을 관리할 수 있는 환경이 만들어진다.

블록체인, 신뢰를 더하다

물류에서는 '이 물건이 진짜일까?', '정확한 경로를 거쳤을까?'라는 질문이 중요하다. 특히 해외 수입 제품이나 의약품처럼 민감한 상품일수록 그렇다.

이럴 때 블록체인 기술이 도움이 된다. 데이터를 여러 서버에 나눠 저장하고, 한 번 기록되면 변경할 수 없게 만들어 배송 경로와 이력에 대한 조작을 원천 차단한다. 따라서 위조 상품 방지, 원산지 증명, 신선도 관리 등에도 쓰일 수 있다.

실시간 물류 트래킹의 미래

앞으로는 모든 상품이 출발부터 도착까지 디지털 족적을 남기는 시대가 된다. 드론과 배달 로봇의 위치도 실시간으로 추적되고, AI는 날씨나 교통 상황에 따라 가장 빠르고 안전한 경로를 자동으로 계산해준다. 특히 식품이나 백신처럼 민감한 제품은 온도, 습도, 충격 정보까지 실시간으로 모니터링된다. 이는 단지 기술의 진화가 아니라, 신뢰를 바탕으로 한 물류 서비스의 기준을 새롭게 만드는 과정이기도 하다.

16. 택배 조회 시스템은 어떻게 작동할까?

"내 택배는 지금 어디쯤 왔을까?"

온라인 쇼핑이 일상이 된 지금, 상품을 주문하면 바로 이 질문부터 떠오른다. 특히 생필품이나 소중한 선물을 기다릴 때는 더욱 그렇다. 예전에는 배송 날짜만 알고 막연히 기다리는 수밖에 없었다. 하지만 지금은 스마트폰만 있으면 택배가 어디 있는지, 언제 출발했고, 어느 물류센터를 거쳤는지까지 실시간으로 확인할 수 있다.

이제는 너무도 당연하게 여겨지는 '택배 조회 시스템'. 이 편리한 시스템은 어떤 기술로 작동하는 걸까?

택배는 어떤 경로를 따라 움직일까?

택배가 집 앞까지 도착하기까지는 여러 단계를 거친다. 먼저 상품을 포장해서 출고하고, 택배기사가 수거(집하)한 뒤, 대형 물류센터에서 분류되고, 지역 배송센터로 이동한 다음, 마지막으로 배달이 이뤄진다.

각 단계에서는 상품에 붙은 바코드나 QR코드, RFID 태그가 스캔되면서 이동 정보가 기록된다. 이 정보가 택배사 서버에 실시간으로 전송되고, 우리는 스마트폰이나 컴퓨터로 그 과정을 확인할 수 있다.

예를 들어, 택배가 물류센터에서 출발하면 "출고 완료", 중간 터미널에 도착하면 "허브 도착", 배송 기사님이 출발하면 "배송 중", 내 손에 도착하면 "배송 완료"로 표시된다.

택배 조회 시스템에 쓰이는 기술들

바코드 & QR코드 택배 상자에서 가장 자주 볼 수 있는 코드. 물류센터 직원이나 택배 기사가 스캐너로 읽으면 상품의 이동 정보가 저장된다. QR코드는 더 많은 정보를 담을 수 있어 소비자도 스마트폰으로 직접 인식할 수 있다.

RFID(무선 주파수 인식) 바코드처럼 보이지 않아도, 무선 주파수로 여러 물건을 한 번에 인식할 수 있는 고급 기술. 고가의 전자제품이나 해외 배송, 자동화 창고에서 자주 사용된다.

IoT 기반 트래킹 물류 차량이나 컨테이너에 GPS와 센서가 달려 있어, 이동 경로뿐 아니라 속도, 온도, 습도 같은 정보도 함께 추적할 수 있다. 신선식품, 의약품처럼 환경 조건이 중요한 물품에 꼭 필요하다.

택배 조회 시스템은 어떤 원리일까?

택배 조회 시스템이 어떻게 작동하는지를 이해하려면, 먼저 '트래킹 코드'라는 개념부터 알아야 한다. 트래킹 코드는 택배가 처음 출발할 때 부여되는 고유한 번호로, 흔히 '운송장 번호'라고 부른다. 이 번호는 택배 하나하나에 붙어 있어, 해당 물건이 어디를 거쳐 어디까지 왔는지를 추적할 수 있는 출발점이 된다.

상품이 판매자로부터 포장되어 출고되면, 이 운송장 번호가 생성되고 택배사의 시스템에 등록된다. 이후 상품이 물류센터에 도착하거나, 지역 터미널로 이동하거나, 배송 기사가 상품을 수거할 때마다 상자에 붙은 바코드나 QR코드가 스캔된다. 이때마다 위치 정보와 이동 시점이 자동으로 기록되고, 그 데이터가 택배사의 서버로 전송된다.

이 과정을 통해 소비자는 자신의 스마트폰이나 컴퓨터로 현재 택배가 어디에 있는지 실시간으로 확인할 수 있다. 다시 말해, 우리가 앱이나 웹사이트를 통해 "배송 중입니다" 또는 "○○물류센터 도착" 같은 안내를 볼 수 있는 건, 물류 시스템에 축적된 스캔 데이터를 실시간으로 불러와 보여주는 덕분이다.

결국 택배 조회 시스템은 단순히 버튼 하나로 끝나는 기능이 아니라, 상품의 이동과 동시에 축적되는 수많은 정보들이 뒤에서 함께 움직이는, 보이지 않는 기술의 집약체라 할 수 있다.

[표2-10] 택배 조회 시스템 단계별 작동 방식

단계	설명	고객 조회 화면 예시
Step 1 : 주문 & 발송 준비	고객이 상품을 주문하면 판매자가 포장 후 운송장 번호를 생성하고 택배사 시스템에 등록한다. 고객은 '출고 준비 중' 상태를 확인할 수 있다.	출고 준비 중
Step 2 : 물류허브에서 스캔	상품이 대형 허브 물류센터에 도착하고 바코드가 스캔되어 배송 시스템에 등록된다. 고객은 '허브 도착' 또는 '출고 준비 완료' 상태를 확인할 수 있다.	서울 허브 터미널 도착
Step 3 : 지역물류센터 이동	상품이 고객 주소 인근 지역 물류센터로 이동되고, 이곳에서 다시 스캔되어 'ㅇㅇ 배송센터 도착' 상태로 표시된다.	ㅇㅇ 지역 물류센터 도착
Step 4 : 최종 배송 및 배달 완료	배송 기사가 상품을 픽업하고 최종 스캔을 통해 '배송 중' 상태가 된다. 고객이 물건을 수령하면 '배송 완료'로 표시된다.	배송 중 → 배송 완료

실시간 조회 시스템은 어떻게 활용되고 있을까?

쿠팡 – '로켓배송'으로 실시간 추적

쿠팡은 자체 물류망으로 상품을 직접 배송한다. 배송 현황을 앱에서 단계별로 확인할 수 있고, 기사님의 위치도 실시간으로 지도에 표시된다. 고객은 "지금 우리 집 앞까지 왔구나"라는 것을 눈으로 직접 볼 수 있다.

아마존 – AI 기반 배송 예측

아마존은 AI로 출고지를 자동 선택하고 예상 도착 시간을 미리 계산해준다. GPS 추적으로 배송 차량 위치를 실시간 확인할 수 있고, 배송 임박 시 알림도 온다.

DHL – RFID와 블록체인으로 정밀 추적

국제배송이 많은 DHL은 RFID로 상품 위치를 자동 추적한다. 일부 구간은 블록체인 기반으로 관리돼 정보 위변조도 어렵다. 고객은 해외 직구 상품이 어느 공항에 있는지, 세관을 통과했는지도 실시간 확인할 수 있다.

페덱스 – 배송 기사와 고객을 직접 연결

기사님의 GPS 정보를 기반으로 배송 트럭이 어느 블록에 있는지도 앱에서 확인할 수 있다. 부재 시 사진을 찍어 앱에 업로드해 분실 걱정도 줄였다.

택배 조회 시스템이 만드는 새로운 '기다림의 문화'

예전에는 택배를 기다리는 게 막연한 일이었지만, 이제는 다르다. 우리는 택배가 어느 단계에 있는지 실시간으로 확인하고, 배송 일정을 조정하며, 문제를 사전에 파악할 수 있다. 그리고 이 시스템은 점점 더 진화하고 있다.

- IoT 센서 : 택배 상자에서 온도 · 습도 · 충격까지 실시간 확인
- 자율주행 차량 · 드론 : 위치 정보가 자동으로 공유됨
- 블록체인 : 배송 기록의 신뢰성과 투명성 강화
- AI : 고객이 주문하지 않아도 미리 배송지 인근에 물건 준비

이제 우리는 단순히 '받는 사람'이 아니라, 배송 과정을 함께 지켜보며 계획하고, 관리할 수 있는 시대에 살고 있다. 실시간 조회 시스템은 단지

편리함을 넘어서, 소비자 중심 물류의 핵심으로 자리 잡았다.

이제 우리는 택배가 언제 도착할지 정확히 예측할 수 있는 시대에 살고 있다. 배송은 '예상'이 아닌 '확인'의 영역으로 넘어왔다. 택배를 기다리며 불안해할 필요 없이, 실시간 조회 시스템 덕분에 우리는 더 스마트한 배송을 경험하고 있다. 그리고 우리는 그 변화를 가장 가까이에서 누리고 있는 중이다. 그리고 이 기술은 앞으로도 더 스마트하고 더 정밀하게 발전해 나갈 것이다.

17. IoT와 RFID 기술이 바꾸는 물류 현장

불과 몇 년 전까지만 해도 물류 현장은 대부분 사람의 손에 의존하고 있었다. 창고 직원은 물건을 손으로 찾아 다녔고, 재고는 종이나 엑셀로 관리했으며, 택배 기사님은 주소를 하나하나 확인하며 배달을 해야 했다. 시간도 오래 걸리고, 실수도 잦았다.

하지만 지금은 다르다. 이제는 센서가 창고 안 물건의 위치를 자동으로 알려주고, 트럭 안의 온도나 습도, 심지어 충격 여부까지도 실시간으로 확인할 수 있다. 이처럼 물류 산업이 크게 달라진 이유 중 하나는 바로 'IoT'와 'RFID'라는 기술 덕분이다.

이 두 기술은 물류를 더 똑똑하게, 더 빠르게, 더 정확하게 바꾸는 핵심 기술이다. 이 장에서는 IoT와 RFID가 실제 물류 현장에서 어떻게 쓰이고 있으며, 우리 일상에 어떤 변화를 만들고 있는지 살펴보자.

IoT(사물인터넷)는 물류를 어떻게 바꾸고 있을까?

"모든 물류가 네트워크로 연결되는 시대"

IoT는 '사물인터넷(Internet of Things)'이라는 말 그대로, 사물에 센서를 붙여 인터넷으로 연결하고, 데이터를 자동으로 주고받게 만드는 기술이다. 예전에는 사람이 직접 확인하던 트럭의 위치나 냉장고 안의 온도도, 이제는 IoT 덕분에 자동으로 확인할 수 있게 되었다.

예를 들어, 냉장 트럭으로 신선식품을 배송할 때, IoT 센서가 내부 온도를 계속 측정한다. 온도가 일정 기준을 벗어나면 자동으로 알림을 보내고, 냉장 장치가 스스로 작동한다. GPS로는 트럭의 현재 위치를 추적하고, 언제 어디를 지났는지도 자동으로 기록된다.

이렇게 하면 신선식품이나 의약품처럼 온도 관리가 중요한 제품도 더 안전하게 배송할 수 있다.

이처럼 IoT는 물류를 '눈에 보이지 않지만 항상 연결된 네트워크'로 바꾸고 있다. 그리고 그 덕분에 물류의 정확도와 효율성이 크게 올라가고 있다.

RFID는 어떻게 다를까?

"이제는 일일이 찍지 않아도 자동으로 인식된다!"

RFID는 '무선 주파수 인식(Radio Frequency Identification)' 기술이다. 예전에는 바코드를 일일이 스캔해야 했지만, RFID는 따로 보지 않아도 리더기가 무선으로 정보를 읽을 수 있다.

예를 들어, 물류센터에 수백 개의 상자가 도착했을 때, 바코드라면 하나씩 스캔해야 하지만, RFID는 한 번의 리더기로 여러 상품 정보를 동시에 읽을 수 있다.

　창고 안에서도 RFID 태그가 붙은 상품은 자동으로 위치를 확인할 수 있고, 출고 시에도 실시간으로 재고 수량이 자동 업데이트된다. 이 덕분에 RFID는 특히 자동 창고, 스마트 물류센터, 해외 배송 물류 허브 등에서 활발하게 사용되고 있다.

　한마디로 말하면, IoT는 '상태를 실시간으로 감지하고 전달하는 기술', RFID는 '상품을 자동으로 인식하는 기술'이다. 두 기술이 만나면, 물류 현장은 훨씬 더 똑똑하고 정밀하게 움직일 수 있다.

실제 기업들은 어떻게 활용하고 있을까?

월마트(Walmart) – 매장과 창고가 자동으로 물건을 보충한다

　세계 최대 유통기업 월마트는 매대와 상품에 IoT 센서와 RFID 태그를 부착했다. 상품이 팔려서 재고가 부족해지면,

→ 센서가 이를 감지하고
→ 자동으로 본사 물류센터에 발주 요청이 전송되며
→ 물류센터에서 해당 상품을 매장으로 보내준다.

　직원이 일일이 확인하지 않아도 자동으로 물건이 채워지는 것이다.

DHL – 트럭 안의 상태까지 실시간으로 추적

　글로벌 물류회사 DHL은 트럭과 컨테이너에 IoT 센서를 부착해 위치, 온도, 습도, 진동 등을 실시간으로 모니터링하고 있다.

→ 이상 징후가 발생하면 즉시 알림이 전송되고
→ 담당자가 이를 보고 배송 경로나 차량을 조정할 수 있다.

이 기술은 정밀기기, 의약품, 신선식품처럼 민감한 상품의 안전한 운송에 큰 도움이 된다.

[그림2-5] DHL 스마트락(Smart Lock)

출처:https://www.dhl.com

아마존(Amazon) - 로봇과 센서가 움직이는 창고

아마존은 자동화된 물류센터를 운영하는 대표 기업이다. RFID 태그와 IoT 센서가 창고 전체에 적용되어 있어,
→ 사람이 물건을 찾지 않아도 로봇이 자동으로 상품을 찾아 이동시키고
→ 센서는 실시간으로 상품 위치를 업데이트한다.

이 덕분에 오배송이 줄고, 출고 속도는 빨라졌으며, 24시간 자동 운영이 가능해졌다.

스타벅스(Starbucks) - 전 세계 커피 품질을 일정하게 유지

스타벅스는 전 세계에서 커피 원두를 배송할 때, 컨테이너에 IoT 센서를 부착해 온도와 습도를 실시간으로 모니터링하고 있다.
→ 운송 중 온도나 습도가 기준을 벗어나면 경고가 발송되고
→ 도착 후에도 데이터로 신선도를 확인할 수 있다.

이 시스템 덕분에 스타벅스는 세계 어디서나 동일한 품질의 커피를 제공하고 있다.

[표2-11] IoT와 RFID 물류 현장 적용사례

기업	활용 기술	주요 활용 분야	기술 적용 방식	성과
월마트 (Walmart)	IoT + RFID	매장 및 창고 재고 자동 관리	선반·상품에 부착된 센서로 부족한 제품 자동 감지 및 발주	수작업 없이 실시간 재고 확인 및 빠른 보충
DHL	IoT	화물 운송 상태 실시간 모니터링	트럭과 컨테이너에 센서 부착 → 위치, 온도, 진동 실시간 기록 및 경고	운송 중 사고 예방 및 품질 유지 강화
아마존 (Amazon)	IoT + RFID	스마트 물류 창고 자동화	로봇이 RFID 태그로 상품 인식 → IoT로 위치 실시간 업데이트	오배송 감소, 24시간 자동 창고 운영
스타벅스 (Starbucks)	IoT	커피 원두 운송 중 온도·습도 관리	컨테이너 내 온도·습도 측정 → 이상 시 경고 발신 및 품질 확인	전 세계 매장에 균일한 커피 품질 유지

정리하면, 월마트는 IoT와 RFID를 통해 재고를 자동으로 파악하고 공급한다. DHL은 IoT 센서로 화물의 상태를 실시간으로 추적하며, 아마존은 로봇과 센서를 활용한 무인 스마트 창고를 운영하고, 스타벅스는 IoT로 전 세계 커피 품질을 통합적으로 관리한다.

이처럼 IoT와 RFID는 물류를 더 똑똑하고 정밀하게 만드는 핵심 기술이다. 앞으로 이 기술들이 더 널리 보급되면, 우리는 더 정확하고, 빠르고, 환경까지 생각하는 물류 시대를 맞이하게 될 것이다

기술이 바꾸는 물류의 미래

IoT와 RFID는 이제 물류 산업의 '디지털 눈과 귀' 같은 존재가 되었다. 앞으로 이 기술이 더 널리 퍼지면, 물류는 다음과 같은 방향으로 더 발전하게 된다.

실시간 관리가 더 정밀해진다

창고, 트럭, 배송 기사, 그리고 상품 하나하나의 상태까지 실시간으로 추적하고 기록할 수 있다. 오류나 문제를 바로 잡을 수 있어 신뢰도가 높아진다.

물류 자동화가 가속화된다

AI와 결합되면, 센서와 데이터가 알아서 최적의 운송 경로를 선택하고, 자동 발주와 창고 운영까지 스스로 판단하게 된다. 로봇이 직접 상품을 찾아 포장하고, 심지어 배송 상태까지 감지하게 될 것이다.

고객 경험이 더 좋아진다

소비자는 이제 단순히 '받는 사람'이 아니라, '배송 과정에 함께 참여하는 사람'이 된다. 물건이 어디쯤 왔는지, 온도는 괜찮은지, 문제는 없는지 실시간으로 확인할 수 있기 때문이다.

한마디로 정리하면, IoT와 RFID는 조용하지만 강력하게 물류를 바꾸고 있다. 우리는 마트에서 물건을 고를 때, 택배를 받을 때, 혹은 주문조차 하기 전에도 이 기술의 영향을 받고 있다.

앞으로 이 기술들이 더 발전하면, 물류는 지금보다 훨씬 더 빠르고, 정확하며, 환경까지 고려하는 '스마트한 시스템'으로 성장하게 될 것이다. 그리고 우리는 그 변화의 중심에서 더 편리하고 더 똑똑한 일상을 누리게 될 것이다.

18. 블록체인 물류 : 위변조 없는 투명한 공급망을 만드는 기술

온라인 쇼핑이나 해외 직구를 할 때 한 번쯤 이런 생각을 해봤을 것이다.
- "이거 진짜 정품일까?"
- "내가 주문한 물건, 어디를 거쳐 온 걸까?"
- "혹시 배송 과정에서 정보가 바뀌진 않았을까?"

예전의 물류 시스템에서는 이런 궁금증을 말끔히 해결하기 어려웠다. 상품의 원산지가 속일 수도 있었고, 경로를 알 수 없으며, 기록이 조작되거나 누락되는 일도 종종 생겼기 때문이다. 하지만 이제는 다르다. 바로 '블록체인(Blockchain)'이라는 기술이 이런 문제를 해결해줄 수 있기 때문이다.

블록체인은 어떻게 물류를 바꾸고 있을까?

위변조가 불가능한 데이터 저장

블록체인은 데이터를 한 곳이 아니라 여러 대의 컴퓨터에 나눠 저장하는 기술이다. 누군가가 기록을 몰래 바꾸거나 지우려고 해도, 다른 컴퓨터들이 같은 내용을 갖고 있기 때문에 금세 들통나고 변경이 불가능하다.

그래서 블록체인 위에 기록된 정보는 믿을 수 있고, 손댈 수 없다는 특징이 있다. 상품이 어디서 출발했는지, 어떤 물류회사에서 옮겼는지, 누가 맡았는지까지 모든 이력이 블록체인에 남게 되면, 조작 걱정 없이 정보를 믿을 수 있다.

실시간 물류 추적도 가능해진다

과거에는 물건이 창고를 떠난 뒤 어디쯤 왔는지를 정확히 알기 어려웠다. 하지만 블록체인은 물건이 움직이는 과정 하나하나를 자동으로 기록한다.

창고에서 출발할 때, 항공기에 실릴 때, 세관을 통과할 때, 고객에게 전달될 때까지 모든 과정이 실시간으로 기록된다. 그래서 우리는 스마트폰으로 언제든지 "지금 어디쯤 왔는지"를 정확하게 확인할 수 있다.

공급망 전체를 믿을 수 있게 만든다

물류는 수많은 기업이 함께 움직이는 복잡한 구조다. 생산자, 운송회사, 도매상, 판매자 등 여러 주체가 관여한다. 이 과정에서 정품이 아닌 가짜 상품이 끼어들거나, 원산지가 바뀌는 경우도 생긴다.

하지만 블록체인을 이용하면, 참여자 모두가 같은 데이터를 공유하고 실시간으로 확인할 수 있어 중간에 조작이나 위조가 일어날 틈이 없다. 즉, 하나의 상품이 어디서 만들어졌고, 어떤 경로를 거쳐서 지금 내 손에 들어왔는지, 처음부터 끝까지 정직하게 확인할 수 있다.

블록체인이 만들어주는 새로운 신뢰

우리는 지금, "누가, 어디서, 언제, 무엇을 했는지" 물류 안에서도 투명하게 기록되는 시대에 살고 있다. 블록체인은 단순한 금융 기술을 넘어, 물류의 '신뢰 시스템'이 되고 있다. 앞으로는 더 많은 기업들이 이 기술을 도입해, 상품의 정품 인증, 위조 방지, 실시간 배송 추적, 공급망의 투명한 관리를 실현하게 될 것이다.

실제로 어떻게 활용되고 있을까?

월마트 – 식품이 어디서 왔는지 단 2초 만에 확인

월마트는 IBM과 함께 'IBM Food Trust'라는 블록체인 시스템을 만들었다. 과거에는 식중독 사고가 나면, 문제가 된 식품이 어디서 왔는지를 확인하는 데 무려 6일이 걸렸다.

하지만 지금은 사과 하나를 QR코드로 스캔하면, 어느 농장에서 재배됐고, 어떤 창고를 거쳤는지를 단 2초 만에 알 수 있다. 이 덕분에 식품 안전성이 크게 높아졌고, 소비자는 더 믿고 구매할 수 있게 됐다.[35]

[그림2-6] IBM Food Trust

출처: https://newsroom.ibm.com/

머스크 – 해운 물류의 복잡한 문서를 디지털로

세계 최대 해운회사 머스크는 IBM과 함께 '트레이드렌즈(TradeLens)'라는 블록체인 플랫폼을 도입했다. 배가 항구에 도착할 때마다 서류를 수십 장 작성해야 했던 번거로운 과정을 없앴다. 화물이 출발하는 순간부터 세관, 항구, 물류창고까지 모든 정보가 블록체인에 기록되고, 관련된

---

[35] "IBM Food Trust Delivers Traceability, Quality Assurance to Major Olive Oil Brands with Blockchain"(출처:https://newsroom.ibm.com/2020-11-11-IBM-Food-Trust-Delivers-Traceability-Quality-Assurance-to-Major-Olive-Oil-Brands-with-Blockchain?utm)

모든 회사가 실시간으로 공유한다. 그 결과, 통관 시간은 40% 줄었고, 연간 10억 달러 이상의 물류비를 절감할 수 있었다.

알리바바 – 진짜 상품인지 소비자가 직접 확인

알리바바는 가짜 상품 문제를 해결하기 위해 블록체인을 활용했다. 상품이 생산되면 고유 QR 코드와 RFID 태그를 부착하고, 유통되는 모든 단계에서 정보가 블록체인에 자동 기록된다. 소비자는 QR코드를 스캔하면 원산지, 제조일자, 경로를 바로 확인할 수 있다. 이 기술 덕분에 가짜 상품 유통이 줄어들고, 브랜드 신뢰도가 크게 올라갔다.

화이자 – 의약품의 유통 과정까지 투명하게

화이자는 의약품의 위조 문제를 막기 위해 블록체인 기술을 도입했다. 의약품이 출하될 때부터 병원이나 약국에 도착할 때까지 모든 이동 과정이 블록체인에 기록된다.

온도와 습도 같은 보관 환경도 함께 기록되어, 백신 같은 민감한 의약품의 품질을 지킬 수 있다. 소비자도 약에 붙은 QR코드를 찍으면 진짜 약인지, 올바르게 유통됐는지를 확인할 수 있다.

[표2-12] 블록체인 물류 적용 기업 사례

기업	활용 분야	적용 기술	주요 특징
월마트 Walmart	식품 유통 경로 추적	IBM Food Trust (블록체인 식품 추적 시스템)	식품 생산~판매까지 유통 경로 투명화 / QR코드로 원산지, 유통 정보 확인

기업	활용 분야	적용 기술	주요 특징
머스크 Maersk	국제 해운 물류 간소화	트레이드렌즈 (TradeLens) 플랫폼	수출입 서류 디지털화 / 실시간 화물 위치 추적 / 통관 속도 향상
알리바바 Alibaba	정품 인증 및 유통 추적	Alibaba Blockchain Traceability System	상품 원산지 및 유통 경로 블록체인 기록 / 소비자가 정품 여부 직접 확인
화이자 Pfizer	의약품 유통 경로 및 상태 추적	블록체인 기반 의약품 유통 추적 시스템	의약품 생산~소비자까지 이동 경로 기록 / 온도·습도 실시간 모니터링

블록체인이 만드는 미래의 물류는?

공급망 전체가 더 투명해진다

지금까지는 수출업체, 해운사, 항공사, 유통업체 등이 각자 데이터를 관리해왔다. 이 때문에 정보가 일치하지 않거나, 서류가 분실되는 일이 많았다. 하지만 블록체인이 도입되면, 모든 참여자가 같은 데이터를 공유하고 검증한다. 사과 하나가 어느 농장에서 자랐고, 어떤 트럭과 선박을 타고 이동했는지를 정확히 알 수 있다.

계약과 결제도 자동으로 이루어진다

스마트 계약(Smart Contract)은 정해진 조건이 충족되면, 자동으로 계약이 실행되는 기술이다. 예를 들어, 화물이 항구에 도착하면 자동으로 결제가 이뤄지고, 보험도 동시에 적용된다. 사람이 복잡한 절차를 확인하지 않아도, 시스템이 알아서 처리해준다.

실시간으로 상품 상태까지 추적할 수 있다

블록체인과 IoT가 결합되면, 상품의 위치뿐 아니라 온도, 습도, 충격 여부까지 실시간으로 기록된다. 소비자는 앱에서 QR코드 하나만 찍어도 지금 물건이 어디에 있고, 어떤 상태로 이동 중인지 확인할 수 있다.

위조 상품이 사라지는 시대가 온다

모든 제품에 블록체인 기반의 정품 인증서가 부여되면, 소비자는 진짜 상품인지 즉시 확인할 수 있다. 명품, 전자기기, 의약품, 식품까지 모든 분야에서 '가짜'는 점점 설 자리를 잃게 될 것이다.

더 빠르고 친환경적인 물류가 가능해진다

블록체인 기반의 물류 시스템은 종이 서류를 없애고, 수많은 확인 절차를 줄인다. 그만큼 물류의 속도는 빨라지고, 환경에도 도움이 된다. ESG 경영을 지향하는 기업들에게도 블록체인은 중요한 도구가 될 것이다.

블록체인은 단순한 기술이 아니다.

이제는 물류 전체를 바꾸는 인프라가 되고 있다. 우리가 손에 쥔 상품이 어디서 만들어졌고, 어떤 경로를 지나왔는지를 믿고 확인할 수 있는 시대, 그 중심에는 블록체인 물류 기술이 있다.

이제는 단지 물건을 받는 게 아니라, '정확하게 추적하고 믿을 수 있는 방식'으로 받는 시대가 온 것이다. 그리고 이 변화는 지금 이 순간에도 빠르게 현실이 되고 있다.

Column 6

AI가 물류산업을 어떻게 바꿀까

요즘 우리가 물건을 빠르게 받고, 원하는 정보를 손쉽게 확인할 수 있는 이유 중 하나는 물류산업에 인공지능(AI) 기술이 빠르게 도입되고 있기 때문이다. AI는 단순한 자동화 기술을 넘어서, 물류 전 과정에서 효율성과 정확성을 높이고, 고객에게 더 나은 서비스를 제공하는 데 핵심적인 역할을 하고 있다.

첫째, AI는 물류 현장을 자동화하고 효율적으로 만든다.
예전에는 사람이 하던 물품 분류, 창고 관리, 배송 준비 작업을 이제는 AI와 로봇이 대신한다. 예를 들어, 아마존은 키바(Kiva)라는 로봇을 이용해 상품을 빠르게 운반하고, 월마트는 AI로 재고를 실시간으로 추적한다. 이렇게 되면 작업 속도가 빨라지고, 실수가 줄어든다.

둘째, AI는 수요를 예측하고 재고를 정확하게 관리한다.
대형 유통업체들은 AI를 이용해 고객이 언제 어떤 상품을 필요로 할지 미리 예측한다. 이를 통해 물건이 너무 많아 낭비되거나, 부족해서 팔지 못하는 일을 줄일 수 있다. 타깃, 나이키, H&M 등은 고객 데이터와 계절 요인을 분석해 재고를 조절하고 있다.

셋째, AI는 배송 경로를 최적화한다.
AI는 교통 상황과 날씨 등을 고려해 가장 빠르고 경제적인 배송 경로를 찾아낸다.

UPS와 페덱스는 이런 시스템을 이용해 연료비를 줄이고, 배송 시간을 단축하고 있다. 아마존은 드론을 이용한 AI 기반 배송 서비스도 실험 중이다.

넷째, AI는 고객 서비스도 똑똑하게 바꿔놓고 있다.
많은 물류 회사들이 AI 챗봇을 도입해 고객 문의에 빠르게 응답하고, 실시간 배송 위치도 알려준다. 예를 들어, UPS의 챗봇은 배송 상태를 알려주고, DHL 앱은 도착 시간을 예측해준다. 고객 맞춤형 배송 추천도 AI가 처리한다.

다섯째, 공급망의 투명성이 높아지고 있다.
AI는 제품이 어디서 만들어지고 어떻게 이동하는지를 추적해준다. IBM, 월마트, 머스크 같은 기업들은 AI와 블록체인을 활용해 식품이나 상품의 경로를 실시간으로 확인하고, 문제가 생기면 빠르게 대응할 수 있다.

여섯째, 지속가능한 물류 운영에도 AI는 큰 도움이 된다.
AI는 연료를 아끼는 배송 경로를 찾아주고, 전기차 운행이나 재활용을 효율적으로 설계할 수 있게 해준다. 구글, 테슬라, UPS 같은 기업들은 에너지 절약과 탄소 배출 감소를 위해 AI를 적극 활용하고 있다.
하지만 AI가 모든 것을 해결해주는 것은 아니다. 자동화가 많아지면 일자리가 줄어들 수도 있고, 많은 데이터를 다루는 만큼 보안이나 개인정보 보호도 중요해진다. 또, AI가 내린 결정에 오류가 생기거나, 그 과정을 이해하기 어려울 수도 있다.

결론적으로 AI는 물류산업을 더 빠르고 똑똑하게 바꾸는 기술이다. 하지만 기술을 도입할 때는 효율성뿐 아니라, 안전과 책임도 함께 고민해야 한다. 앞으로의 물류 경쟁은 '누가 더 빠르게 배송하느냐'보다 '누가 더 스마트하게 대응하느냐'에 달려 있다.

제3부

지속 가능한 물류, 환경을 생각하다

지속 가능한 물류, 환경을 생각하다

지속 가능한 물류, 환경을 생각하다

요즘은 클릭 한 번으로 집 앞까지 물건이 도착하는 세상이다. 온라인 쇼핑도, 음식 배달도, 이젠 우리 삶에서 너무나 자연스러운 일이 되었다. 그런데 이런 편리함 뒤에는 우리가 쉽게 놓치고 있는 또 다른 문제가 숨어 있다. 바로 환경이다.

상품을 실어 나르는 트럭과 비행기에서 나오는 탄소 배출, 택배를 받을 때마다 쌓이는 포장 쓰레기, 그리고 한 번 쓰고 버려지는 일회용 자원들. 편리함은 늘었지만, 그만큼 환경에 주는 부담도 커지고 있는 것이다.

이제 물류는 단순히 물건을 옮기는 일을 넘어서, 환경까지 함께 생각해야 하는 시대에 들어섰다. 전기트럭, 수소차 같은 친환경 운송수단이 하나둘 도입되고 있고, 버려지는 자원을 다시 쓰는 순환 물류, 반품 제품을 다시 활용하는 역물류 시스템도 주목받고 있다.

특히 신선식품이나 백신처럼 온도 관리가 중요한 물품을 위한 콜드체인 시스템은 환경은 물론 사람의 건강까지 책임지는 중요한 기술로 떠오르고 있다. AI와 센서 기술이 접목되면서 이 시스템도 점점 더 똑똑해지고 있다.

이 장에서는 우리가 택배를 받을 때는 잘 느끼지 못했던, 친환경 물류의 노력들을 들여다보려 한다. 택배 상자를 줄이기 위한 '패키지리스 배

[그림3-1] Loop Zero waste showcase

출처: https://zerowasteshowcase.enviu.org/solution/loop/

송'부터, 버려진 포장재를 다시 쓰는 재활용 시스템까지, 환경을 생각하는 물류의 모습은 점점 더 다양해지고 있다.

이제는 물류도 선택이 아닌 책임의 시대다.

우리의 일상 선택은 지구의 생태계를 바꿀 수 있는 힘을 가지고 있다. 이제 그 힘을 적절하게 사용하는 것이 우리 모두의 책임이다. 우리의 작은 변화가 지구를 위한 큰 변화를 이끌 수 있다.[36]

환경을 지키는 일은 멀리 있는 누군가의 과제가 아니라, 우리가 매일 받아보는 택배 상자 하나부터 시작된다. 지속 가능한 물류, 그 변화의 출발점에 우리가 함께 서 있는 것이다.[37]

---

36 이상근, "지구를 죽이는 물류", 친환경 물류활동네트워킹데이 기조연설, 비욘드엑스(2023.6)
37 이상근, 『ESG와 지속가능한 물류』, 아웃소싱타임스(2023.11)

7장

친환경 물류, 탄소 발자국을 줄이다

　우리가 온라인에서 물건을 주문하고 편하게 집 앞에서 받아보는 그 순간, 보이지 않는 또 다른 일이 함께 벌어지고 있다. 택배를 실은 트럭이 도로 위를 달리고, 비행기와 배가 전 세계를 오가며 상품을 실어 나르는 동안, 지구에는 온실가스가 쌓여간다.

　택배 상자 안을 채운 비닐과 스티로폼, 상품을 포장한 비닐봉지와 테이프도 결국 쓰레기로 버려진다. 편리함의 이면에는 지구가 점점 더 아파지는 현실이 숨어 있다.

　지금까지 물류는 '빠르고, 정확하고, 많이 보내는 것'이 중요한 시대였다. 하지만 이제는 그 방식에도 변화가 필요하다.

기후 위기 시대, 물류도 '속도'보다 '지속 가능성'을 먼저 생각해야 한다.
　그래서 요즘 주목받고 있는 것이 바로 친환경 물류, 다시 말해 지구를 생각하는 물류다.

이제는 전기나 수소로 움직이는 친환경 차량이 디젤 트럭을 하나둘씩 대체하고 있고, 종이 대신 재활용이 가능한 포장을 쓰려는 노력도 많아지고 있다.

단순히 물건을 보내는 것을 넘어, 다시 회수하고 재사용하는 순환 물류가 새로운 기준이 되고 있다.

이런 변화는 지구를 지키는 일일 뿐만 아니라, 물류 기업의 경쟁력을 결정짓는 요소가 되고 있다. 앞으로는 얼마나 빨리 보내느냐보다, 얼마나 탄소를 줄였느냐가 더 중요한 기준이 될지도 모른다.

이 장에서는 친환경 물류가 왜 중요한지, 그리고 어떤 방식으로 실현되고 있는지를 살펴본다.

친환경 배송

- 디젤 대신 전기를 쓰는 택배차, 수소로 달리는 장거리 화물차는 어떻게 탄생했을까?
- 한국 · 미국 · 일본 · EU 각국은 어떤 기술과 정책을 추진하고 있을까?

지속 가능한 공급망과 탄소 중립 물류

- 지속가능한 물류는 단순히 친환경 차량만으로는 부족하다.
- 생산부터 소비, 회수와 재활용까지—공급망 전체를 녹색으로 바꾸는 노력이 필요하다.

재활용 물류와 순환 경제

- 포장을 줄이고, 반품을 줄이고, 다시 쓸 수 있게 만드는 '순환형 물류'는 어떻게 실현되고 있을까?
- 리버스 로지스틱스(역물류)와 재사용 포장의 실제 사례도 함께 본다.

19. 친환경 배송 – 탄소를 줄이는 새로운 길

물류는 언제나 움직임으로 완성되는 산업이다. 사람들이 주문한 상품이 전국 곳곳으로, 전 세계로 빠르게 이동하기 위해 트럭과 배, 비행기, 오토바이가 하루 종일 쉬지 않고 달리고 있다. 그런데 이 움직임 속에는 보이지 않는 탄소 발자국이 함께 남는다.

택배, 화물 운송, 음식 배달이 늘어나면서 차량에서 나오는 온실가스 배출도 덩달아 증가하고 있다. 이런 현실 속에서 물류 산업도 더 이상 환경 문제에서 자유롭지 않다.[38]

이제는 물류도 '속도'만이 아닌 '지속 가능성'을 생각해야 하는 시대다.

---

[38] 지구 온난화를 가져오는 온실가스에는 이산화탄소, 메탄, 이산화질소, 수소불화탄소, 과불화탄소 등이 있다. 온실가스 배출량 중 80% 이상을 차지하는 것이 이산화탄소이다.

그런 변화를 이끄는 대표적인 흐름이 바로 친환경 배송이다.

전기트럭이 바꾸는 물류 현장

자동차에서 시작된 전동화의 바람은 이제 물류 트럭까지 확산되고 있다. 전기차는 기존 내연기관 차량보다 배출가스가 없고, 소음이 적으며, 유지비가 낮아 도심 운송에 적합하다.

미국의 아마존은 탄소 중립 목표를 위해 리비안(Rivian)과 협력해 전기 배달 트럭을 도입했다. 이미 10,000대 이상이 미국 전역에서 운행 중이다. 테슬라는 '세미(Semi)'라는 전기 화물트럭을 출시해 장거리 운송 시장까지 전동화하려 하고 있다.

유럽에서는 볼보와 다임러가 물류용 전기트럭을 공급하고 있고, DHL과 CEVA 물류처럼 대형 물류기업들이 이를 적극 도입하고 있다. 일본의 야마토 운수는 미쓰비시와 손잡고 소형 전기차를 도입했으며, 도심 배달에 적합한 구조로 운영되고 있다.

한국에서는 CJ대한통운 등 택배회사들이 현대차의 1톤 전기트럭 '포터 EV'등을 활용해 터미널 간 운송과 도심 배송을 함께 수행하고 있다. 이 과정에서 탄소는 줄이고 운영비도 절감하는 효과를 보고 있다.

수소트럭, 장거리 운송의 새로운 대안

전기트럭이 단거리 배송에 강점이 있다면, 장거리 물류에서는 수소연료전지 트럭이 주목받고 있다. 수소는 충전 시간이 짧고, 한 번 충전으로 긴 거리를 갈 수 있어 트럭과 같은 대형 운송수단에 특히 적합하다.

미국의 니콜라(Nikola)는 수소트럭 개발에 앞장서고 있으며, 대형 물류

회사들과 협력해 장거리 운송을 전환하려는 시도를 이어가고 있다. 유럽에서는 스위스를 중심으로 현대자동차가 만든 엑시언트 수소트럭(XCIENT Fuel Cell)이 이미 물류 현장에서 실제 운행 중이다. 일본의 도요타는 수소트럭을 세븐일레븐 물류에 투입해 실증 사업을 진행하고 있으며, 도심 배송의 환경 부담을 줄이고 있다. 한국 역시 수소트럭의 내수 보급을 확대하고 있으며, 현대차는 국내 주요 물류회사들과 함께 도입을 추진 중이다.

다양한 친환경 배송 방식

친환경 배송은 단지 차량의 연료만 바꾸는 것으로 끝나지 않는다.

더 친환경적인 '배송 수단'에 대한 고민이 이어지며 자전거, 드론, 로봇, 철도, 선박 등 다양한 대안이 등장하고 있다.

도심에서는 자전거 배송이 주목받고 있다.

미국에서는 1998년 자전거로 도심배송 사업을 실시한 벤처기업 코즈모닷컴 사례가 있다.[39] DHL은 '큐비사이클(Cubicycle)'이라는 전기 화물 자전거를 네덜란드와 독일 도심에 도입했으며, UPS도 e바이크(Cargo e-Bike)로 유럽 여러 도시에서 배송 중이다. 일본의 야마토 운수는 좁은 도로에 맞춘 자전거 택배를 운영하고 있으며, 한국은 서울을 중심으로 자전거

---

[39] Kozmo.com는 벤처 캐피털의 자금 지원을 받는 온라인 회사로, 미국의 여러 주요 도시에서 비디오, 게임, DVD, 음악, 잡지, 책, 음식과 스타벅스 커피를 1시간 동안 무료로 배송하겠다고 약속했다. 1998년 3월 젊은 투자은행가인 조셉 박(Joseph Park)과 용강(Yong Kang)이 뉴욕에서 설립한 이 회사는 2001년 4월에 폐업했다. 이 회사는 종종 닷컴 버블의 예라고 불린다.(출처: https://en.wikipedia.org/wiki/Kozmo.com)

[그림3-2] UPS 전기바이크 배송

출처: https://about.ups.com/kr/ko/our-stories/innovation-driven/

퀵서비스가 늘고 있다. 배달의민족은 전기 오토바이도 도입해 탄소 저감과 소음 감소를 동시에 실현하고 있다.

드론 배송도 실험을 넘어서 실제에 가까워지고 있다.

아마존은 드론 배송 서비스 '프라임 에어'를 개발 중이고, 아이슬란드의 Aha는 도심과 외곽 지역을 드론으로 연결하고 있다. 제주도에서는 산간 지역에 의약품을 배송하는 드론 실험이 진행되고 있다.

로봇 배송도 주목할 만하다.

미국 스타쉽 테크놀로지스는 자율주행 배달 로봇을 대학가와 주거지역에 도입했으며, 한국의 배달의민족은 '딜리 드라이브'라는 배달 로봇을 캠퍼스에서 시범 운행하고 있다. 일본도 고령자를 위한 로봇 배송 테스트를 아파트 단지에서 진행 중이다.

바다 위 물류도 친환경으로 바뀌고 있다.

덴마크의 머스크는 메탄올 병용연료를 쓰는 선박을 도입해 대형 선박의 탄소를 줄이고 있으며, 일본 미쓰비시 중공업은 전기 추진 또는 저배출 기술을 컨테이너선 분야에서 연구하고 있다. 한국의 현대중공업은 LNG 연료 또는 병용연료 선박을 통해 친환경 해상 물류 시장에 진출하고 있다.

철도 물류는 기존 도로보다 탄소 배출이 낮다.

유럽은 독일, 프랑스를 중심으로 화물 열차 운송을 확대하고 있으며, 일본의 JR화물은 도심의 트럭을 줄이고 철도로 운송을 전환 중이다. 한국도 KTX를 활용한 고속 화물 운송 실험이 일부 진행되고 있으며, 친환경성과 속도를 동시에 추구하고 있다.

친환경 배송이 주는 의미

이처럼 다양한 친환경 배송 방식이 확산되는 이유는 분명하다. 기후 위기에 대응하고, 지속 가능한 미래를 만들기 위해 물류도 변해야 하기 때문이다.

친환경 배송은 단지 환경 보호에만 그치지 않는다. 탄소 배출을 줄이고, 연료비와 유지비를 절감하며, 도심의 소음과 대기오염 문제까지 함께 해결할 수 있다. 정부와 기업들은 이러한 이점을 바탕으로 지속 가능한 물류 시스템 구축에 적극적으로 나서고 있다.

더 많은 가능성, 더 넓은 친환경 배송

친환경 배송은 이제 단순히 전기트럭이나 수소차에 머물지 않는다. 자전거, 드론, 로봇, 철도, 친환경 선박까지—물류업계는 다양한 방식으로 탄소를 줄이는 방법을 실험하고 실제로 도입하고 있다.

기업은 비용을 절감하고 ESG를 실천할 수 있으며, 소비자는 친환경 배송을 선택함으로써 지구를 위한 행동에 동참할 수 있다. 앞으로 우리는 더 빠르고, 더 조용하고, 더 깨끗한 배송을 경험하게 될 것이다.

친환경 배송은 미래가 아니다. 지금 이 순간에도 이미 시작된 변화이며, 우리 모두가 그 변화를 만들어가고 있는 중이다.

20. 지속 가능한 공급망과 탄소 중립 물류

지속 가능한 물류와 탄소 중립의 개념은 이제 단순한 선택이 아니라, 지구의 미래와 직결된 필수적인 과제가 되었다. 우리가 사용하는 물건 하나하나가 만들어지고, 저장되고, 이동되어 우리 손에 도달하기까지 수많은 물류 과정이 필요하며, 이 모든 과정에서 적지 않은 에너지가 소모되고 이산화탄소가 배출된다. 물류는 이제 단순한 효율성이나 속도의 문제가 아니라, 환경적 책임을 함께 지는 산업으로 변화하고 있다. 이 장에서는 지속 가능한 공급망과 탄소 중립 물류가 무엇인지, 그리고 이를 어떻게 실현할 수 있는지에 대해 네 가지 주요한 흐름을 중심으로 자세히 설명한다.

탄소 중립(Carbon Neutral)이란?

탄소 중립이란 물류 과정에서 발생하는 탄소 배출을 줄이거나, 불가피한 배출량을 상쇄함으로써 실질적인 탄소 배출량을 '0'으로 만드는 개념이다. 단순히 차량을 친환경적으로 바꾸는 것만으로는 충분하지 않으며, 공급망 전체를 재설계해
야 가능한 목표다. 예를 들어 공장에서의 제조 단계에서는 에너지를 재생 가능한 자원으로 전환하고, 물류센터에서는 전력 소비를 최소화하며, 배송 과정에서는 친환경 운송수단을 도입하는 식이다.

탄소 중립을 실현하기 위한 방법은 크게 두 가지로 나뉜다.

첫째는 탄소 감축(Carbon Reduction)이다. 이는 물류 과정 자체에서 탄소 배출량을 줄이려는 노력을 의미한다. 예를 들어 전기차나 수소차를 도입하거나, 디젤 차량 대신 철도나 선박을 사용하는 방식이다.

둘째는 탄소 상쇄(Carbon Offset)이다. 이는 불가피하게 배출된 탄소를 별도의 방식으로 상쇄하는 것으로, 대표적인 방식은 나무를 심거나 탄소배출권을 구매하는 것이다. 어떤 기업이 연간 100톤의 탄소를 배출한다고 하면, 50톤은 감축을 통해 줄이고 나머지 50톤은 상쇄로 보완해 최종적으로 탄소 중립을 달성하는 방식이다.

탄소 중립 물류를 실현하기 위해서는 다음과 같은 요소들이 중요하다.

첫째, 전기 또는 수소로 구동되는 친환경 차량 도입이다. 둘째, 철도 및 해운 물류의 확대이다. 셋째, 태양광 발전 등을 이용한 친환경 물류센터 구축이다. 넷째, AI 기반의 물류 최적화를 통해 운송 거리나 연료 소비를 줄이는 것이다. 다섯째, 플라스틱 대신 재활용 가능한 포장재를 사용하는 친환경 패키징이다. 마지막으로, 탄소 상쇄 프로그램에 기업이 적극적으로 참여해야 한다.

탄소 중립 물류를 위한 주요 전략

탄소 중립을 실현하기 위한 전략은 단순한 기술 도입을 넘어서서, 전체 물류 시스템의 구조적 혁신을 포함한다. 그 핵심은 크게 다섯 가지로 정리할 수 있다.

[표3-1] 탄소 중립 물류를 위한 5대 전략

전략	핵심 내용
친환경 운송 수단 도입	디젤 트럭 → 전기트럭, 수소트럭, LNG 선박, 전기 드론 등 대체
철도 및 해상 물류 확대	탄소 배출이 적은 철도·선박 활용
친환경 물류센터 구축	전기 절약형 설비, 태양광 패널 등 친환경 설계
탄소 상쇄 프로그램	탄소배출을 산림 조성, 배출권 구매 등으로 보완
AI·데이터 기반 물류 최적화	경로·재고 최적화로 운송 효율 향상 및 탄소 감축

첫 번째 전략은 친환경 운송 수단의 도입이다.

전 세계적으로 가장 많은 탄소를 배출하는 수단 중 하나가 도로 기반 디젤 트럭이다. 이를 대체하기 위해 전기트럭, 수소트럭, LNG 선박, 전기 드론 등 다양한 기술이 도입되고 있다. 예를 들어 미국의 아마존은 전기트럭 스타트업 리비안과 협력해 2030년까지 10만 대의 전기트럭을 도입할 계획이며, 유럽의 DHL은 자사 물류 차량의 60% 이상을 친환경 차량으로 전환할 예정이다. 국내에서는 CJ대한통운도 전기트럭 도입과 충전 인프라를 확대하고 있다.

두 번째 전략은 철도 및 해상 물류 확대이다.
도로 중심의 운송에서 벗어나, 상대적으로 탄소 배출이 적은 철도와 선박을 활용하는 것이다. 유럽에서는 독일 DHL, 프랑스 SNCF 등 주요 물류 기업이 철도 화물 운송을 확대하고 있다. 해상에서는 LNG·메탄올 등 저배출 연료선박 도입이 확산되고 있다. 예를 들어 머스크는 메탄올 듀얼 컨테이너선을 실 운영단계로 확대중이다. 국내 조선업도 LNG연료/듀얼연료 선박건조를 늘리고 있다.

세 번째 전략은 친환경 물류센터 구축이다.
물류센터에서는 조명, 냉난방, 자동화 설비 등에서 막대한 전력이 소모되며 이로 인한 탄소 배출도 무시할 수 없다. 미국 아마존은 태양광 패널을 활용한 친환경 센터를 운영하고 있으며, 유럽의 DHL은 각국에 탄소 중립 물류센터인 '그린 허브'를 운영하고 있다. 국내의 CJ대한통운도 스마트 기술을 접목한 물류센터를 통해 전력 소비를 줄이고, 전기차 충전 인프라를 확대하고 있다.

네 번째 전략은 탄소 상쇄 프로그램의 활용이다.
탄소 상쇄는 배출된 탄소를 숲 조성, 탄소 포집 기술, 탄소배출권 구매 등을 통해 보완하는 방식이다. 아마존은 2019년 'Right Now Climate Fund'를 조성해 세계 각국의 산림 복원 프로젝트에 투자하고 있으며, 유럽 항공사들은 고객이 탄소 상쇄 항공권을 선택할 수 있도록 하고 있다.

다섯 번째 전략은 AI와 데이터를 활용한 물류 최적화이다.

AI를 이용하면 배송 경로를 최적화하거나 재고를 효율적으로 배치할 수 있으며, 이는 불필요한 운송을 줄이고 탄소 배출을 줄이는 데 효과적이다. 예를 들어 UPS는 'ORION'이라는 AI 시스템을 통해 불필요한 경로를 제거해 연간 약 1천만 갤런의 연료 절감 및 10만 톤 이상의 탄소를 절감하고 있다. 쿠팡은 AI를 활용해 주문을 묶어 배송함으로써 탄소 배출량을 줄이고 있다.

순환 경제와 지속 가능한 공급망

지속 가능한 공급망을 구축하기 위해서는 생산과 소비만이 아니라, 재사용과 재활용이 전제된 순환 경제(Circular Economy)의 개념이 필요하다. 기존의 공급망은 일방향적인 선형 구조였다면, 순환 경제는 자원을 끝없이 돌려 쓰는 구조다. 제품을 처음부터 재활용 가능하게 설계하고, 사용 후에는 다시 회수하고, 재활용하거나 리퍼비시(Refurbish)하는 시스템을 포함한다.

이러한 흐름의 중심에는 리버스 로지스틱스(Reverse Logistics, 반품 물류)가 있다. 아마존은 반품된 제품을 분류하고 다시 판매하는 시스템을 갖추고 있고, 이케아는 중고 가구 회수 프로그램을 운영 중이며, 파타고니아는 'Worn Wear 프로그램'을 통해 입던 옷을 수선해 다시 판매한다.[40] 한국에서는 무신사가 중고 의류를 거래할 수 있는 리셀 플랫폼을 운영하며 패션 분야에서 순환 경제를 실현하고 있다.

또한 포장재 측면에서도 큰 변화가 일어나고 있다. 이케아는 플라스틱 대신 종이 완충재를 사용하며, 쿠팡은 리유저블 박스를 도입해 포장재 사용량을 줄이고 있다. DHL은 재사용 가능한 패딩 포장재를 도입해 포장 폐기물을 최소화하고 있으며, 야마토 운수는 천 소재의 봉투를 사용해 비닐을 줄이는 시도를 하고 있다.

기업과 소비자의 역할

지속 가능한 물류는 기업 혼자만의 노력으로는 완성될 수 없다. 소비자의 선택 또한 중요한 역할을 한다. 기업은 친환경 포장과 운송 시스템을 마련해야 하고, 소비자는 친환경 배송 옵션을 선택하거나, 필요하지 않은 반품을 줄이는 행동을 실천해야 한다. 예를 들어 쿠팡이나 무신사에서는 친환경 배송 옵션을 선택할 수 있는 기능을 제공하고 있으며, 이러한 소비자의 선택이 점점 확대되면 기업도 친환경 시스템을 더욱 강화하게 된다.

또한 정부는 이런 친환경 물류가 제도적으로 뿌리내릴 수 있도록 다양한 정책과 지원을 마련해야 한다. 세제 혜택, 기술개발 지원, 친환경 인프라 구축을 위한 보조금 등이 대표적이다. 이러한 다각적인 노력이 모이면, 탄소 중립 물류는 더 이상 비전이 아니라, 일상의 일부가 될 것

---

[40] https://www.patagonia.com/trade-in/

이다.

 탄소 중립 물류는 단순히 환경을 위한 것이 아니다. 기업에게는 지속 가능성을 높이고 비용을 절감하는 전략이 되며, 소비자에게는 더 나은 삶의 환경을 제공하는 선택이 된다. 미래의 물류는 빠르기만 한 것이 아니라, 친환경적이어야 한다. 우리 모두가 실천해야 할 과제다.

21. 재활용 물류와 순환 경제-버리는 시대에서 다시 쓰는 시대로

 지금까지 물류는 생산된 상품을 소비자에게 전달하고 끝나는 구조였다. 하지만 이제는 상황이 달라졌다. 지구 환경에 대한 위기 의식이 커지면서, 물류 산업도 더는 일방향의 흐름에 머물 수 없게 되었다. 오늘날 물류는 상품을 '운송'하는 기능을 넘어, '되돌리고, 재사용하고, 다시 생산하는' 순환 구조를 적극적으로 구축하고 있다. 이렇게 물류가 자원의 순환을 돕는 구조로 발전하는 것을 '순환 경제(Circular Economy)' 기반의 물류라고 부른다.

 과거에는 물류의 흐름이 '생산 → 유통 → 소비 → 폐기'로 이어지는 일방통행의 선형 구조였다. 이 구조에서는 제품이 한 번 사용되고 나면 폐기되는 것이 당연했다. 그러나 지금은 '재사용(Reuse) → 재활용(Recycle) →

재제조(Remanufacturing)'라는 개념이 확산되며, 물류 역시 이러한 자원 순환을 실현하는 중심축으로 거듭나고 있다. 순환 경제는 결국 자원을 가능한 한 오래 사용하고, 폐기물을 최소화하는 시스템이다. 이 장에서는 그 중심에 선 '재활용 물류'의 개념과 세계 각국의 실제 사례를 살펴본다.

리버스 로지스틱스(Reverse Logistics, 반품 물류)

예전에는 물류가 상품을 생산자에서 소비자에게 전달하는 '정방향(Forward Logistics)'만을 중심으로 설계되었다. 하지만 최근에는 상품이 다시 생산자로 되돌아가는 '역방향(Reverse Logistics)'—즉, 반품이나 회수, 재사용, 재활용—도 물류에서 중요한 비중을 차지하게 되었다. 이것이 바로 '리버스 로지스틱스'다.

반품된 상품을 단순히 폐기하는 것이 아니라, 이를 정비하거나 재포장하여 다시 판매하거나, 재료로 분해해 재활용함으로써 자원의 낭비를 줄이고 환경 부담을 낮출 수 있다. 이는 기업 입장에서도 원재료 비용을 절감하고 탄소 배출을 줄이는 데 효과적이다.[41]

미국 : 아마존과 월마트의 반품 물류 혁신

미국에서는 온라인 쇼핑 증가와 함께 반품량도 급증했다. 아마존은 '아마존 리턴 허브'를 도입해 고객이 손쉽게 상품을 반품할 수 있게 했다. 이 반품된 제품은 상태에 따라 새 제품처럼 다시 포장해 판매하거나, 수리 후 '리퍼비시(Refurbish)' 상품으로 재판매된다. 월마트는 전자제품과 생활

---

[41] 이상근, "필환경(Green Survival)과 리버스물류", 「물류트랜드 2022」, BEYOND X(2021.12.)

가전의 리퍼비시 판매에 집중해, 리퍼비시 전용 매장을 따로 운영하기도 한다.

일본 : 야마토 운수의 택배 회수 시스템

일본의 야마토 운수는 '포장재 회수형 택배 서비스'를 운영 중이다. 고객이 받은 상자를 다시 문 앞에 두면 기사들이 수거해 이를 다시 사용하는 방식이다. 특히 포장재 일부는 친환경 재질로 만들어져 재활용 효율이 높다. 일본은 도시 공간이 좁고 쓰레기 배출 규제가 엄격하기 때문에, 리버스 로지스틱스가 더욱 적극적으로 활용되고 있다.

유럽 : 이케아의 중고 가구 회수 및 재판매

이케아는 'Buy Back' 프로그램을 통해 소비자가 사용하던 가구를 다시 매장에 반납하면, 수리 후 다시 저렴하게 판매한다. 이 과정에서 고객은 일정한 보상금을 포인트로 받게 되어 참여 유인을 제공받는다. 이케아는 2030년까지 모든 제품을 재사용·재활용 가능하게 만들겠다는 계획을 세우고 있다.

한국 : 무신사와 네이버의 리셀 플랫폼

무신사는 '무신사 리셀'이라는 중고 의류 거래 플랫폼을 운영 중이다. 소비자가 입던 옷을 사고팔 수 있는 공간을 마련하여 패션 분야에서도 순환 경제가 실현되도록 돕는다. 네이버는 중고나라와 연계해 더 많은 사용자가 중고 제품을 쉽게 거래할 수 있도록 기능을 강화하고 있다. 이런 플랫폼은 불필요한 자원 소비를 줄이는 데 큰 역할을 한다.

친환경 포장과 다회용 배송 박스

온라인 쇼핑이 늘면서 택배 포장재도 함께 늘어났다. 박스, 비닐, 스티로폼, 완충재 등이 한 번 사용되고 바로 버려지는 경우가 많다. 이 때문에 친환경 포장재의 도입과 다회용 배송 박스 활용이 필수가 되고 있다. 이제는 포장을 줄이고, 포장에 사용된 자재를 다시 쓰는 것이 물류의 새로운 과제가 되었다.

미국 : 아마존의 '프러스트 프리 패키징'

아마존은 포장을 간단하게 하고, 100% 재활용 가능한 종이 포장재만 사용하는 '프러스트 프리 패키징(FFP : Frustration Free Packaging)'을 확대하고 있다. 불필요한 플라스틱 테이프 사용도 줄이고, 개봉도 쉽게 만들었다. 고객의 편의성과 환경 보호를 동시에 고려한 사례다.

일본 : 야마토 운수의 재사용 박스 시스템

야마토 운수는 일정 규격의 택배 박스를 다회용으로 제작해 고객이 반납할 수 있도록 유도한다. 반납된 박스는 세척 후 재사용하거나, 훼손된 박스는 다시 펄프로 만들어 재활용된다. 일본 정부도 이러한 움직임을 정책적으로 지원하고 있다.

유럽 : DHL의 친환경 포장 솔루션

DHL은 재사용 가능한 포장재를 통해 반품까지 고려한 포장을 설계한다. 또한 바이오 플라스틱이나 종이 완충재와 같은 친환경 소재를 확대 도입하고 있다. 유럽은 '플라스틱 제로' 정책이 활발하게 시행되고 있어,

물류 기업들도 이에 발맞춰 다양한 친환경 패키징을 실험 중이다.

한국 : 쿠팡의 리유저블 에코백

쿠팡은 수분이 닿으면 자연 분해되는 친환경 완충재를 도입했다. 현재 쿠팡은 로켓배송시 일회용 비닐 포장 대신 에코백을 사용하는 방안을 테스트 운영에 들어갔다. 리유저블 에코백은 수거 후 다시 배송에 활용되며, 장기적으로 포장재 사용량과 폐기물을 줄이는 데 큰 도움이 된다.[42]

폐기물 없는 순환 경제 모델(Zero Waste Logistics)

순환 경제가 목표하는 최종 단계는 '폐기물이 없는 물류'다. 즉, 제품이 처음부터 폐기되지 않도록 설계되고, 사용된 자원이 다시 새로운 제품이 되도록 전체 시스템이 설계되는 것이다. 이를 'Zero Waste Logistics(제로 웨이스트 물류)'라고 부른다.

대표 기업들의 전략

- 스타벅스는 다회용 컵 사용을 장려하고, 컵 보증금 제도를 도입해 일회용품 사용을 줄이고 있다.
- 유니클로는 헌 옷을 수거해 개발도상국에 기부하거나 섬유 재활용을 통해 신제품에 반영하는 프로젝트를 운영 중이다.
- 애플은 폐기된 아이폰에서 귀금속을 추출해 다시 아이폰 생산에 사

---

[42] "'로켓배송도 에코백으로'…쿠팡, 이달말 친환경 배송 시범 운영", 이데일리(2025.3.24.)

용하고 있다. 이처럼 제품의 전 주기를 고려한 설계와 회수 시스템이 Zero Waste의 핵심이다.

지속 가능한 미래를 위한 물류 혁신

재활용 물류와 순환 경제는 단지 일시적인 유행이 아니다. 자원이 점점 고갈되고, 기후 위기가 심각해지는 시대에 반드시 실천해야 할 변화다. 기업은 리버스 로지스틱스와 친환경 포장, 제로 웨이스트 전략을 실현해야 하며, 정부는 제도와 정책으로 이를 뒷받침해야 한다. 소비자 또한 친환경 배송 옵션을 선택하고, 불필요한 반품을 줄이며, 중고 상품의 재사용을 통해 변화에 동참할 수 있다.

우리가 지금 실천하는 작은 변화가 쌓이면, 미래에는 폐기물이 없는 깨끗한 물류 시스템이 가능해질 것이다. 이것은 우리와 다음 세대를 위한 더 나은 삶으로 이어질 것이다.

Column 7

AI, ESG 그리고 물류 : 지속 가능성과 기술의 교차점

요즘 기업 경영에서 가장 중요한 화두 중 하나는 AI(인공지능)과 ESG(환경, 사회, 지배구조)다. 특히 물류 산업에서는 이 둘의 결합이 단순한 유행이 아니라, 지속 가능하고 책임 있는 운영을 위한 필수 전략이 되고 있다.

AI는 물류의 ESG 실현을 돕는 파트너다
물류는 차량, 창고, 포장 등에서 많은 에너지를 사용하고 탄소를 배출하는 산업이다. 하지만 AI를 도입하면 운송 경로 최적화, 재고 예측, 에너지 절감 등을 통해 환경 부담을 줄일 수 있다. 예를 들어, UPS는 AI 알고리즘을 활용해 불필요한 좌회전을 줄이고 연료 소비를 낮췄고, 아마존은 로봇과 AI를 통해 창고의 전력 사용을 줄이고 있다.
또한 AI는 작업자 안전과 포용적 물류 서비스에도 도움을 준다. 예를 들어, 센서와 AI를 이용해 근로자의 피로나 위험 행동을 감지하고 사고를 예방할 수 있다. 고령자나 장애인을 위한 맞춤형 배송 동선 설계에도 AI가 활용된다.
투명한 공급망 관리도 AI의 중요한 역할이다. AI는 블록체인과 함께 사용되어, 상품의 출처나 운송 경로를 추적할 수 있도록 돕는다. 이를 통해 기업은 윤리적 조달 여부를 확인하고, ESG 리스크를 조기에 파악할 수 있다.

실제 기업 사례로 본 변화
많은 글로벌 기업들이 이미 AI를 ESG 전략에 적극 활용하고 있다. DHL은 AI로 물류센터의 온도·습도·재고량 등을 분석해 에너지를 자동 조절하고, CO_2 배출을 줄였다. 아마존은 수만 대의 로봇을 활용해 에너지를 절감하고, 전기 배송차를 도입해 탄소 배출을 낮췄다. CJ대한통운, 한진, 롯데글로벌로지스, 현대글로비스 등 한국 기업들도 전기차와 친환경 물류 기술을 확대하고 있다.

스타벅스는 커피 원산지와 유통 경로를 소비자가 직접 확인할 수 있도록 AI와 블록체인 기술을 접목해 신뢰를 높였다. MS, SAP 같은 기술 기업은 협력사의 ESG 리스크를 실시간으로 감시하는 시스템을 구축해 기업이 사전에 문제를 예방할 수 있게 하고 있다.

이런 사례들은 AI가 단순한 기술을 넘어서 ESG 실천의 핵심 도구로 작동하고 있음을 보여준다.

물류 리더에게 필요한 변화

이제 물류 리더들은 'AI를 도입할 것인가?'가 아니라, 'AI를 ESG 전략에 맞게 어떻게 활용할 것인가?'를 고민해야 한다.

리더는 기술의 효율성뿐 아니라 윤리성, 포용성, 사회적 책임을 함께 고려해야 한다. 예를 들어, AI를 활용해 배송 경로를 최적화하면서 동시에 기사들의 근무 환경도 함께 개선하는 방향을 설계할 수 있다. 또한 조직 내에서 ESG와 AI 윤리를 실질적인 문화로 정착시켜야 하며, 고객, 협력사, 지역사회와 신뢰를 바탕으로 ESG를 실현해 나가야 한다.

물류는 ESG를 실현하는 플랫폼이다

물류는 이제 단순한 운송이나 유통의 기능을 넘어, 지속가능성을 구현하는 핵심 플랫폼으로 거듭나고 있다. 과거의 물류가 '속도와 비용'의 효율성을 중심으로 작동했다면, 오늘날의 물류는 '환경, 사회, 지배구조'라는 ESG의 기준에 의해 재정의되고 있으며, 이는 산업의 본질적 목적과 역할을 새롭게 조명하게 만든다. 이러한 전환점에서 우리는 물류를 더 이상 "보이지 않는 기능"으로 보아서는 안 된다. 오히려 물류는 ESG의 실질적 성과를 만들어내는 물리적이자 디지털적인 플랫폼이자, 기업과 사회를 연결하는 신뢰의 인프라가 되어야 한다.

지속가능한 미래는 더 이상 추상적인 비전이 아니다. 그것은 지금 이 순간, 물류가 선택하고 실천하는 구체적 행동 속에서 만들어진다. 물류는 이제 지속가능성을 실현하는 '엔진'이 아니라, 그것을 설계하고 이끄는 '플랫폼'이다. 이 플랫폼 위에서 기술, 사람, 사회는 보다 책임 있는 방향으로 함께 나아갈 수 있다. 그리고 그 시작은, 오늘의 리더가 내리는 한 번의 결단에서 비롯된다.

8장

신선하게, 안전하게 – 콜드체인 물류

　우리가 매일 먹는 신선한 우유, 냉동 만두, 수입 과일, 그리고 코로나 19 백신까지, 모두 콜드체인(Cold Chain) 물류 덕분에 신선하고 안전하게 우리 손에 전달된다. 콜드체인은 제품이 생산된 순간부터 소비자에게 도착할 때까지 일정한 온도를 유지하며 운송·보관하는 물류 시스템을 의미한다. 이는 식품, 의약품, 화장품 등 온도 변화에 민감한 제품을 다루는 데 필수적인 기술이다.

　콜드체인은 단순히 냉장·냉동 트럭을 활용하는 것을 넘어, 정확한 온도 조절, 스마트 센서를 활용한 실시간 모니터링, AI 기반 예측 배송 등 다양한 기술과 결합하여 발전하고 있다. 신선식품을 온라인으로 주문하는 소비자가 증가하면서 B2C(기업→소비자) 콜드체인이 활성화되고 있으며, 글로벌 공급망에서 백신과 의약품을 안전하게 유통하는 B2B(기업→기업) 콜드체인도 더욱 정교해지고 있다.

　이 장에서는 냉장·냉동식품이 신선하게 배송되는 원리와 B2B & B2C

[그림3-3] 콜드체인웍스

출처: Intelsius / "How a Cold Chain Works" Infographic

콜드체인 사례, 백신 물류에서 콜드체인의 중요성, 그리고 AI와 스마트 센서를 활용한 미래의 콜드체인 기술까지 다룰 것이다. 신선하고 안전한 물류가 우리 생활 속에서 어떻게 작동하는지, 그리고 앞으로 어떻게 진화할 것인지 함께 살펴보자.

22. 식품이 신선하게 도착하는 이유

물류는 단순히 물건을 옮기는 일이 아니다. 우리가 신선한 생선이나 냉동 피자, 수입 체리 같은 식품을 언제 어디서나 안전하게 구매할 수 있는 것도 물류 덕분이다. 특히 온라인 쇼핑이 일상이 되면서 소비자들은 '신선하고 안전한 상태'로 식품이 도착하길 기대하게 되었다. 이러한 기대를 가능하게 해주는 것이 바로 콜드체인(Cold Chain) 물류, 즉 냉장·냉동 시스템이다.

콜드체인은 식품이 생산되는 순간부터 소비자에게 도달할 때까지 일정한 온도를 유지하며 보관·운송하는 시스템이다. 신선식품이나 냉동식품은 온도가 조금만 달라져도 금방 변질될 수 있기 때문에, 정확한 온도 유지와 실시간 모니터링이 매우 중요하다. 콜드체인은 크게 두 가지로 나뉜다. 기업 간 식자재 유통에 활용되는 B2B 콜드체인과, 소비자에게 직접 배송되는 B2C 콜드체인이다. 최근에는 온라인 식품 시장의 성장으로 B2C 영역에서도 콜드체인 기술이 빠르게 발전하고 있다.

B2B 콜드체인 : 식자재 유통과 도매 시장을 위한 물류

B2B 콜드체인은 주로 대형 마트, 식자재 업체, 레스토랑이나 호텔 등에서 대량의 식품을 거래할 때 사용된다. 이 과정에서는 대규모 물류센터와 냉장·냉동 창고가 핵심 역할을 하며, 체계적인 온도 관리가 필수적이다.

미국에서는 월마트(Walmart)와 크로거(Kroger) 같은 대형 유통업체들이 스마트 콜드체인 시스템을 도입해 운영하고 있다. 이들은 AI 기반의 온도 모니터링 시스템과 스마트 센서를 이용해, 물류센터와 트럭 내부의 온도를 실시간으로 관리한다. 냉장 트럭에는 이중 냉각 시스템을 장착해 하나의 장치가 고장 나더라도 예비 시스템이 작동하게 만든다. 이처럼 첨단 기술을 활용해 식품 손상을 최소화하고, 효율적인 유통이 가능하도록 하고 있다.

일본에서는 편의점 중심의 유통이 활발하게 이루어지고 있다. 이를 뒷받침하는 야마토 운수는 편의점과 협력해 3단계 온도 구역(냉장, 냉동, 상온)을 구분하는 정교한 콜드체인을 운영한다. 도심에서는 소형 전기 냉장 트럭을 사용해 탄소 배출을 줄이고, 편의점으로의 빠른 배송까지 실현하고 있다. 이러한 시스템 덕분에 일본 소비자들은 언제든지 근처 편의점에서 신선한 음식을 구입할 수 있다.

B2C 콜드체인 : 소비자에게 직접 도착하는 신선식품 배송

온라인 쇼핑이 늘어나면서, B2C 콜드체인도 급속도로 발전하고 있다. 소비자들은 새벽이나 당일에도 신선한 식재료를 받아볼 수 있기를 원하며, 기업들은 이를 위해 물류 기술을 계속 개선하고 있다.

한국에서는 쿠팡의 '로켓프레시'와 마켓컬리의 '샛별배송'이 대표적인 사례다. 쿠팡은 밤 11시 전에 주문한 식품을 다음 날 아침까지 배송하는 시스템을 갖추고 있으며, 마켓컬리는 드라이아이스와 특수 아이스박스를 사용해 밤새 식품의 신선도를 유지한다. 여기에 IoT 센서를 통해 차량 내부 온도를 실시간으로 확인하며, 이상이 발생할 경우 즉시 대응할 수 있다.

영국의 오카도(Ocado)는 로봇 자동화 콜드체인 시스템으로 주목받고 있다. 물류센터 내 AI 로봇이 식품을 자동으로 분류하고 포장하며, 전기 냉장 트럭으로 친환경 배송을 진행한다. 배송 경로 역시 AI가 자동으로 계산하여 가장 빠르고 효율적인 길을 선택한다. 유럽은 이처럼 자동화와 친환경을 동시에 추구하는 콜드체인 시스템을 선도하고 있다.

신선식품이 안전하게 도착하는 이유

이처럼 콜드체인은 단순히 냉장·냉동 차량만으로 이루어지는 것이 아니라, 온도 유지 기술, 스마트 센서, 자동화 시스템 등이 종합적으로 작동하는 첨단 물류 시스템이다. B2B 영역에서는 대형 유통 구조에 맞춰 AI와 센서를 활용한 정밀한 온도 관리가 중요하고, B2C에서는 빠른 배송과 실시간 온도 모니터링, 특수 포장 등이 핵심이다.

콜드체인은 이제 '얼리는 기술'이 아니라, '스마트하게 신선도를 지키는 기술'로 진화하고 있다. 앞으로 어떤 변화가 더 이어질까?

콜드체인 물류의 미래 전망

콜드체인 물류는 식품뿐 아니라 의약품, 화장품 등 온도 변화에 민감한 모든 제품의 유통을 책임진다. 기술이 발달하면서 더욱 정교하고, 친환경적이며, 자동화된 방향으로 발전하고 있다. 특히 다음과 같은 네 가지 방향에서 미래가 그려지고 있다.

[표3-2] 콜드체인 물류의 미래 전망

구분	주요 내용	대표 기업·사례
AI·IoT 기반 스마트 콜드체인	자동 온도 측정, 경로 최적화, 실시간 모니터링	아마존, 월마트(AI 예측 배송), IoT 경고 시스템
친환경 콜드체인 기술 도입	전기·수소 트럭, 태양광 냉장, 친환경 냉매 사용	테슬라(전기 냉장 트럭), 야마토 운수(태양광 트럭)
자율주행·드론 기반 초고속 배송	자율 냉장 트럭, 드론 활용 빠른 신선식품 배송	미국 스타트업, 도심형 드론 배송 실험(Kodiak Robotics)
의료·의약품 분야 확대	백신·의약품 전용 초저온 콜드체인, 경로 최적화	DHL·CMA CGM(백신 컨테이너) UPS(AI 경로 최적화)

AI와 IoT 기반 스마트 콜드체인의 확산

앞으로 콜드체인 물류는 사람이 직접 확인하지 않아도 AI와 IoT 기술이 자동으로 온도를 측정하고 관리하는 시스템으로 발전할 것이다. 예를 들어, AI는 날씨와 주문 데이터를 분석해 배송 경로를 자동으로 최적화할 수 있다. 아마존과 월마트는 이러한 예측 배송 시스템을 개발 중이다. IoT 센서를 통해 냉장 트럭이나 창고의 온도를 실시간으로 파악하고, 문제가 생기면 즉시 경고를 보내는 시스템도 이미 도입되고 있다.

친환경 콜드체인 기술의 도입

콜드체인은 많은 에너지를 소모하므로, 탄소 배출이 많다는 단점이 있다. 이에 따라 전 세계적으로 전기 트럭, 수소 트럭, 태양광 냉장 기술이 도입되고 있다. 미국의 테슬라는 전기 냉장 트럭을 개발 중이고, 일본 야마토 운수는 태양광 패널이 설치된 트럭을 실험 중이다. 냉매 역시 친환경적인 대체물질로 바뀌고 있으며, 콜드체인도 지속 가능성을 고민해야 하는 시대가 되었다.

자율주행 · 드론을 활용한 초고속 콜드체인

콜드체인 물류에서도 자율주행 기술과 드론 배송이 점점 확대되고 있다. 미국의 스타트업(Kodiak Robotics, Gatik 등)들은 자율주행 냉장 트럭을 개발하고 있으며, 드론을 활용해 도심에서 빠르게 신선식품을 배송하는 실험도 이루어지고 있다. 이러한 기술이 상용화되면, 24시간 멈추지 않는 초고속 콜드체인이 가능해질 것이다.

의료 · 의약품 분야 콜드체인의 확대

코로나19를 계기로, 의약품과 백신 물류에 대한 관심이 높아졌다. 특히 초저온 상태에서 보관해야 하는 백신을 위한 콜드체인 기술이 빠르게 발전하고 있다. 독일의 DHL, 프랑스의 CMA CGM 같은 글로벌 물류기업들은 백신 전용 냉장 컨테이너를 개발해 글로벌 운송망을 구축하고 있다. UPS는 AI를 활용해 의료용품 배송 경로를 자동 최적화하는 시스템을 운영 중이다. 원격 진료의 확대와 함께 이 분야는 더욱 중요해질 전망이다.

[그림3-4] IoT가 콜드체인물류의 연결된 미래를 주도하는 방법

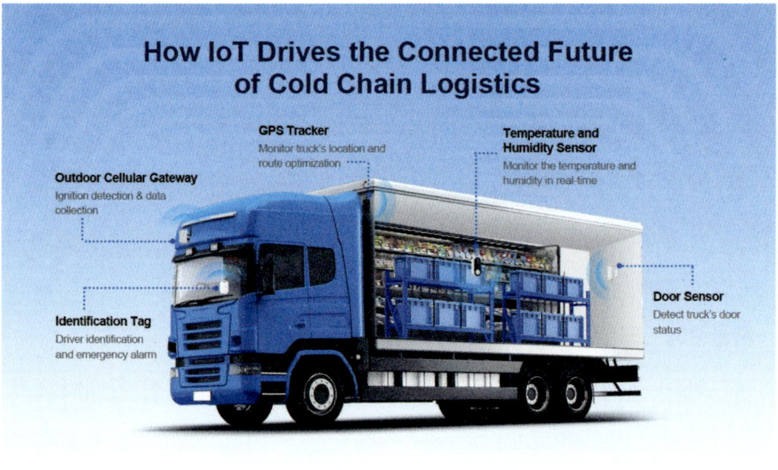

출처: UNEP Cold Chain Exhibition / Intelsius / MokoSmart / TechSciResearch

콜드체인 물류의 미래 변화

콜드체인 물류는 더 이상 단순한 냉장 · 냉동 운송에 그치지 않는다. 이

제는 AI(인공지능), IoT(사물인터넷), 친환경 기술, 자율주행 시스템 등이 결합된 '스마트 물류'의 핵심으로 떠오르고 있다. 신선식품은 물론이고, 백신과 의약품 같은 고정밀 물품까지도 안전하고 정확하게 배송할 수 있도록 진화하고 있다.

무엇보다 주목할 변화는 AI와 IoT 기술의 접목이다.

기존에는 사람이 직접 온도를 수시로 확인하고, 물류 상황을 수작업으로 조율해야 했지만, 이제는 AI가 날씨, 주문 시간, 지역별 수요 데이터를 분석해 자동으로 배송 경로를 설계한다. 동시에 IoT 센서는 냉장차량이나 창고 내부의 온도를 24시간 실시간으로 감지해 이상 징후가 발견되면 즉시 관리자에게 경고를 보낸다. 이처럼 시스템이 자동으로 움직이기 때문에, 인간 개입 없이도 식품의 신선도를 안정적으로 유지할 수 있게 된 것이다.

또 하나의 중요한 변화는 친환경 콜드체인 기술의 도입이다.

기존 냉동 시스템은 전력을 많이 사용하고, 냉매에서 이산화탄소나 프레온가스 등 환경오염 물질이 배출되기 쉬웠다. 그러나 최근에는 전기 트럭이나 수소 트럭 같은 친환경 운송 수단이 속속 등장하고 있으며, 태양광을 이용한 냉장 시스템도 개발되고 있다. 일본에서는 태양광 패널이 장착된 냉장 트럭이 시범 운행 중이다. 여기에 친환경 냉매(HC 냉매) 사용도 확대되며, 탄소중립 시대에 맞게 지속 가능한 시스템으로 전환되고 있다.

더불어 자율주행 차량과 드론을 활용한 초고속 배송 시스템도 현실이 되고 있다.

자율주행 냉장 트럭은 운전자의 휴식 없이 24시간 운행이 가능해 신선식품이나 냉동식품을 멀리 있는 지역까지 빠르게 운송할 수 있다. 미국과 유럽에서는 자율주행 기술을 콜드체인 물류에 적용하기 위한 다양한 실험이 이뤄지고 있으며, 국내에서도 관련 테스트가 시작되고 있다.

이와 함께 의료 및 의약품 분야에서도 콜드체인의 중요성이 크게 증가하고 있다.

코로나19 팬데믹을 계기로 백신이나 유전자 치료제 같은 초저온 보관이 필요한 의약품의 유통 시스템이 재조명되었으며, DHL, UPS, CMA CGM 같은 글로벌 물류기업들은 -70℃ 이하에서도 안정적으로 운송할 수 있는 초저온 콜드체인 시스템을 개발하고 있다. 이러한 기술은 디지털 헬스케어와 원격 진료 시스템까지 뒷받침하게 된다.

23. 백신 물류와 콜드체인의 중요성

백신은 우리의 건강을 지키는 아주 중요한 의약품이다. 하지만 백신은 온도에 매우 민감해서, 조금만 온도가 달라져도 효능이 줄어들거나 아예 쓸 수 없게 될 수도 있다. 그래서 백신을 안전하게 유통하기 위해서는 단순히 '운반'하는 것을 넘어서, 온도를 철저하게 지켜주는 콜드체인(Cold Chain) 시스템이 꼭 필요하다. 특히 -70℃ 이하의 초저온 환경을 유지해야 하는 코로나19 백신이 등장하면서, 전 세계는 백신 물류의 중요성과 콜드체인 기술을 새롭게 인식하게 되었다.

이 글에서는 백신이 안전하게 사람들에게 전달되기 위해 어떤 물류 기술이 필요한지, 그리고 나라별로 어떻게 운영하고 있는지를 살펴본다.

[그림3-5] 코로나19 백신 콜드체인

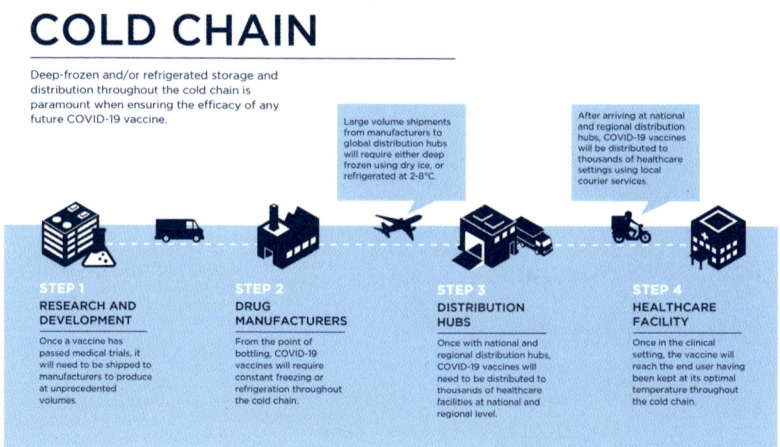

출처: Intelsius 사이트 - COVID-19 Vaccine Cold Chain

백신 물류에서 콜드체인이 중요한 이유

백신은 대부분 단백질과 유기물로 만들어져 있어서, 온도가 조금만 변해도 성분이 변질되기 쉽다. 예를 들어, 인플루엔자나 B형 간염 백신은 2~8℃의 냉장 상태를 유지해야 하며, 수두나 MMR(홍역 · 유행성 이하선염 · 풍진) 백신은 -15℃ 이하의 냉동 상태가 필요하다. 특히 코로나19 백신

중 하나인 화이자 백신은 −70℃ 이하의 초저온 상태에서만 안정적으로 보관할 수 있다.

[표3-3] 백신 보관 온도에 따른 종류

백신 종류	적정 보관 온도	예시
상온 백신	2~8℃	B형 간염, 파상풍
냉장 백신	2~8℃	인플루엔자, 디프테리아, 일본뇌염
냉동 백신	−15~−50℃	수두, MMR(홍역 · 유행성 이하선염 · 풍진)
초저온 백신	−70℃ 이하	화이자 코로나19 백신

이처럼 백신마다 필요한 온도가 다르기 때문에, 보관 창고부터 배송 트럭, 심지어 최종 접종 장소까지 모든 과정에서 온도를 정확하게 유지하는 콜드체인 시스템이 꼭 필요하다. 세계보건기구(WHO)도 백신 유통 과정에서 온도가 무너지지 않도록 실시간 온도 확인 장치와 이중 냉장 시스템을 사용할 것을 권장하고 있다.

주요 국가별 백신 콜드체인 물류 사례

미국 - UPS와 FedEx의 초저온 백신 운송 시스템

미국은 세계 최대 물류망을 가진 나라답게, 코로나19 팬데믹 때 빠르고 정확한 백신 배송 시스템을 구축했다. UPS는 백신을 −70℃ 이하로 유지할 수 있는 특별한 냉장 컨테이너를 개발했고, FedEx는 백신 운송 중 온도를 실시간으로 추적하는 시스템을 만들었다. 모든 배송 트럭에 IoT 센서를 설치해 온도 변화가 생기면 바로 알람이 울리도록 했다. 일부 지역에서는 드론을 이용해 백신을 보내는 실험도 진행했다. 미국은 민간

물류 기업의 힘을 적극 활용해, 전국 어디든 백신을 빠르게 보내는 시스템을 마련한 것이다.[43]

유럽 – DHL과 CMA CGM의 국제 백신 물류 네트워크

유럽은 여러 나라가 연결된 지역이기 때문에, 대륙 전체에 백신을 고르게 공급하기 위해 대형 물류 허브를 활용했다. DHL은 독일, 벨기에, 프랑스, 영국 등에 백신 전용 허브를 만들고, IoT 센서를 장착한 트럭과 창고를 통해 온도를 실시간으로 관리했다. 프랑스의 해운 회사인 CMA CGM은 백신 전용 초저온 컨테이너를 개발해, 아프리카나 개발도상국처럼 항공 운송이 어려운 지역에 해상 운송으로 백신을 보낼 수 있도록 했다.[44]

일본 – ANA 항공과 야마토 운수의 정교한 콜드체인

일본은 항공사와 택배사가 협력해 전국적인 백신 유통 시스템을 만들었다. ANA 항공사는 백신 전용 항공기를 운영해 빠르게 백신을 전국으로 옮겼고, 야마토 운수는 드라이아이스를 활용한 특수 포장 방식으로 백신이 적절한 온도를 유지할 수 있도록 했다. 일본 정부는 백신이 보관 기준을 벗어나면 반드시 폐기해야 한다는 규정을 마련해, 콜드체인을 더욱 철저히 지켰다.

---

43 "The Novel Tracking And Monitoring Technology Getting The COVID-19 Vaccine Distributed Across the U.S.", TIME(2020.12.17)

44 "COVID-19 vaccines : delivering them cold with DHL"(출처: https://dhl-freight-connections.com)

한국 – SK바이오사이언스와 CJ대한통운의 협력 시스템

한국은 정부와 기업이 함께 백신 유통 체계를 만들었다. CJ대한통운은 초저온 물류센터를 운영해 백신이 안정적으로 보관되도록 했고, SK바이오사이언스는 자체 플랫폼을 개발해 백신이 이동하는 모든 과정에서 온도를 실시간으로 추적할 수 있도록 했다. 또, 정전이 발생해도 온도를 유지할 수 있도록 이중 냉장 시스템을 설치한 보관소를 전국 곳곳에 마련했다.[45]

코로나19 팬데믹 속 백신 물류의 실제 사례

코로나19는 전 세계 사람들에게 동시에 백신을 공급해야 했던 전례 없는 상황이었다. 각국은 이 상황을 극복하기 위해 고도화된 콜드체인 시스템을 빠르게 개발하고, AI, 드라이아이스, 복합 운송(항공+육상+해상)을 결합해 새로운 물류 모델을 만들어냈다.

화이자 & 모더나 백신의 초저온 물류 시스템(미국)

화이자(Pfizer)와 모더나(Moderna) 백신은 초저온 상태에서만 안정적으로 보관될 수 있었기 때문에, 기존의 물류 방식으로는 한계가 있었다. 미국의 UPS와 FedEx는 이에 대응하기 위해 초저온 전용 물류센터를 운영하고, 백신을 담은 특수 컨테이너를 개발해 전국 유통을 실현했다.[46]

---

[45] SK Bioscience(via Wikipedia)
[46] "FedEx to ship COVID-19 vaccines across the United States"., SupplyChain Magazine. (2020, December 15).

DHL과 CMA CGM의 글로벌 백신 유통 네트워크(유럽 & 국제 배송)

DHL과 CMA CGM은 글로벌 백신 유통망을 구축해, 유럽은 물론 아시아와 아프리카까지 백신을 보낼 수 있는 항공과 해상 운송 체계를 만들었다. CMA CGM의 초저온 해상 컨테이너는 특히 항공 인프라가 부족한 지역에서 큰 역할을 했다.[47]

일본의 초정밀 백신 유통 시스템

일본은 ANA 항공과 야마토 운수의 협력을 통해 초정밀 백신 물류 시스템을 가동했다. 온도 변화를 즉시 감지하고 대응할 수 있는 센서를 탑재하고, 만약 온도 조건을 벗어나면 백신을 폐기하는 등 매우 엄격한 기준을 적용했다.

한국의 백신 콜드체인 물류 운영

한국 역시 정부, 물류 기업, 제약사가 힘을 합쳐 백신이 전국 각지로 빠르고 안전하게 도달할 수 있도록 철저한 관리 시스템을 운영했다. 특히 드론 배송 기술까지 실험하는 등, 디지털 기술을 적극 활용했다.

코로나19 이후 백신 물류의 변화와 전망

코로나19는 전 세계 물류 시스템, 특히 백신 유통에 큰 변화를 가져왔다. 앞으로는 단순히 냉장 트럭으로 백신을 보내는 수준을 넘어서, 다음과 같은 방향으로 발전할 것이다.

---

[47] https://www.dhl.com/global-en/delivered/global-trade/cold-chain-hot-topic.htm

AI 기반 실시간 온도 관리가 더 보편화될 것이다.

AI가 실시간으로 온도를 감시하고, 문제가 생기면 즉시 자동으로 조치를 취하는 시스템이 널리 퍼질 것으로 예상된다.

자율주행 차량과 드론의 활용이 확대될 것이다.

사람 없이도 백신을 더 빠르게, 더 멀리 보낼 수 있도록 기술 개발이 이어지고 있다.

친환경 백신 물류가 중요해질 것이다.

전기·수소 냉장 트럭, 태양광 냉장 기술, 친환경 냉매 등을 사용해 탄소를 줄이고, 지속 가능한 물류 시스템을 만드는 방향으로 나아갈 것이다.

백신 물류는 앞으로 더 정교하고 지속가능하게 진화한다

코로나19 팬데믹은 단순히 감염병 위기만이 아니라, 물류 기술과 시스템이 얼마나 중요한지를 일깨워 준 계기였다. 미국은 민간 기업의 물류 역량을, 유럽은 항공과 해상을 연결한 글로벌 네트워크를, 일본은 정밀한 기준과 관리 시스템을, 한국은 민관 협력과 디지털 기술을 통해 효율적인 백신 유통 체계를 마련했다.

앞으로도 AI, 드론, 친환경 기술이 결합되면서, 백신 물류는 단순한 운송을 넘어, 정확한 온도 유지, 실시간 모니터링, 신속한 배송이 필수적인 고도화된 콜드체인 시스템으로 발전하고 있다. 앞으로 AI, 드론, 친환경 물류 기술이 결합되면서 더욱 정밀하고 지속 가능한 백신 유통 체계가 구축될 것으로 전망된다.

24. 콜드체인과 미래 기술 : 스마트 센서와 AI 예측 배송이 바꾸는 물류의 미래

우리가 먹는 신선한 채소, 약국에서 받는 백신, 피부에 바르는 화장품까지— 이 모든 것들은 온도에 매우 민감한 제품이다. 이런 제품들이 멀리서 우리 집까지 상하지 않고 잘 도착하려면, 일정한 온도를 유지해주는 '콜드체인' 물류 시스템이 필요하다.

예전에는 냉장 트럭이나 냉동 창고만 있으면 충분하다고 생각했지만, 지금은 더 정교하고 스마트한 기술들이 콜드체인에 들어오고 있다. 온도를 자동으로 감지해 알려주는 스마트 센서, 주문을 미리 예측해서 빠르게 배송 준비를 하는 AI 예측 배송, 그리고 드론, 자율주행 트럭, 블록체인, 친환경 기술, 나노 기술까지 미래의 콜드체인을 혁신할 다양한 기술들이 활발히 개발되고 있다.

콜드체인의 미래 기술 전망

스마트 센서가 더 똑똑해진다

이제는 단순한 온도계가 아니라, IoT 기술이 접목된 고정밀 스마트 센서가 냉장 트럭이나 창고에 설치되고 있다. 이 센서들은 온도 변화를 실시간으로 감지하고, 문제가 생기면 자동으로 경고를 보내거나 조치를 취한다. 앞으로는 이 기술이 더 정교해져서 콜드체인의 신뢰도를 더욱 높일 수 있을 것이다.

AI가 배송을 미리 준비한다

AI는 사람보다 빠르게 데이터와 패턴을 분석한다. 고객의 주문 습관, 날씨, 지역별 트렌드를 분석해 상품을 미리 물류센터로 이동시키거나 출고를 준비할 수 있다. 이런 예측 배송 기술이 더 확산되면, 주문 후 기다리는 시간이 줄어들고, 신선도는 더 높아질 것이다.

자율주행 냉장 트럭과 드론이 배송을 책임진다

운전자가 필요 없는 자율주행 냉장 트럭이 장거리 배송을 맡고, 드론이 짧은 거리나 접근이 어려운 곳에 신속히 물건을 배송하는 시스템이 점점 확대될 것이다. 이 기술들은 특히 신선식품과 백신 같은 긴급 물품 배송에서 큰 역할을 할 수 있다.

콜드체인의 미래 기술 사례

실시간 온도 모니터링 : 스마트 센서의 활약

과거에는 사람이 직접 냉장고나 트럭의 온도를 확인해야 했다. 하지만 이제는 센서가 실시간으로 온도를 자동 체크하고, 이상이 생기면 바로 시스템에 알려주는 방식으로 바뀌고 있다. 미국의 FedEx는 백신 배송에 스마트 센서를 도입해 온도, 위치, 경로 정보를 실시간으로 분석하고 조정하고 있다. 일본의 야마토 운수는 IoT 센서를 냉장 트럭에 설치하고, 고객이 스마트폰으로 배송 상태와 온도를 직접 확인할 수 있는 서비스를 제공 중이다. 유럽의 DHL은 센서 데이터를 블록체인에 기록해 모든 물류 정보를 조작 없이 투명하게 공유할 수 있도록 했다.

AI 기반 예측 배송 : 미리 준비하는 물류 시스템

AI는 데이터를 통해 무엇이 필요할지 예측한다. 예측이 정확하면, 상품을 미리 준비해 두고 더 빠르게 배송할 수 있다.

미국의 아마존은 주문이 들어오기 전에도 고객의 행동을 예측해 상품을 미리 배송 차량에 싣거나 물류센터 가까이 옮겨놓는다. 한국의 쿠팡은 AI가 실시간 주문 데이터를 분석해, 가장 빠른 배송 경로를 계산하고 자동으로 상품을 분류·출고한다. 새벽배송의 정확성과 속도가 이 기술 덕분이다. 영국의 오카도(Ocado)는 로봇이 물류센터 안에서 AI 지시에 따라 자동으로 상품을 픽업하고 포장한다. 이 덕분에 사람 손을 거의 거치지 않고도 빠른 콜드체인 배송이 가능해졌다.

블록체인으로 모든 과정을 기록하고 검증한다

콜드체인에서 가장 중요한 건 '중간에 문제가 생기지 않았는지' 투명하게 확인하는 것이다. 블록체인은 이력을 조작할 수 없는 기술로, 온도, 위치, 시간 정보 등을 안전하게 기록해준다. DHL과 IBM은 함께 백신 및 의약품 콜드체인에 블록체인을 도입해, 공급망 전체가 정보를 공유하고 신뢰할 수 있도록 시스템을 만들었다.

로봇 자동화 시스템 : 정확하고 빠르게 처리한다

신선식품이나 백신은 빠르고 정확하게 처리하는 것이 중요하다. 그래서 많은 물류센터에서는 로봇이 상품을 자동으로 분류하고 포장하는 로봇 자동화 시스템을 도입하고 있다.

영국 오카도는 로봇이 냉장고에서 신선식품을 꺼내고 포장한 후, AI가 지정한 차량에 실어 보내는 자동화 콜드체인 시스템을 운영하고 있다.

친환경 냉장 기술 : 탄소중립을 위한 노력

콜드체인은 냉동기를 계속 돌려야 하므로 에너지 소비가 많다. 이를 개선하기 위해 친환경 냉장 기술이 도입되고 있다. 미국의 테슬라는 전기 냉장 트럭을 개발 중이고, 일부는 태양광 패널을 활용해 냉동 기능을 운영하는 기술도 테스트하고 있다. 일본의 물류 기업들은 태양광 냉장 컨테이너를 활용해 에너지를 절약하고 탄소 배출을 줄이는 방향으로 물류를 개선하고 있다.

자율주행 트럭과 드론 배송 : 빠르고 지속 가능한 이동 수단

미래 콜드체인 물류의 핵심은 사람 없이도 움직이는 배송 기술이다. 미국 웨이모(Waymo)는 AI가 스스로 도로 상황을 파악하고, 냉장 트럭을 운전하는 자율주행 기술을 실험하고 있다. 한국의 물류기업은 드론을 활용한 신선식품 배송 실험을 하고 있으며, 특히 산간 지역이나 도서 지역에서 유용하게 활용될 수 있다.

5G & IoT 기반의 실시간 모니터링 기술

콜드체인에서 중요한 건 제품이 운송되는 내내 '온도 유지'가 잘 되고 있느냐는 것이다. 5G와 IoT 기술은 이런 정보를 빠르게 주고받을 수 있도록 도와준다. 영국에 본사를 둔 IoT 연결 플랫폼 기업 floLIVE는 5G 기반의 네트워크를 활용해 제품이 이동하는 동안 온도 정보를 실시간으로 전송 관리하고, 이상이 감지되면 즉시 대응할 수 있는 실시간 모니터링 시스템을 제공하고 있다.

나노 기술을 활용한 식품 보존 기술

기술이 더 발전하면서, 식품 자체의 신선도를 더 오래 유지할 수 있는 방법도 등장했다.

미국의 연구팀은 과일이나 채소에 나노코팅을 적용해 부패 속도를 늦추는 기술을 개발하고 있다. 이는 콜드체인 유지 비용도 줄이고, 더 안정적으로 제품을 유통할 수 있다.

[표3-4] 콜드체인의 미래 기술

구분	미래 기술	핵심 내용	대표 사례(국가/기업)
①	실시간 온도 모니터링	센서가 자동으로 온도를 측정하고 이상을 감지하면 즉시 알림	FedEx(미국), 야마토 운수(일본), DHL(유럽)
②	AI 기반 예측 배송	AI가 수요를 예측해 물류를 미리 준비하고 경로 최적화	아마존(미국), 쿠팡(한국), 오카도(영국)
③	블록체인 기반 이력 관리	운송 중 발생하는 모든 데이터를 조작없이 안전하게 기록	DHL + IBM(글로벌 협업)
④	로봇 자동화 시스템	상품 분류, 포장, 적재 작업을 로봇이 자동으로 처리	오카도(영국)
⑤	친환경 냉장 기술	전기냉장, 태양광 냉동 기술로 에너지 절감 및 탄소중립 실현	테슬라(미국), 일본 물류기업
⑥	자율주행·드론 배송	사람이 없이도 자동으로 배송이 가능한 기술	웨이모(미국), CJ대한통운(한국)

구분	미래 기술	핵심 내용	대표 사례(국가/기업)
⑦	5G & IoT 실시간 모니터링	빠른 통신으로 이동 중 온도 데이터를 실시간 공유·관리	floLIVE(유럽)
⑧	나노 식품 보존 기술	나노코팅으로 부패 속도 저감, 유통기한 연장	미국 연구팀(대학·연구소 중심)

콜드체인은 스마트 기술과 결합해 더 정교해진다

이제 콜드체인은 단순히 '차가운 트럭'이 아니다. 스마트 센서로 온도를 감시하고, AI가 배송을 예측하며, 블록체인이 투명하게 이력을 기록하고, 로봇과 드론이 움직이는 고도화된 시스템으로 바뀌고 있다.

스마트 기술들이 본격적으로 접목되면서, 콜드체인은 이제 우리 생활과 산업 전반에서 없어서는 안 될 핵심 물류 시스템으로 자리 잡고 있다.

가장 먼저 눈에 띄는 변화는 스마트 센서의 활용이다. 이제는 IoT 기반 센서가 냉장 트럭과 창고의 온도를 24시간 감시하고 있다. 또한, AI(인공지능)는 콜드체인 물류를 한 단계 더 진화시키고 있다. AI는 신속하고 효율적인 배송을 가능하게 만들 뿐 아니라, 상품의 신선도 유지에도 큰 역할을 한다.

한편, 블록체인 기술은 콜드체인 물류의 '투명성'을 높이는 데 기여하고 있다. 소비자, 제약회사, 병원 모두가 정보를 실시간으로 공유할 수 있어, 신뢰도 높은 물류 시스템이 가능해진다. 로봇 자동화 시스템도 콜드체인 현장에 빠르게 도입되고 있다. 이 덕분에 빠르고 정확한 처리 속도로 고객 만족도도 함께 높아지고 있다.

환경을 생각한 친환경 기술도 중요한 흐름이다. 콜드체인은 이제 단지 '신선도'를 지키는 것뿐 아니라, '지속가능성'을 함께 실현해야 하는 시대가 되었다. 여기에 자율주행 차량과 드론이 콜드체인 물류를 더욱 빠르고 안전하게 만들고 있다. 이기술들은 특히 응급 상황이나 의료 현장에서 큰 힘을 발휘하고 있다. 5G와 IoT 기술은 콜드체인 전체를 하나의 실시간 네트워크로 묶어주고 있다. 이로써 콜드체인은 더욱 정밀하게 작동할 수 있게 되었다. 마지막으로, 나노 기술은 식품이나 의약품 자체의 신선도를 더 오래 유지하게 돕고 있다.

결국, 콜드체인은 단지 차가운 상태를 유지하는 물류 시스템이 아니라, 스마트 기술과 친환경 전략이 결합된 미래형 물류 플랫폼으로 발전하고 있다. 우리가 매일 먹는 음식, 건강을 지키는 백신, 피부에 바르는 화장품이 더욱 안전하고 신선한 상태로 우리 손에 닿도록 만드는 이 시스템의 중심에는, 끊임없이 진화하는 콜드체인 물류가 있다.

# Column 8

AI 에이전트, 물류산업의 새로운 고객이자 파트너

물류산업의 전통적인 고객은 기업이었다. 제품을 주문하거나 운송을 요청하는 주체는 언제나 사람이었고, 기업 내 구매자, 판매자, 유통 담당자, 제조 담당자 등 인간이 각자의 역할을 수행했다. 이들은 물류회사와 직접 연락해 배송 일정을 조정하고, 창고 운영과 재고 관리, 통관 및 운송 계약 등의 업무를 처리했다. 이처럼 물류의 모든 흐름은 사람의 판단과 결정에 기반해 이뤄져 왔다.

하지만 지금 우리는 전혀 새로운 형태의 '고객'과 '거래 주체'를 맞이하고 있다. 그것은 다름 아닌 AI 에이전트(AI Agent)다. 인공지능이 단순히 보조 역할을 넘어서, 실제로 판단하고 행동하는 주체로 물류 시스템 안에 등장한 것이다.

최근 생성형 인공지능(Generative AI)의 발전은 기존의 AI와는 차원이 다르다. 이 기술은 단순히 텍스트를 읽고 응답하는 수준을 넘어서, 목표를 설정하고 → 필요한 정보를 수집하며 → 판단을 내리고 → 실행에 옮기는 일련의 '에이전트 구조'를 갖추게 되었다. 즉, AI가 사람처럼 '일을 시키는 존재'가 아니라, '일을 수행하는 존재'로 변신하고 있는 것이다.

이러한 AI 에이전트는 쇼핑, 금융, 여행 등의 산업 분야는 물론, 이제는 물류 산업의 실질적인 참여자로 떠오르고 있다. 단순한 정보 전달이나 추천을 넘어, 실제로 물류 거래를 성사시키는 판단자로서 중요한 역할을 하기 시작한 것이다. 예를 들어 고객의 AI가 직접 물류사를 비교하고 조건을 분석하여, 가장 적합한 회사를 선택하고 배송을 요청하는 상황이 현실이 되고 있다. 이처럼 AI 에이전트는 물류의 새로운 고객이자 파트너로 등장하고 있으며, 이는 물류 산업 전반에 걸쳐 구조적 변화를 요구하고 있다.

물류기업은 무엇을 준비해야 할까
앞으로는 사람뿐 아니라 AI에게도 선택받는 회사가 되어야 한다. 따라서 지금은 물류 산업이 AI 시대에 맞게 시스템을 재정비하고, 필요한 기술과 인프라를 갖춰 나가야 할 중요한 시기이다.
AI가 점점 똑똑해지면서, 사람을 대신해 물건을 주문하고 배송을 요청하는 시대가 열리고 있다. 많은 사람들은 이런 변화가 대기업이나 유명한 플랫폼 기업에게만 유리할 것이라고 생각한다. 특히 중소기업, 그중에서도 중소 물류회사들은 이런 변화에 뒤처질까 봐 불안해할 수 있다.

그러나 실제로는 중소 물류회사에게도 충분한 기회가 있다. 왜냐하면 AI는 무엇보다도 '정확하고 빠르게' 일처리를 해주는 회사를 선호하기 때문이다. 특히, 특정 분야에서 전문성을 갖고 있거나, 정해진 방식대로 신속하게 대응할 수 있는 작고 민첩한 회사들을 AI는 오히려 더 선호할 수도 있다. 이를 위해서는 중소 물류회사는 AI 시대에 맞춰 다양한 준비를 미리 해 나가야 한다.

첫째, 고객사의 AI 시스템이나 ERP(전사적 자원 관리 프로그램)와 잘 연결될 수 있도록, 정보를 쉽게 주고받을 수 있는 API 환경을 구축해야 한다. 이 환경이 조성되면, 고객사의 AI가 중소 물류회사에 직접 배송을 요청할 수 있게 된다.

둘째, 화장품, 가전제품, 의약품 같은 산업별 특성에 맞는 물류 처리 방식을 연구해야 한다. 이는 AI가 "이 회사는 내가 원하는 서비스를 잘 이해하고 처리해주네"라고 판단하도록 돕는 역할을 한다.

셋째, 회사 내부에서는 AI 기술을 이용해 고객 문의에 자동으로 응답하거나, 입출고 상태를 자동으로 알려주며, 배차까지 지원하는 시스템을 갖춰야 한다. 사람이 일일이 처리하지 않아도, AI가 많은 일을 대신할 수 있도록 만드는 것이다.

마지막으로, AI가 물류 요청을 어떻게 하고, 어떤 경로를 자주 사용하는지에 대한 데이터를 분석해, 반복되는 패턴을 기반으로 다음 작업을 미리 제안할 수 있는 기능도 개발해야 한다. 예를 들어, "이 고객은 항상 이 루트를 요청하니까, 다음에도 같은 경로를 추천하자"는 식이다.

앞으로는 단순히 사람만 만족시키는 것이 아니라, AI도 만족시켜야 하는 시대가 된다. 그렇다고 해서 완전히 새로운 기준이 생기는 것은 아니다. 사람도, AI도 공통적으로 원하는 것은 '신뢰할 수 있고, 예측 가능하며, 일관된 서비스'다. 따라서 중소 물류회사들도 너무 걱정하지 말고, AI 시대에 맞는 준비를 차근차근 해 나간다면 충분히 경쟁력을 가질 수 있다.

물류기업, 에이전트 경제의 핵심 파트너로
AI 에이전트는 단순한 기술 도구를 넘어, 물류기업에게는 새로운 고객이자 중요한 파트너가 될 수 있다. 이 AI는 사람을 대신해 물건을 주문하고, 배송을 요청하며, 필요할 경우 어떤 경로로 물건을 보내는 것이 가장 좋은지 판단까지 해준다. 또한 어떤 물건이 언제쯤 필요할지 예측하고, 물류회사의 운영을 더 효율적으로 만들 수 있도록 도와주는 디지털 도우미 역할도 할 수 있다.

지금 우리는 단순히 기술이 조금 바뀌는 수준이 아니라, 거래 방식 자체가 완전히 바뀌는 큰 전환점에 서 있다. 예전에는 사람이 직접 물건을 고르고, 물류회사에 요청하고, 상황을 확인하는 방식이었다면, 이제는 그 대부분의 역할을 AI가 대신하게 되는 시대가 오고 있다.
이런 변화는 처음에는 복잡하고 어렵게 느껴질 수도 있다. 어떤 사람들은 "AI가다 해버리면 물류회사는 어떻게 되는 걸까?"라는 걱정을 할 수도 있다. 하지만 이렇게 생각해볼 수도 있다. AI와 손을 잡고 함께 일하면, 물류 서비스는 지금보다 훨씬 더 정확하고 빠르게 발전할 수 있다는 것이다. 이 변화는 위기이자 동시에 기회다.

앞으로의 물류는 단순히 물건을 옮기는 것으로는 부족하다. 사람과 AI가 함께 협력하고, 정보와 행동이 실시간으로 연결되는 복잡한 시스템으로 진화하게 될 것이다. 그래서 물류회사는 단순한 운송회사를 넘어서, AI와 함께 움직이는 새로운 시대의 중심이 될 준비를 지금부터 시작해야 한다.

9장

쓰레기를 줄이는 물류-에코 패키징과 리버스물류

온라인 쇼핑이 일상이 되면서, 우리는 하루에도 수많은 택배 상자를 받아본다. 물건을 안전하게 보호하는 포장은 필수적이지만, 과도한 포장재 사용과 택배 쓰레기 문제는 환경에 큰 부담이 되고 있다. 한국에서는 하루 약 3,000만 개의 택배가 배송되며, 이로 인해 발생하는 종이 박스, 플라스틱 완충재, 비닐 테이프 등의 쓰레기가 점점 더 심각한 문제가 되고 있다.

쓰레기를 줄이는 물류는 이제 선택이 아니라 지속 가능성을 위한 필수 과제다. 전 세계적으로도 '제로 웨이스트'와 '순환경제'가 강조되면서, 기업들은 단순히 제품을 팔고 끝나는 구조에서 벗어나 처음부터 끝까지 책임지는 물류 시스템으로 전환하고 있다.

우리가 무엇을 사고, 어떤 방식으로 배송받는지가 이제 환경에 직접적인 영향을 미치는 시대다. 포장재 하나, 반품 하나도 모두 지구의 자원과 연결되어 있다. 콜드체인처럼 정밀한 시스템도 필요하지만, 포장을 줄이

[그림3-6] 에코 패키지 챌린저

출처: https://news.samsung.com/kr/

고 되돌리는 시스템도 그에 못지않게 중요하다.

이에 따라 물류 업계는 불필요한 포장을 줄이고, 친환경 소재를 활용하며, 재사용할 수 있는 물류 시스템을 구축하는 방향으로 변화하고 있다. '에코 패키징(Eco Packaging)'과 '리버스물류(Reverse Logistics)'가 대표적인 해결책으로 떠오르고 있으며, 기업들은 패키지 없는(Packageless) 배송, 반품물류 최적화, 재활용이 쉬운 포장재 도입 등 다양한 시도를 하고 있다.

앞으로의 물류는 단순히 '빠르고 편리한 배송'이 아니라, 지속 가능한 지구를 위한 물류, 환경을 생각하는 소비를 돕는 물류로 나아가야 한다. 그리고 그 중심에는 에코 패키징과 리버스 물류가 있다.

이 장에서는 택배 박스를 줄이는 패키지리스 배송, 리버스 로지스틱스(반품 및 재활용 물류), 그리고 친환경 포장과 지속 가능한 유통 모델을 살펴보며, 쓰레기를 줄이고 환경을 보호할 수 있는 미래의 물류 시스템을 탐색해본다.

25. 택배 박스는 꼭 필요할까? – 패키지리스 배송의 도전과 실험

인터넷 쇼핑이 당연해진 요즘, 택배를 받을 때마다 함께 따라오는 것이 있다. 바로 택배 상자와 포장재다. 종이 박스, 비닐 테이프, 뽁뽁이 같은 완충재는 물건을 보호하기 위한 용도지만, 한 번 쓰고 버려지는 경우가 대부분이다. 한국에서는 하루 약 3천만 개의 택배가 오가며, 연간 수백만 톤에 이르는 포장 쓰레기가 쏟아지고 있다.

이런 문제를 줄이기 위해 최근 주목받는 방식이 있다. 바로 '패키지리스 배송(Packageless Delivery)', 즉 불필요한 포장을 줄이거나 아예 없애고, 재사용 가능한 포장재나 직접 수거형 배송, 리필 시스템 등을 활용하는 방식이다.

전 세계에서 실험 중인 패키지리스 배송

전 세계 여러 나라에서는 포장 쓰레기를 줄이기 위한 다양한 패키지리스 배송 실험이 활발하게 진행되고 있다. 과도한 포장재 사용은 환경에 큰 부담을 주기 때문에, 기업들은 불필요한 포장을 줄이고, 재사용 가능한 포장재를 활용하거나, 고객이 포장을 반납하고 다시 사용할 수 있는 시스템을 구축하는 방향으로 변화하고 있다. 다음은 주요 국가들의 대표적인 실천 사례다.

  미국의 아마존은 '프러스트리 프리 패키징(Frustration-Free Packaging)'이라는 프로그램을 운영하고 있다. 이 프로그램은 제품 자체 포장만으로 배송이 가능하도록 제품을 설계해, 배송 시 추가 박스가 필요 없도록 한다. 이를 통해 아마존은 지금까지 약 200만 톤 이상의 포장재를 절감했다고 밝히고 있다. 또한 포장재는 재활용이 가능한 소재를 중심으로 구성되어, 전체 유통망의 친환경성을 높이고 있다.

[그림3-7] 아마존 프러스트리 프리 패키징(Frustration-Free Packaging)

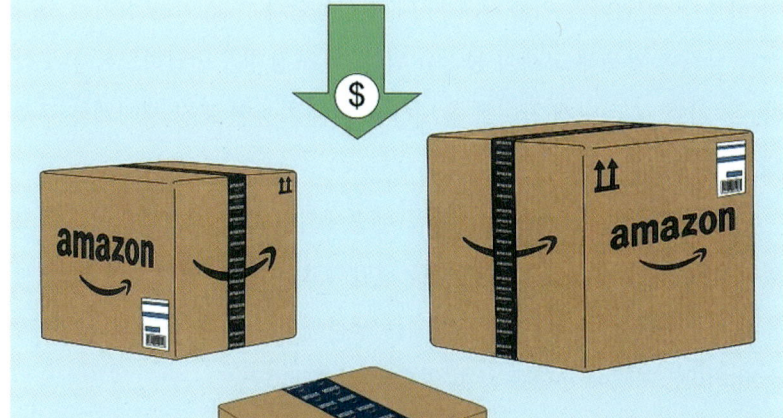

출처 https://www.wikihow.com/What-Is-Frustration-Free-Packaging

  미국의 월마트도 재사용 가능한 포장재를 도입하고 있다. 종이 박스 대신 튼튼한 플라스틱 상자를 활용하며, 온라인 주문 후 매장에서 직접 물건을 찾는 '픽업 방식'을 병행하고 있다. 이는 포장재를 줄이는 동시에, 고객의 편의성도 고려한 방식이다. 월마트는 2025년까지 자사 온라인 쇼핑 포장의 100%를 친환경 소재로 전환하는 것을 목표로 하고 있다.

일본의 편의점 체인 로손은 '벌크 배송'이라는 방식으로 주목받고 있다. 개별 포장을 최소화하고, 여러 상품을 하나의 큰 재사용 상자에 담아 매장으로 배송한다. 이후 소비자는 매장에서 포장 없이 직접 물건을 수령하게 된다. 이 방식은 편의점 유통 구조와 잘 맞으며, 쓰레기 발생을 줄이는 데 효과적이다.

유럽의 H&M은 제품을 재사용 가능한 천 가방에 담아 배송하며, 고객이 사용 후 반납하면 이를 세척해 다시 사용한다. 이케아는 접이식 플라스틱 상자를 활용해 고객이 물건을 받은 후 포장재를 반납하도록 유도한다. 두 기업 모두 고객 참여를 유도하며 순환 가능한 포장 생태계를 구축해가고 있다.

독일의 유통업체 REWE는 식료품 배송에서의 포장 최소화를 실천하고 있다. 리유저블 박스를 통해 상품을 전달하고, 이를 다시 수거해 반복 사용하는 구조를 갖췄다. 특히 포장재는 생분해성 소재를 사용, 사용 중 파손되더라도 환경에 부담을 주지 않도록 설계됐다.

네덜란드의 스타트업 Pieter Pot은 '제로 웨이스트'를 추구하는 리필 배송 모델로 주목받고 있다. 곡물, 견과류, 오일, 커피 등 다양한 식재료를 유리병이나 금속 용기에 담아 배송하고, 고객이 사용한 후 포장재를 회수해 세척 후 다시 사용하는 구조다.

중국 알리바바와 징둥닷컴(JD.com)은 AI 기반 스마트 포장 시스템을 활용해 상품의 크기와 무게에 따라 딱 필요한 만큼의 포장만 적용하고 있다. 또한 일회용 플라스틱 대신 재사용 가능한 포장 상자를 활용해, 포장재 사용량을 획기적으로 줄이고 있다.

한국도 이러한 흐름에서 빠지지 않고 있다. 쿠팡은 '에코 프레시 박스', 마켓컬리는 '컬리박스', SSG닷컴은 '알비백'이라는 이름으로 재사용 가능한 포장 가방과 상자를 운영 중이다. 고객은 상품을 받은 후 포장재를 문 앞에 두면, 다음 배송 때 회수하는 방식이다. 이 시스템은 빠르게 정착하고 있으며, 매일 새벽배송이 이뤄지는 한국 특유의 유통 구조와도 잘 맞아떨어진다.

네이버는 입점 판매자들과 협력해 최소 포장 정책을 도입하고 있으며, 현대백화점은 보냉 기능이 있는 재사용 가방을 통해 포장재 없는 새벽배송 모델을 확산 중이다. 특히 고급 식품이나 프리미엄 상품을 구매한 고객들에게도 환경을 고려한 포장이 좋은 반응을 얻고 있다.

이처럼 전 세계 곳곳에서 진행 중인 패키지리스 배송은 아직 실험적 단계에 있는 경우도 많지만, 점점 더 현실적인 대안으로 자리 잡고 있다. 포장 없는 배송은 환경을 위한 선택이자, 지속 가능한 유통의 미래로 나아가는 중요한 움직임이 되고 있다.

패키지리스 배송의 어려움과 그에 대한 해결 시도

패키지리스 배송은 환경 보호와 지속 가능한 소비를 위해 꼭 필요한 변화이지만, 현실에서 실행하기 위해서는 몇 가지 어려운 점이 있다. 다행히도 여러 기업들은 이러한 문제들을 하나씩 해결해 나가고 있으며, 패키지리스 배송은 점차 현실로 다가오고 있다.

[표3-5] 패키지리스 배송의 어려움과 해결 시도

주요 어려움	구체적 문제	해결 시도
제품 손상 가능성	포장을 줄이면 완충재가 부족해 파손 위험이 큼(예 : 유리, 전자제품, 신선식품 등)	- AI 기반 맞춤형 포장 설계 시스템 - 재사용 가능한 보호 케이스 사용
소비자 만족도 저하	브랜드 로고 부재, 단순 포장으로 인한 제품 가치 저하 우려 위생에 대한 불안감	- 천 가방, 친환경 패키지 디자인 활용 - '친환경은 가치 있는 선택'이라는 캠페인 진행
운영 비용 증가	포장재 수거·세척·재사용 등에서 비용 발생 기존 물류 인프라 재구축 필요	- 공동 회수 시스템 구축 - 정부 인센티브 지원 활용
포장재 회수의 어려움	소비자 미반납 시 시스템 지속 불가 회수망 부실	- 보증금 제도 운영 - 편의점·마트 내 회수함 설치 - 드론·로봇 회수 시스템 실험
위생 및 식품 안전 문제	포장 축소로 외부 오염 우려 증가 콜드체인 유지 어려움	- 항균 나노코팅 포장재 사용 - 고온 살균 세척 시스템 도입 - IoT기반 온도·위생 모니터링 기술 활용

첫 번째 문제는 제품이 손상될 가능성이다.

포장을 줄이면 충격을 흡수할 완충재가 부족해 제품이 깨지거나 망가질 수 있다. 특히 유리 제품, 전자제품, 신선식품처럼 외부 충격에 민감한 상품은 더욱 취약하다. 이 문제를 해결하기 위해 일부 기업들은 AI 기술을 이용한 맞춤형 포장 설계 시스템을 도입하고 있다. 제품의 크기와 형태, 무게를 분석해 꼭 필요한 만큼의 완충재만 사용하고, 경우에 따라서는 재사용 가능한 보호 케이스를 활용해 물건을 안전하게 배송하는 방식이다.

두 번째는 소비자 만족도의 문제다.

택배를 받았을 때 포장이 지나치게 단순하거나 브랜드 로고가 사라지면 제품이 덜 고급스러워 보이기도 한다. 또, 포장이 줄어든 만큼 위생적으로 불안하다고 느끼는 소비자도 있다. 이를 해결하기 위해 기업들은 천 가방이나 친환경 포장재를 활용한 디자인, 그리고 친환경 메시지를 담은 마케팅을 통해 브랜드 경험을 유지하려는 노력을 하고 있다. 소비자들에게 '포장을 줄이는 것이 곧 지구를 위한 실천'이라는 인식을 심어주기 위한 캠페인도 함께 전개되고 있다.

세 번째로는 운영 비용의 증가다.

포장재를 수거하고, 세척하고, 다시 사용하는 과정에는 추가 비용이 발생한다. 또, 기존의 일회용 박스 중심 물류 시스템을 바꾸려면 물류센터부터 배송차량, 창고 구조까지 큰 변화가 필요하다. 이를 보완하기 위해 일부 기업들은 공동 회수 시스템을 구축하거나, 정부와 협력해 친환경 물류에 대한 인센티브를 제공받는 방식으로 초기 부담을 줄이고 있다.

네 번째는 포장재 회수의 어려움이다.

패키지리스 배송은 포장재를 다시 회수해서 써야 완전한 시스템이 완성되는데, 소비자가 반납을 하지 않거나 회수 구조가 비효율적이면 이 모델은 오래 지속되기 어렵다. 이에 따라 보증금을 걸고 반납 시 돌려주는 제도나, 편의점·마트에 회수함을 설치하는 방식, 드론이나 로봇을 활용한 자동 회수 시스템도 실험적으로 도입되고 있다.

마지막으로 중요한 문제는 위생과 식품 안전성이다.

포장을 줄이면 외부 오염에 더 쉽게 노출될 수 있고, 냉장·냉동이 필요한 제품은 콜드체인 유지도 어려워질 수 있다. 이 문제는 항균 나노 코팅을 입힌 포장재, 고온 살균 세척 시스템, 그리고 IoT 센서를 활용한 실시간 온도 및 위생 모니터링 기술을 통해 점차 해결해 나가고 있다.

포장 없는 미래는 가능할까?

이처럼 다양한 과제가 있지만, 패키지리스 배송은 단순히 상자를 없애는 차원이 아니다. 이는 제품 설계에서부터 유통과 회수까지, 물류 시스템 전체를 새롭게 바꾸는 시도다. 포장을 줄이는 것 하나만으로도 환경에 큰 변화를 줄 수 있다는 인식이 점점 확산되고 있으며, 실제로 많은 기업들이 그 길을 걷고 있다.

예를 들어, 아마존은 제품 자체 포장만으로 배송할 수 있도록 제품을 설계하고,[48] 월마트와 알리바바는 AI 기술을 활용해 포장을 최소화하고 있다. H&M과 이케아는 브랜드 이미지 자체를 친환경 포장으로 만들었고, 쿠팡과 마켓컬리는 새벽배송 포장재를 회수해서 다시 사용하는 모델을 운영하고 있다. 네덜란드의 Pieter Pot은 한 발 더 나아가 유리병 기반 리필 시스템으로 '제로 웨이스트'를 실현하고 있다.[49]

이제는 실험이 아니라, 점차 보편적인 흐름이 되어가고 있다. 소비자들도 예전처럼 '예쁘고 많은 포장'보다는 '환경을 위한 실천'을 선택하는

---

[48] Sustainability Magazine.(2025, May 8). Sustainable Shipping : Why Amazon is Making Custom Packaging.
[49] The Branding Journal.(2025, June 23). 5 Ways Brands Can Adopt Reusable Packaging Solutions.

경우가 늘고 있다. 소비의 방식이 바뀌고 있는 것이다.

패키지리스 배송은 단순한 친환경 실험이 아니라, 더 나은 세상을 만드는 중요한 변화다. 아직은 해결해야 할 과제가 많지만, 기술의 발전과 정책의 뒷받침, 소비자의 인식 변화가 함께 이루어진다면 충분히 현실이 될 수 있다.

지금 우리에게 필요한 것은 불편함을 참고 견디는 자세가 아니라, 더 나은 선택을 하는 용기다. 택배 상자 하나 줄이는 일이 결국 우리가 사는 지구를 지키는 일이 될 수 있다. 그리고 이 변화를 먼저 시작한 것은 다름 아닌 물류 시스템이다.

26. 다시 돌아오는 물류 : 반품과 재활용

온라인 쇼핑이 일상화된 요즘, 우리는 '반품'을 아주 자연스럽게 생각한다. 마음에 들지 않으면 돌려보내고, 환불도 손쉽게 받을 수 있다. 하지만 소비자에게는 간단한 이 반품이, 기업에게는 꽤나 복잡한 물류 과정이다.

보통 택배는 상품을 고객에게 보내는 '정방향 물류'다. 그런데 반품은 이 흐름을 거꾸로 되돌리는 작업이다. 이런 과정을 '리버스 로지스틱스(Reverse Logistics)', 즉 '역물류'라고 부른다. 단순히 물건을 다시 받는 것만이 아니라, 반품된 상품 중에서 재판매할 수 있는 것은 다시 팔고, 고칠 수 있는 것은 수리해서 쓰고, 재료로 쓸 수 있는 것은 재활용하는 모든 과정을 포함한다.

이러한 리버스 로지스틱스가 점점 더 중요해지고 있다. 특히 의류나 전자제품처럼 직접 사용해보지 않으면 잘 모르는 제품의 경우, 여러 개를 주문해보고 마음에 드는 것만 남기고 나머지는 반품하는 소비 패턴이 많아졌다. 실제로 미국에서는 온라인 쇼핑의 평균 반품률이 30%에 달한다.[50] 이렇게 반품이 늘어나면 물류비용도 증가하고, 환경에 미치는 영향도 커진다.

더욱이 반품된 제품을 제대로 처리하지 않고 버리게 되면, 자원 낭비와 탄소 배출 문제가 심각해질 수 있다. 반대로, 다시 활용하거나 재활용하면 쓰레기를 줄일 수 있고, 기업도 비용을 절감할 수 있다. 동시에 친환경적인 기업이라는 긍정적인 이미지를 만들 수도 있다. 그래서 최근 기업들은 반품과 재활용 과정을 더 똑똑하고 효율적으로 만들기 위해 기술을 도입하고, 시스템을 정비하며, 리버스 로지스틱스를 하나의 전략으로 적극 활용하고 있다.

우리 주변의 재활용 물류 사례들

요즘은 우리가 물건을 받는 것만큼, 그 물건을 다시 되돌리거나 재활용하는 과정도 중요해지고 있다. 그래서 기업들은 단순한 반품을 넘어서,

---

[50] Richpanel,(2025, February 24), How to Reduce Ecommerce Return Rates : Statistics and …, Richpanel Blog, "The average e-commerce return rate rests at around 20-30%."
Shopify,(2025, February 21), Ecommerce Returns : Average Return Rate and How to …. Shopify Enterprise Blog, "The average return rate can range up to 30% for some retailers."

사용한 제품이나 포장재를 다시 회수하고 자원으로 되살리는 '순환 물류 시스템'을 만들고 있다. 다음은 세계 곳곳에서 실제로 운영 중인 재활용 물류 사례들이다.

① 포장재를 다시 쓰는 물류

온라인 쇼핑이 늘면서 박스, 아이스팩, 포장 비닐 같은 쓰레기도 함께 늘고 있다. 이를 줄이기 위해 미국의 아마존은 제품 본래의 포장을 그대로 활용하는 '프러스트레이션 프리 패키징'을 운영하고 있다. 네덜란드의 'Pieter Pot'은 유리 용기에 담긴 제품을 배달하고, 다 쓴 용기는 수거해 다시 사용하는 리필 배송 방식을 도입했다. 한국에서도 쿠팡과 마켓컬리가 종이 아이스팩이나 재사용 가능한 보냉백을 도입해 포장재를 회수하고 다시 쓰는 시스템을 운영 중이다.

[표3-6] 재활용 물류 사례

사례	주요 기업/국가	재활용 방식 및 특징
포장재 재사용	미국 아마존, 네덜란드 Pieter Pot, 한국 쿠팡 · 마켓컬리	– '프러스트레이션 프리 패키징' : 제품 원래 포장 그대로 배송 – 유리 용기 리필 배송 및 수거 – 종이 아이스팩, 재사용 보냉백 도입 및 회수
전자제품 재활용	미국 애플, 일본 야마토 운수	– Apple Trade-In : 중고 기기 반납 후 재판매/부품 재활용 – 고장 난 전자기기 회수, 수리/분해 후 자원화
의류 재활용	H&M, ZARA, 한국 무신사 · LF	– 헌 옷 수거 후 재원단/중고의류 판매 – 친환경 의류 라인 운영(H&M 'Conscious Collection') – 리세일 플랫폼 통한 중고 거래 촉진

사례	주요 기업/국가	재활용 방식 및 특징
플라스틱 재활용	코카콜라, 스타벅스, 한국 편의점(GS25, CU 등)	- 2030년까지 100% 재활용 포장 목표 - 생분해성 빨대·컵 도입 - 리사이클링 스테이션 : 페트병/캔 반납 시 포인트 지급
음식물 재활용	프랑스 Too Good To Go, 한국 마켓컬리	- 남은 음식·유통임박 식품을 할인 판매 - 음식물 쓰레기 감축 + 경제적 소비 실현

② 전자제품도 다시 살린다

스마트폰, 노트북 같은 전자제품은 고장 나도 안에 쓸 수 있는 부품이 많다. 애플은 'Apple Trade-In' 프로그램을 통해 사용자가 쓰지 않는 아이폰이나 맥북을 반납하면, 제품을 재활용하거나 리퍼비시(수리 후 재판매) 형태로 다시 판매한다. 일본의 야마토 운수도 중고 전자제품을 회수해 상태에 따라 수리하거나 부품을 분해해 자원으로 활용하고 있다.[51]

③ 입지 않는 옷, 다시 돌아오는 패션

의류 업계도 재활용에 앞장서고 있다. H&M과 ZARA는 매장에서 입지 않는 옷을 수거해 새 제품의 원단으로 만들거나, 중고 의류로 다시 판매한다. 특히 H&M은 수거된 옷감으로 만든 'Conscious Collection'이라는 친환경 의류 라인을 운영하며 순환형 패션을 실천하고 있다.[52] 한국의 무신사나 LF 같은 브랜드도 중고 의류 리세일 플랫폼을 운영해, 소비자가 입지 않는 옷을 사고팔 수 있도록 돕고 있다.

---

[51] Trade in. Upgrade. Save. Or recycle it for free.(출처:https://www.apple.com/in/shop/trade-in)
[52] H&M Takes a Step Toward Circularity With a Collection of Garments Made From Waste", vorge(2020.11.18.)

④ 플라스틱도 자원으로 되살린다

플라스틱은 분해되기까지 오랜 시간이 걸리기 때문에, 재활용이 특히 중요하다. 코카콜라는 'World Without Waste' 캠페인을 통해 2030년까지 모든 음료 포장재를 100% 재활용 가능하게 만들겠다는 목표를 세웠다.[53] 스타벅스는 플라스틱 빨대 대신 생분해성 소재를 사용한 컵과 빨대를 도입했다. 한국의 GS25, CU 같은 편의점은 '리사이클링 스테이션'을 통해 페트병과 캔을 수거하고 있다. 소비자는 여기에 빈 용기를 넣으면 포인트를 받는 식으로 참여할 수 있다.

⑤ 음식도 다시 쓴다, 식품 재활용

먹다 남은 음식이나 유통기한이 임박한 식품도 잘 활용하면 버려지지 않는다. 프랑스의 'Too Good To Go' 앱은 마트와 식당에서 남은 음식을 소비자에게 저렴하게 판매할 수 있게 도와준다.[54] 한국의 마켓컬리도 유통기한이 얼마 남지 않은 신선식품을 '알뜰상품'으로 등록해, 소비자가 저렴한 가격에 구매할 수 있도록 운영하고 있다. 이 방식은 음식물 쓰레기를 줄이면서, 동시에 경제적인 소비도 가능하게 한다.

이처럼 재활용과 리버스 로지스틱스는 단순히 물류를 보완하는 일이 아니다. 자원을 다시 순환시키고, 환경을 보호하며, 기업에게는 새로운 가치를 만들어주는 중요한 전략이다. AI와 로봇, IoT 같은 기술, 정부의

---

[53] The Coca-Cola Company Announces New Global Vision to Help Create a World Without Waste(출처:https://investors.coca-colacompany.com/news-events/press-releases)
[54] Grab a Snack—and Combat Food Waste—With This App", Wired(2022.1.20.)

정책 지원, 그리고 소비자의 자발적인 참여가 더해지면 우리는 '스마트 순환 물류 시대'를 앞당길 수 있다. 물류는 세상을 더 나은 방향으로 움직이는 조용하지만 강력한 힘이 되어가고 있다.

지속 가능한 순환 물류의 미래

요즘처럼 온라인 쇼핑이 일상화되면서 반품도 자연스럽게 늘고 있다. 문제는 이렇게 늘어나는 반품이 물류 시스템에 큰 부담을 준다는 점이다. 회수와 재포장, 검수와 재판매 처리까지 많은 시간과 비용이 들고, 제대로 처리되지 않으면 쓰레기만 늘어난다.

하지만 반품된 제품을 단순히 되돌리는 데 그치지 않고, 다시 판매하거나 수리해 재사용하고, 부품이나 자재를 재활용하는 방식으로 물류 흐름을 구성하면 자원을 아끼고 환경도 보호할 수 있다. 실제로 미국의 아마존은 AI 기술을 활용해 반품된 상품의 상태를 자동으로 분석한 후, 재판매 가능한 상품은 다시 유통시키고, 불필요한 경우에는 반품 없이 고객이 그대로 사용하도록 안내하는 시스템까지 운영하고 있다. 이러한 스마트 리버스 로지스틱스 시스템은 물류비용을 줄이고, 불필요한 운송을 막아 탄소 배출도 줄일 수 있는 방법이다.

그럼에도 불구하고 아직 해결해야 할 과제는 많다.

반품과 재활용에는 여전히 많은 비용과 노력이 필요하다. 반품 처리에는 검수, 분류, 재포장 비용이 들고, 일부 고객이 과도하게 반품을 요구할 경우 기업의 부담은 더 커진다. 게다가 제품 상태가 고르지 않아 다시 판매하기 어려운 경우도 많고, 재활용 인프라가 부족한 지역에서는 회수

된 물건을 적절히 처리하기 어려운 실정이다.

이런 문제들을 해결하기 위해 여러 기술과 제도가 등장하고 있다. 인공지능은 반품 제품의 상태를 자동으로 판단해 재사용 여부를 빠르게 결정할 수 있게 도와주고, 일부 기업은 반품이 꼭 필요한지를 사전에 판별해주는 시스템을 도입하고 있다. 또 보증금 제도를 통해 포장재나 제품을 다시 돌려받고, 고객이 편의점에서 쉽게 반납할 수 있도록 하는 회수 시스템도 점차 확산되고 있다.

결국 이러한 흐름은 우리가 일상에서 사용하는 모든 제품과 포장재가 한 번 쓰고 끝나는 것이 아니라, 다시 돌아오고 다시 쓰이는 순환 구조로 이어져야 한다는 사실을 보여준다. 바로 '순환 경제(Circular Economy)'라는 개념이다. 예를 들어, 스마트폰을 사용한 뒤 그냥 버리는 것이 아니라, 회수해서 고장난 부품은 고치고 쓸 수 있는 부품은 다른 제품에 활용하는 식이다. 의류는 입지 않은 옷을 다시 수거해 재활용 섬유로 만들고, 식품 유통은 유통기한이 임박한 제품을 기부하거나 다른 용도로 활용하는 사례도 늘고 있다.

이 모든 과정을 가능하게 만드는 중심에는 '물류'가 있다.

물류는 더 이상 단순히 물건을 고객에게 보내는 일만 하는 것이 아니다. 이제는 사용된 제품을 다시 회수하고, 분류하고, 재활용 시설까지 연결하는 역할까지 함께 한다. 기업의 창고에서 고객의 집까지 가는 길만큼, 고객의 집에서 다시 공장이나 재활용센터로 돌아오는 길도 똑같이 중요해진다.

이제 물류는 '보내는 것'에서 '다시 돌려받고 새롭게 쓰는 것'까지 책임지는 역할을 한다. 리버스 로지스틱스는 단순한 물류 보조 수단이 아니라, 환경과 자원을 지키는 핵심 전략이자, 우리가 지속 가능한 사회로 나아가기 위한 필수 시스템이다. 기술과 정책, 그리고 소비자의 참여가 함께 어우러질 때, 우리는 진정한 '지속 가능한 순환 물류 시대'를 만들어갈 수 있을 것이다. 그리고 그 변화의 중심에는, 조용하지만 묵묵히 흐름을 이어가는 물류가 있다. 바로, 다시 돌아오고, 다시 살아나는 물류의 시대가 열린 것이다.

27. 친환경 포장과 지속 가능한 유통

요즘 소비자들은 단순히 제품이 싸고 좋은지만 보지 않는다. 그 제품이 어떻게 만들어졌는지, 어떤 재료로 포장됐는지, 환경에 어떤 영향을 주는지도 함께 본다. 특히 MZ세대와 알파세대처럼 환경과 사회 문제에 관심이 많은 젊은 세대일수록 윤리적인 소비를 중요하게 생각한다. 그래서 기업들도 단지 물건을 잘 파는 것에 그치지 않고, 친환경 포장과 지속 가능한 유통 방식을 고민하게 되었다.

친환경 포장이 왜 중요할까?

우리 주변에는 하루에도 수많은 택배 상자와 포장재가 쏟아진다. 일회용 포장재는 대부분 한번 쓰고 버려지는데, 이 중 많은 부분이 재활용되지 못하고 쓰레기로 남는다. 특히 플라스틱은 자연에서 썩는 데 수백 년이 걸리기도 한다. 이렇게 쌓이는 포장 쓰레기는 바다로 흘러가 해양 생물에게 해가 되고, 우리가 숨 쉬는 공기에도 나쁜 영향을 준다.

 게다가 포장재를 만들 때에도 많은 에너지가 들고, 그 과정에서 온실가스가 발생한다. 이런 점에서 볼 때, 친환경 포장은 단지 예쁜 포장을 말하는 것이 아니라, 환경을 지키기 위한 중요한 선택이다. 실제로 요즘은 소비자들도 포장 방식에 따라 브랜드를 선택하고, 기업에 대한 신뢰도도 달라진다. 친환경 포장은 이제 기업의 이미지를 좋게 만드는 걸 넘어서, 브랜드의 생존 전략이 되고 있다.

[표3-7] 친환경 포장의 필요성

항목	내용
환경 보호	- 일회용 포장재는 막대한 폐기물을 발생시킴 - 재활용되지 않으면 환경 오염 초래 - 플라스틱 포장재는 분해까지 수백 년 소요, 생태계에도 악영향
탄소배출 감소	- 종이, 플라스틱 등 기존 포장재는 생산 과정에서 많은 에너지 소모 - 이 과정에서 온실가스 발생 - 친환경 포장은 생산·유통 전 과정의 탄소 배출량을 절감
소비자의 변화된 인식	- 소비자는 가격·품질뿐 아니라 포장의 방식도 중요하게 여김 - 친환경 포장은 브랜드 이미지 개선에 기여 - 소비자의 신뢰도를 높이는 핵심 요소로 작용

세계는 어떻게 친환경 포장을 실천하고 있을까?

미국 - 아마존의 포장 간소화

 미국의 아마존은 2008년부터 '프러스트레이션 프리 패키징(Frustration-Free Packaging)'이라는 이름으로 포장을 줄이는 프로그램을 운영 중이다. 제품 자체의 포장을 그대로 활용하거나, 불필요한 박스를 없애고, 테이프와 플라스틱 사용을 줄이는 식이다. 덕분에 2015년 이후 약 200만 톤의 포장재를 줄이는 데 성공했다. 이 방식은 단지 쓰레기를 줄이는 것에 그치지 않고, 물류 효율도 높이고 고객 만족도도 높이는 효과를 낳았다.

일본 - 유니클로와 편의점의 변화

일본에서도 친환경 포장이 일상으로 자리잡고 있다. 편의점 미니스톱은 비닐봉지 대신 생분해성 종이 봉투를 기본으로 제공하고, 유니클로는 플라스틱 포장을 종이로 바꾸고, 온라인 쇼핑용 가방도 반복 사용할 수 있는 친환경 소재로 변경했다. 일본 정부의 플라스틱 규제 정책과 함께 기업들도 실천에 나서고 있는 모습이다.

[표3-8] 세계 각국의 친환경 포장 사례

국가/기업	주요 실천 내용	특징 및 효과
미국 아마존	- '프러스트레이션 프리 패키징(FFP)' 도입 - 포장 간소화 및 재활용 가능 소재 사용 - 테이프·플라스틱 최소화	• 2015년 이후 200만 톤 이상의 포장재 절감 • 파손 방지 유지하면서 포장 폐기물 감소
일본 미니스톱 유니클로	- 미니스톱 : 생분해성 종이 봉투 기본 제공 - 유니클로 : 플라스틱 대신 종이 포장 전환 반복 사용 가능한 친환경 가방 제공	• 플라스틱 규제 법안에 맞춘 기업 실천 • 소비자 참여 유도 및 생활 속 실천 강화
유럽 이케아	- '플라스틱 제로' 정책(2028년 목표) - 포장의 90% 이상을 종이 기반으로 전환 - 해조류 추출물 기반 포장재 연구	• 스마트 포장 설계로 탄소 배출 절감 • 종이·바이오소재 활용 극대화 • 유통 전반의 지속 가능성 실현 사례

국가/기업	주요 실천 내용	특징 및 효과
한국 쿠팡 마켓컬리 SSG닷컴	– 쿠팡 : '에코 프레시 박스' 도입, 회수 및 재사용 – 마켓컬리 : 재활용 종이박스, 물 아이스팩, 천 보냉가방 – SSG닷컴 : '알비백' 다회용 가방 도입 및 회수	• 빠른 배송 유지하면서도 친환경 실천 • 반복 사용 시스템 구축, 고객 참여 유도

유럽 – 이케아의 플라스틱 제로 도전

환경 보호에 앞장서는 유럽에서는 이케아가 2028년까지 모든 제품 포장에서 플라스틱을 완전히 없애겠다고 선언했다. 이미 90% 이상은 종이 기반 포장으로 전환했고, 재활용 종이나 바이오 소재, 심지어 해조류로 만든 포장재까지 연구 중이다. 또한 스마트한 포장 설계를 통해 운송 중 공간을 줄이고, 그만큼 탄소 배출도 줄이기 위한 노력을 하고 있다.

한국 – 쿠팡, 마켓컬리, SSG닷컴의 실천

한국에서도 많은 유통 기업들이 친환경 포장 실천에 나섰다. 쿠팡은 신선식품 배송에 '에코 프레시 박스'라는 다회용 보냉 상자를 도입해, 고객이 문 앞에 두면 배송기사가 회수하고 세척 후 다시 사용하는 시스템을 운영하고 있다. 마켓컬리는 종이박스와 물로 녹는 아이스팩, 재사용 가능한 천 가방 등을 사용하고 있으며, SSG닷컴은 '알비백'이라는 다회용 가방을 도입해 회수 후 세척해 재사용하고 있다. 빠른 배송을 유지하면서도 포장 쓰레기를 줄이려는 노력이 곳곳에서 이어지고 있다.

친환경 포장이 마주한 현실적인 문제들

친환경 포장은 좋은 취지지만, 현실에서는 쉽지 않은 점도 있다.

첫 번째는 비용이다.

플라스틱보다 친환경 소재는 비싸고, 반복 사용하려면 세척이나 보관도 필요하다. 기업 입장에서는 초기 비용 부담이 크기 때문에 쉽게 도입하기 어려울 수 있다. 그래서 정부의 세금 감면이나 보조금 같은 지원이 함께 필요하다. 또 기술이 발전해 생산 단가가 낮아지면 기업들도 부담을 덜 수 있다.

두 번째는 소비자의 행동 변화다.

종이 포장은 방수가 잘 안되고, 생분해성 포장은 쉽게 찢어질 수 있다. 이런 불편함 때문에 소비자들이 꺼릴 수도 있다. 그래서 기업은 친환경 포장이 왜 중요한지를 잘 설명하고, 반납하면 포인트를 주거나 혜택을 주는 등 실질적인 유인책을 마련해야 한다.

세 번째는 인프라 부족이다.

친환경 포장재가 아무리 좋아도, 이를 회수하고 재활용할 수 있는 시스템이 없으면 무용지물이 된다. 지역마다 분리배출과 회수 시스템이 다르기 때문에, 기업과 정부, 지자체가 함께 협력해 전국적인 회수·재활용 체계를 만들 필요가 있다.

친환경 포장은 이제 단순한 유행이 아니라, 앞으로의 유통과 물류가 가야 할 필수적인 길이다. 앞으로는 포장재 없이 배송하거나, 완전히 자연 분해되는 신소재를 사용하는 기술이 더 발전할 것이고, 고객이 쓰고 난 포장재를 다시 돌려주는

친환경 포장이 마주한 현실적인 문제들

첫 번째는 비용이다. 두 번째는 소비자의 행동 변화다. 세 번째는 인프라 부족이다.

방식도 더 널리 퍼질 것이다. 이렇게 변화된 포장과 유통은 물류 전체를 더 스마트하고 친환경적으로 바꿔갈 것이다.

결국 포장 하나를 바꾸는 일이, 우리가 사는 방식 전체를 바꾸는 첫걸음이 될 수 있다. 친환경 포장은 지구를 지키고, 우리 모두의 미래를 지키는 작지만 중요한 시작이다.

Column 9

AI 기반 리버스 로지스틱스 : 지속가능한 물류로 가는 길[55]

물건을 사고 나서 다시 돌려보내는 '반품'은 이제 일상적인 일이 되었다. 특히 온라인 쇼핑이 늘면서 반품도 그만큼 많아졌고, 기업들도 이를 단순한 서비스 문제로만 보지 않고 물류 전략의 중요한 부분으로 보고 있다.

현대의 소비사회는 단순한 구매에서 그치지 않고, 상품의 전 생애 주기를 고려하는 방향으로 변화하고 있다. 이에 따라 반품은 더 이상 부수적인 업무가 아니라, 기업 경영과 물류 전략의 핵심 요소로 부상하고 있다. 실제로 의류, 전자제품, 화장품 같은 제품은 전체 주문의 20~30%가 반품으로 이어지는 경우도 많다. 이런 상황에서 반품을 잘 처리하지 못하면 고객 불만이 커지고, 기업 비용이 불어나며, 물류 흐름에도 큰 혼란이 생길 수 있다.

이러한 변화는 단순히 소비자 행동의 변화에 그치지 않고, 전체 산업 구조와 공급망 전략의 근본적인 전환을 요구하고 있다. 예를 들어, e커머스와 온디맨드 유통의 확산은 빠르고 유연한 배송을 요구함과 동시에, 이에 상응하는 빠르고 효율적인 반품 및 회수 시스템을 요구하게 되었다. 이로 인해 기업들은 단기적인 물류 효율성뿐 아니라 장기적인 지속가능성과 환경 영향을 고려한 물류 전략 수립이 필수가 되었다. 반품은 이제 단지 고객 만족을 위한 A/S 개념이 아니라, 제품 수명 주기의 일부로서 계획되어야 할 요소가 되었다.

---

[55] 이상근 "AI 기반 리버스로지스틱스 : 지속 가능한 물류로 가는 길", 아웃소싱타임스(2025. 9. 8)을 기초로 재작성

이런 반품 과정을 체계적으로 관리하는 것이 '리버스 로지스틱스(Reverse Logistics)'다.
이는 단순한 반품 회수를 넘어서, 상품을 다시 평가하고, 수리하거나 재활용하며, 다시 판매할 수 있도록 하는 일련의 과정이다. 예를 들어, 반품된 옷은 상태를 확인해서 새 상품처럼 다시 팔거나, 원단을 뜯어 다른 제품으로 만들 수 있다. 전자제품은 부품을 재활용하거나, 고장 부위를 고쳐 다시 팔 수도 있다. 이렇게 하면 불필요한 폐기물을 줄이고, 자원을 다시 쓸 수 있어 환경에도 좋고 기업의 수익에도 도움이 된다.
이런 복잡한 과정을 기존처럼 사람이 직접 하나하나 확인하고 분류하면 시간도 오래 걸리고 정확성도 떨어진다. 그래서 요즘은 인공지능(AI)을 도입하는 기업이 점점 늘고 있다. AI는 반품 신청 이유를 자동으로 분류하고, 제품 상태를 예측해 앞으로 어떻게 처리할지 결정해준다. 특히 이미지 인식 기술을 활용하면 상품의 외관 손상 여부나 오염 상태를 바로 파악할 수 있고, 전자기기의 경우 작동 가능성까지 예측할 수 있다. 이런 기술은 이미 아마존, H&M, 자라 같은 글로벌 기업들이 실제로 사용 중이다.

AI는 단순히 상품 분류만 하는 게 아니다.
반품된 물건을 수거해오는 경로도 AI가 효율적으로 짜줄 수 있다. 수거 경로가 엉켜서 차량이 불필요하게 여러 번 움직이면 운송비가 늘어나고, 탄소 배출도 더 많이 나온다. AI는 지역별 반품량, 교통 상황, 차량 위치 등을 고려해서 가장 빠르고 경제적인 경로를 제시한다. 예를 들어 배송하러 나간 차량이 반품 물건도 함께 수거하고 올 수 있도록 스케줄을 짜는 것이다. 국내에서도 쿠팡 같은 기업이 이런 방식으로 물류 효율을 높이고 있고, 해외의 UPS, DHL 같은 기업들도 AI 경로 최적화 시스템을 적극 도입하고 있다.

또 하나 중요한 기능은 '예측'이다.
AI는 어떤 상품이 어떤 시기에 왜 많이 반품되는지 분석할 수 있다. 예를 들어 여름철에는 어떤 옷이 사이즈 문제로 많이 반품된다는 걸 알게 되면, 기업은 미리 사이즈 정보를 더 정확하게 제공하거나 제품 구성을 바꿀 수 있다. 또, 반품된 상품이 수리 후 재판매 가능한지, 재활용 가치가 높은지도 미리 판단해 우선순위를 정할 수 있다. 이렇게 하면 재고 관리도 더 잘 되고, 불필요한 낭비도 줄일 수 있다.

리버스 로지스틱스를 AI로 운영하면 기업의 비용 절감과 수익 증대에 도움이 될 뿐만 아니라, 환경 부담도 줄일 수 있다.
탄소 배출을 줄이고, 제품을 재사용하거나 재활용함으로써 쓰레기를 줄이는 효과도 있다. 이건 ESG 경영을 실천하는 데도 큰 도움이 된다. 하지만 이 모든 게 기업 혼자서만 해낼 수 있는 일은 아니다. 정부, 지자체, 다른 기업들과 협력해야 가능하다.
예를 들어 유통사와 제조사가 반품 데이터를 공유하고, 공동의 AI 시스템을 활용하면 반품 과정을 훨씬 더 효율적으로 운영할 수 있다. 또, 소비자가 쉽게 반품을 신청할 수 있는 앱이나 무인 반품함, 보증금 환급 시스템 같은 것을 도입하면 반품 참여율도 높아지고, 소비자 만족도도 올라간다. 지자체와 협력해 지역별 반품 거점을 만들거나, 산업단지 중심의 재활용 센터를 함께 운영하는 것도 좋은 방법이다.

결국, AI 기반 리버스 로지스틱스는 단순히 물류 효율을 높이는 기술이 아니라, 자원을 아끼고 환경을 보호하면서도 기업 경쟁력을 높일 수 있는 전략이다. 기술과 사람이 함께 협력하고, 다양한 기관과 기업이 손을 잡아야 비로소 실현할 수 있다. 이런 시스템이 자리 잡히면 우리는 물건을 다시 쓰고, 자원을 순환시키는 진짜 지속 가능한 물류 사회로 나아갈 수 있다. 이것이 바로 미래 물류의 새로운 표준이 될 것이다.

제4부

일상과 함께하는 물류, 미래로 나아가다

일상과 함께하는 물류, 미래로 나아가다

우리는 하루에도 여러 번 물류 서비스를 이용하며 살아간다. 아침에 문 앞에 도착한 신선식품, 점심시간에 시킨 배달 음식, 저녁에 도착한 온라인 쇼핑 택배까지. 물류는 이제 우리 생활 속 깊숙이 들어와 있다. 예전에는 물류가 공장이나 회사에서만 쓰이는 특별한 시스템이라고 생각했지만, 지금은 누구나 매일같이 경험하는 생활 인프라가 되었다.

특히 한국은 세계에서도 손꼽히는 물류 강국이다. 쿠팡의 로켓배송은 '오늘 주문하면 내일 도착하는' 것을 당연하게 만들었고, CJ대한통운은 전국 어디든 연결된 촘촘한 배송망을 구축했다. 이런 시스템은 이제 한국을 넘어 다른 나라에도 전해지고 있다. 'K-물류'라는 이름으로 한국식 빠르고 정확한 물류 모델이 세계로 뻗어가고 있는 것이다.

물류는 단지 물건을 옮기는 일에서 끝나지 않는다. 새로운 비즈니스 모델을 만드는 핵심이 되기도 한다. 예를 들어, 배달의민족이나 Uber Eats

같은 플랫폼은 물류 개념을 음식 배달에 접목해 새로운 일자리를 만들었고, 쿠팡의 로켓프레시나 아마존의 프라임 배송은 소비자들의 구매 습관 자체를 바꿨다. 크라우드소싱 택배나 공유창고처럼, 누구나 물류에 참여할 수 있는 방식도 등장하며 기존 유통의 틀을 흔들고 있다.

이제 물류는 점점 더 똑똑하고, 친환경적이며, 사람 중심으로 바뀌고 있다. 인공지능과 로봇이 물류 현장에 들어오면서 자동화가 빠르게 이루어지고 있고, 환경을 생각하는 '녹색 물류'도 중요한 과제가 되었다. 친환경 포장, 전기배송차 등 탄소 줄이기 실천이 물류 안에서도 활발히 이뤄지고 있다.

이처럼 물류는 단순히 '물건을 나르는 기술'을 넘어서, 경제 구조를 바꾸고, 환경을 지키며, 우리의 일상까지 바꾸는 중심이 되고 있다. 이 장에서는 우리 삶 속에 깊이 들어와 있는 물류의 다양한 모습과, 한국 물류의 경쟁력, 그리고 앞으로 어떤 모습으로 변화해 나갈지 함께 살펴보려 한다.

10장

K-물류, 한국이 물류 강국이 된 이유

 요즘 한국에서는 온라인 쇼핑을 하면 당일에 받을 수 있는 건 물론이고, 새벽에 오는 배송이나, 심지어 주문한 지 20분 안에 도착하는 '즉시배송'도 가능하다. 이렇게 빠르고 정확한 배송 서비스는 한국에서는 당연하게 여겨지지만, 사실 해외에서는 아직도 보기 힘든 일이다. 그래서 많은 나라들이 한국의 물류 시스템에 주목하고 있다.

 사람들은 이를 'K-물류'라고 부른다. K-팝, K-푸드처럼 'K'는 이제 한국의 경쟁력을 상징하는 이름이 되었고, 물류도 그만큼 빠르고 정교하다는 뜻에서 이런 이름이 붙은 것이다.

K-물류는 단지 배송이 빠르다는 것만을 말하지 않는다.

 어디에 어떤 물건이 있는지 실시간으로 확인하고, 고객에게 가장 가까운 창고에서 빠르게 출고하고, 정확한 시간에 도착하게 만드는 전체 시스템이 잘 갖춰져 있어야 한다. 이를 위해 자동화된 물류센터와 IT 기술,

인공지능(AI), 빅데이터 분석 등이 적극 활용되고 있다.

예를 들어 쿠팡은 자체 배송망과 물류센터를 통해 밤늦게 주문한 상품도 다음 날 아침 일찍 문 앞에 도착하게 한다. CJ대한통운이나 한진 같은 물류 기업들도 전국을 연결하는 강력한 물류 네트워크와 자동화 기술을 갖추고 있다. 이러한 시스템 덕분에 한국의 물류 기업들은 해외에서도 주목을 받고 있고, K-물류 모델이 다른 나라에 수출되기도 한다.

그렇다면 한국은 어떻게 이런 물류 강국이 될 수 있었을까?

우선, 한국은 땅이 좁고 인구 밀도가 높다. 이런 환경에서는 물류망을 효율적으로 만들지 않으면 배송 속도를 맞추기 어렵다. 그래서 물류 기업들은 더 정교한 시스템을 개발하게 되었고, 자연스럽게 물류 기술이 발달하게 되었다.

또 하나의 이유는 한국이 IT 강국이라는 점이다. 스마트폰 사용률이 세계 최고 수준이고, 인터넷 속도도 매우 빠르다. 이런 기술 환경은 물류에도 큰 영향을 줬다. 주문부터 배송까지 모든 과정을 온라인으로 추적하고, 실시간으로 데이터를 분석하는 시스템이 자연스럽게 자리 잡을 수 있었던 것이다.

마지막으로, 한국 소비자들의 기대 수준도 큰 역할을 했다. 많은 사람들이 '하루 안에 배송되는 것'을 당연하게 생각하고, 빠르고 정확한 서비스를 원했다. 이런 소비자의 요구에 맞추기 위해 기업들도 끊임없이 시스템을 개선하고 기술을 도입할 수밖에 없었다.

이처럼 K-물류는 환경, 기술, 소비자라는 세 가지 조건이 잘 맞아떨어지면서 발전해온 결과다.

이 장에서는 한국 물류가 왜 경쟁력을 가지게 되었는지, 앞으로 어떤 기회와 과제가 있는지 함께 살펴보려고 한다. K-물류가 세계에서도 인정받는 이유는 무엇인지, 또 앞으로 이 강점을 어떻게 더 키워나가야 할지 함께 생각해보자.

28. 한국 물류가 빠른 이유

한국은 온라인 쇼핑을 하면 몇 시간 안에, 빠르면 10분 안에도 택배를 받을 수 있는 나라다. 새벽배송, 당일배송, 즉시배송 같은 서비스가 당연하게 느껴질 정도다. 그런데 이런 빠른 배송은 해외에서는 아직도 보기 힘든 일이다. 그렇다면 한국은 어떻게 이렇게 빠른 물류 시스템을 만들 수 있었을까?

좁지만 촘촘한 나라, 물류에 딱 좋은 환경

한국은 지리적으로 보면 국토 면적이 넓지 않다. 하지만 이 작고 밀집된 공간이 오히려 물류 입장에서는 유리한 조건이 된다. 한국은 주요 도시들이 수도권을 중심으로 가까운 거리에 모여 있고, 인구 밀도도 세계적으로 높은 편이다. 서울, 인천, 경기 지역을 포함한 수도권에는 전체 인구의 절반 이상이 모여 살고 있어, 물류 거점 하나만 잘 세워도 많은 사람에게 빠르게 상품을 전달할 수 있다.

예를 들어, 서울에서 대전, 대구, 부산 같은 주요 도시까지도 하루 안에 화물을 보내는 것이 가능하다. 실제로 서울에서 부산까지의 거리는 약 400km 정도인데, 고속도로를 이용하면 5~6시간이면 도착할 수 있다. 이는 미국이나 유럽처럼 땅이 넓은 나라와 비교하면 엄청나게 빠른 물류 환경을 의미한다.

또한 한국은 고속도로, 철도, 항공, 항만이 촘촘히 연결되어 있다. 경부고속도로, 서해안고속도로 같은 전국적인 도로망과 함께, 철도도 물류 수송에 활용된다. 인천국제공항, 김포공항, 김해공항 등 주요 공항과 항만도

한국 물류는 왜 이렇게 빨라졌을까?

✓ 국토가 작고 인프라가 잘 갖춰져 있다

✓ 다양한 빠른 배송 모델 정착

✓ 오프라인 매장의 물류 거점화

✓ 첨단 기술 적극 도입

✓ 소비자들의 기대가 높고, 기업 간 경쟁도 치열하다

수도권과 가깝기 때문에, 수출입 물류까지도 효율적으로 연결할 수 있다. 덕분에 기업들은 여러 지역에 물류센터를 세우고, 이들을 하나의 네트워크로 묶어 빠르게 상품을 이동시킬 수 있는 기반을 갖추게 된 것이다.

이렇게 좁지만 인프라가 잘 갖춰진 한국의 지리적 특성은, 다른 어떤 나라보다도 빠르고 정밀한 물류 시스템을 구축하기에 좋은 조건이 된다.

빠르고 똑똑한 배송 시스템

한국은 온라인 쇼핑이 크게 성장하면서, 다양한 형태의 빠른 배송 서비스가 생겼다. 처음엔 단순히 택배가 빨라진 것이었지만, 지금은 하루 중 '언제' 받느냐에 따라 서비스가 다양해졌다.

① 새벽배송 – 아침 식탁에 신선한 식품이 도착한다

마켓컬리는 2015년에 새벽배송을 처음 시작했다. 밤 11시까지 주문하면 다음 날 아침 7시 전에 신선한 식품이 집 앞에 도착한다. 냉장·냉동을 유지하는 콜드체인 시스템으로 신선함을 유지한다. 이후 SSG닷컴도 전국 단위 새벽배송을 시작했고, 온라인물류센터 '네오'를 통해 자동으로 상품을 포장하고 출고하는 시스템을 갖췄다.[56]

② 당일배송 – 오늘 주문하면 오늘 도착

올리브영은 '오늘드림'이라는 이름으로 주문 후 평균 55분 이내, 최대 3시간 내에 배송하는 당일배송 옵션을 제공한다. 전국 1,300여 개 매장을 물류 거점처럼 활용해 빠른 배송을 실현했다.[57] 무신사는 오후 2시 전에 주문하면 당일 배송이 가능하도록 운영하고 있고, 네이버도 '오늘도착' 서비스를 통해 다양한 쇼핑몰과 물류 파트너를 연결해 당일배송을 실현하고 있다.

③ 즉시배송 – 10~30분 만에 도착하는 퀵커머스

배달의민족의 B마트나 쿠팡이츠마트는 생필품을 주문하면 10~30분 안에 도착한다. 서울과 수도권 중심으로 운영되며, 가까운 곳에 있는 작은 창고(다크스토어)를 활용해 가장 가까운 거점에서 바로 출고하는 방식이다.[58]

---

[56] "새벽배송 시대를 연 '마켓컬리'", 물류신문.(2021.6.10.)
[57] "오늘 당장 화장품이 필요하다면? ... 올리브영 '오늘드림'", iConsumer.(2021. 8. 31)
[58] "'빠름' 넘어 '가격' 승부수 던진 배민 B마트, 퀵커머스 생존 공식 바꾸나", 이코노믹리뷰 (2025.7.16.)

AI와 로봇이 만드는 스마트 물류

빠른 배송을 가능하게 하는 또 다른 비결은 '스마트 물류' 시스템이다. 여기에는 AI(인공지능), 빅데이터, 로봇 기술이 활용된다.

① 자동화 물류센터 – 로봇이 알아서 분류하고 이동

CJ대한통운의 '메가허브 곤지암'은 30만㎡ 규모의 최첨단 자동화 설비·AI 기반 스마트 물류센터다. 시간당 17만 개의 택배를 자동으로 분류할 수 있다.[59] 쿠팡은 고객의 주문 패턴을 AI로 분석해서, 자주 주문될 물건은 미리 가까운 물류센터에 배치해두는 예측 시스템도 운영하고 있다. 덕분에 '로켓배송'이 가능해졌다. SSG닷컴은 로봇이 직접 상품을 찾아 포장하는 '네오' 물류센터를 통해 빠른 신선식품 배송을 실현하고 있다.

② 배송 경로를 똑똑하게 계산하는 AI

배송을 빠르게 하려면 '어떤 경로로 가야 가장 빠를지' 아는 게 중요하다. 그래서 AI는 도로 상황, 날씨, 주문량 등을 실시간으로 분석해 가장 빠른 길을 계산한다. 쿠팡, 배달의민족 등은 이런 AI 시스템을 도입해 기사들이 더 효율적으로 배송할 수 있도록 돕는다. 미국의 UPS는 AI가 배송 경로를 최적화한 덕분에 연료도 줄이고 배송 시간도 단축했다고 한다.[60]

---

59 "메가허브 곤지암은 30만㎡ 규모…최첨단 자동화 설비·AI 기반 스마트 물류 구현", CJ Logistics,(2021. 9. 28)
60 이상근, "국제물류의 탄소배출 저감", 데일리로그(2024.4.15.)

③ 로봇과 드론 – 무인 배송 시대가 온다

배달의민족은 자율주행 배달 로봇 '딜리 드라이브'를 도입해 캠퍼스나 도심에서 테스트 중이다. 제주도에서는 드론으로 산간지역에 물건을 보내는 실험도 하고 있다. 앞으로는 로봇이나 드론이 직접 배달하는 시대가 올 수도 있다.

까다로운 소비자, 치열한 경쟁

한국의 소비자들은 세계에서 가장 '빠른 배송'에 익숙한 사람들 중 하나다. 오늘 주문하면 내일 도착하는 배송은 물론이고, 새벽에 받을 수 있는 서비스도 일상화되었다. 최근에는 10분 내로 도착하는 즉시배송 서비스도 빠르게 확산되고 있다. 그러다 보니 소비자들은 배송 속도뿐 아니라 포장 상태, 배송 기사님의 태도, 상품의 신선도까지 꼼꼼하게 살피는 경우가 많다. 조금만 늦거나 문제가 생겨도 바로 후기를 남기고, 다른 서비스를 이용하기도 한다.

이렇게 까다로운 소비자들의 눈높이에 맞추기 위해, 한국의 물류 시장에서는 치열한 경쟁이 벌어지고 있다. 쿠팡, 네이버, 마켓컬리, SSG닷컴, 배달의민족, 요기요 등 온라인 플랫폼과 유통 기업들은 고객 기대에 맞춰 더 빠르고 정밀한 서비스를 계속해서 개발하고 있다. 쿠팡은 자체 배송 조직인 '쿠팡친구'를 통해 로켓배송을 일상화했고, 마켓컬리는 신선식품을 위한 냉장·냉동 배송 시스템을 정교하게 구축했다. 네이버는 물류 파트너들과 협력해 판매자들이 당일배송을 쉽게 구현할 수 있도록 도와주는 플랫폼을 만들고 있다.

이뿐만 아니라 CJ대한통운, 한진, 롯데글로벌로지스 같은 전통 물류기업들도 뒤처지지 않기 위해 자동화 물류센터를 세우고, AI 기반 배송 시스템을 도입하고 있다. 물류 스타트업들도 유연한 시스템과 데이터 기술로 새로운 방식을 제시하고 있고, 기존 대기업들과 협업하거나 경쟁하며 시장을 더욱 빠르게 변화시키고 있다.

결국 이런 경쟁은 소비자에게 더 나은 서비스로 돌아오고, 동시에 한국 물류 시스템 전체의 수준을 끌어올리는 결과를 낳고 있다. 한국의 소비자와 기업은 서로 영향을 주고받으며, 세계적으로도 가장 진화된 물류 환경을 함께 만들어가고 있는 것이다.

이제 한국의 물류는 단순히 '빠른 택배'를 넘어서, 세계에서도 주목받는 혁신 모델이 되었다. 앞으로 AI, 드론, 로봇 기술이 더 발전하면, 한국의 물류 시스템은 전 세계에 새로운 기준이 될지도 모른다.

29. K-물류의 글로벌 확장

한국의 물류 산업은 이제 국내를 넘어 세계 무대로 뻗어가고 있다. '빠르고 정확한 배송'이라는 강점을 바탕으로, 쿠팡, CJ대한통운, 한진, LX판토스, 현대글로비스 같은 기업들이 세계 여러 나라에서 활약하고 있다. 단지 택배를 빠르게 보내는 수준을 넘어서, 자동화 물류센터, AI 기반 예측 물류, 새벽배송·즉시배송 같은 새로운 물류 모델을 해외에서도 펼치고 있는 것이다.

특히 한국 물류 기업들은 IT 기술과 디지털 역량이 뛰어난 덕분에, 현지 기업보다 한 발 앞선 시스템을 제시하며 주목받고 있다. 한국에서 발전한 'K-물류' 모델은 이제 미국, 일본, 유럽, 동남아시아, 중동 등 다양한 지역에서 새로운 기준이 되어가고 있다.

물류기업의 글로벌 전략

미국 - 세계 최대 물류 강국의 글로벌 전략

미국은 아마존, UPS, FedEx 같은 글로벌 물류기업들의 본거지다. 이들은 전 세계를 무대로 강력한 물류 네트워크를 운영하며 스마트 물류 기술을 끊임없이 발전시키고 있다. 아마존은 전 세계 100개 이상의 풀필먼트 센터를 운영하며, 미국뿐 아니라 유럽, 아시아, 중동에까지 물류 거점을 확장했다. 로봇이 상품을 자동으로 분류하고 이동시키는 '아마존 로보틱스' 시스템을 통해 초고속 물류를 구현하고 있으며, 드론 배송도 실험 중이다.

UPS는 220개국 이상에서 항공·육상 운송을 운영 중이며, 독일·중국·싱가포르 등에 대형 허브를 운영하고 있다. 'UPS 마이초이스' 같은 플랫폼을 통해 소비자도 국제 택배를 쉽게 추적·관리할 수 있도록 만들었다.[61] FedEx는 국제 항공 운송에서 선두를 달리고 있다. B2B 중심 물류를 강화하며, e커머스 기업과의 협력도 활발하다. 스마트 센서를 이용해 온도를 자동 조절하는 고부가 물류 서비스도 운영한다.

일본 - 정밀한 운영의 글로벌화

일본 물류 기업들은 '정확하고 섬세한 서비스'라는 특유의 강점을 기반

---

[61] https://www.ups.com/kr/ko/track/ups-my-choice

으로 해외 진출에 나서고 있다. 야마토 운수는 '쿠로네코 국제 택배'를 통해 일본 소비자가 해외로 물건을 쉽게 보낼 수 있도록 지원하고, 일본산 제품을 외국 소비자에게 직접 배송하는 해외 직구 서비스를 확대 중이다. 일본통운(Nippon Express)은 유럽과 동남아에 물류 거점을 세우고, 반도체 · 화학제품 같은 산업용 물류에도 강점을 보인다. 특히 유럽-중국 간 철도 물류 노선 운영은 눈에 띄는 전략이다. 사가와 익스프레스는 동남아를 중심으로 물류 네트워크를 확장하고 있다. 냉장 배송(콜드체인)과 e커머스 지원 서비스도 병행하며, 일본의 정밀 물류 시스템을 해외에 전파하고 있다.

유럽 - 육해공 통합형 글로벌 물류 허브

유럽은 다양한 나라들이 밀접하게 연결돼 있어, 철도 · 해운 · 항공을 연계한 통합 물류 전략을 펼치기 좋다. DHL은 전 세계 220여 개국에서 물류 서비스를 운영하며, 독일을 중심으로 중국 · 미국 · 싱가포르 등에 글로벌 허브를 운영하고 있다. 드론 배송, AI 기반 경로 최적화 등 디지털 물류 기술을 선도하고 있다. 머스크(Maersk)는 세계 최대 해운회사로, 전체 해상 물동량의 17% 이상을 차지한다. 최근에는 메탄올 연료로 운항하는 친환경 선박을 도입하며, 지속 가능한 해운 물류에 집중하고 있다. DB Schenker는 유럽 전역에서 철도 물류를 강화하고, 중국과 유럽을 잇는 '신 실크로드' 철도 운송에 적극 참여하고 있다. 항공 물류도 확대해 유럽-아시아 공급망을 연결하고 있다.[62]

---

[62] "DB Schenker leverages China-Laos Railway to expand Cross-border Logistics Services"(출처: https://www.dbschenker.com/kh-en/insights/blog/db-schenker-leverages-china-laos-railway)

한국 물류 기업들의 글로벌 확장

쿠팡 – '로켓배송'의 해외 진출과 현지화 전략

쿠팡은 한국에서 성공한 '로켓배송' 모델을 기반으로 미국, 일본, 대만 등 해외 시장으로 사업을 넓히고 있다. 미국에서는 로스앤젤레스 인근에 물류센터를 세우고 '쿠팡글로벌 US'를 통해 한국 상품을 빠르게 공급하며, 실리콘밸리와 시애틀에 기술 조직을 두어 물류 시스템의 효율성을 높이고 있다. 일본에서는 2021년 '쿠팡 재팬'을 설립해 즉시배송을 시도했으나 철수 후, 2025년 도쿄에서 음식 배달 서비스 'Rocket Now'를 재개했다. 대만은 가장 성공적인 해외 진출 사례다. 2022년 시장에 진입해 '로켓배송'을 본격화했고, 2023년 타오위안에 제2물류센터를 구축했다. 빠른 배송과 편리한 앱 환경 덕분에 대만 쇼핑 앱 1위에 오르며 안정적으로 자리 잡았다.[63]

쿠팡은 국가별 소비자 특성과 물류 인프라 수준에 맞춰 서비스와 전략을 유연하게 조정하며, K-물류를 대표하는 글로벌 플레이어로 성장하고 있다

CJ대한통운 – 글로벌 네트워크와 지역 거점 강화

CJ대한통운은 현재 전 세계 46개국, 288개 도시에서 사업을 운영하며, 아시아를 넘어 미국과 유럽, 중동으로 네트워크를 확장하고 있다.

미국 동부·서부에 풀필먼트 센터를 설립해 아마존 물류를 지원하고, 한국 제품을 미국 소비자에게 빠르게 전달하는 공급망을 운영한다. 동남

---

[63] https://en.wikipedia.org/wiki/Coupang

아시아에서는 베트남을 거점으로 자동화 물류센터와 콜드체인 시스템을 구축해 급성장하는 전자상거래 시장에 대응하고 있다. 중동 지역 진출의 대표 사례로는 2023년 사우디아라비아에 '글로벌권역물류센터(GDC)'를 구축한 것이 있다. 이를 통해 중동·아프리카 시장까지 한국 제품 수출을 지원하는 허브 역할을 하고 있다.[64]

LX판토스 – 글로벌 해상·항공 물류를 강화하는 물류기업

LX판토스는 전 세계 40여 개국에서 해상, 항공, 육상, 철도를 연결한 복합 물류 서비스를 운영하며, 글로벌 공급망에서 경쟁력을 높이고 있다. 2025년에는 Ocean Network Express와 합작해 미국 내 복합 운송 전문 회사 'Boxlinks LLC'를 설립, 미 전역에서 철도와 트럭을 연계한 내륙 운송 서비스를 강화했다. 같은 해 미국 조지아주 물류 허브를 인수해 북미 물류 거점을 확대했으며, 중국·유럽·한국을 잇는 철도 루트를 운영해 K-이커머스 수출 물량을 효율적으로 처리하고 있다

한진 – 해상 운송 중심의 글로벌 네트워크 강화

한진은 해운 물류의 강점을 살려 동남아·유럽·미국을 연결하는 국제 해상 운송망을 확장하고 있다. 한국 제조기업의 해외 생산공장과 소비시장 간 공급망 안정화에 기여하며, 자동차 부품·전자제품 등 고부가가치 화물을 운송한다. 동남아에서는 베트남·태국을 거점으로, 유럽·미국에서는 파트너 선사와 협력해 항로 다변화 및 운임 변동 대응하고 있다.[65]

---

[64] "The World's leading Logistics company"(출처: https://www.cjlogistics.com/en/network)
[65] "Hanjin poised for aggressive overseas expansion in 2024", The Korea Times(2024.1.26.)

쿠팡, CJ대한통운, LX판토스, 한진은 각기 다른 강점을 바탕으로 해외 시장을 공략하고 있다.

쿠팡은 빠른 배송 서비스의 현지화를 통해 소비자 경험을 차별화하고, CJ대한통운은 대규모 글로벌 네트워크와 거점 물류 허브를 구축하며, LX판토스는 항공·해상·철도 복합 운송으로 글로벌 공급망의 연결성을 강화하고 있다. 한진은 해상 운송 강점을 살린 글로벌 네트워크를 강화하고, 무신사는 현지 물류 거점 기반 K-패션 글로벌 확대를 꾀하고 있다. 이들 기업은 각자의 핵심 역량을 토대로 K-물류의 세계화를 이끌고 있으며, 향후 AI 물류 최적화·ESG 물류·현지 맞춤 서비스 확대를 통해 글로벌 시장에서 경쟁력을 강화할 것으로 전망된다. 이러한 전략은 K-물류의 위상을 높이는 동시에, 향후 한국 물류 산업이 세계 시장에서 지속적으로 성장할 수 있는 기반을 마련하고 있다.

K-물류의 글로벌 확장 전략과 가능성

한국 물류 기업들이 해외 시장에서 주목받는 이유는 분명하다. 한국은 좁은 땅에 빠르고 정교한 물류 시스템을 발전시켜왔고, 소비자의 까다로운 요구에 맞춰 배송 속도, 정확성, 편리함을 동시에 높여왔다. 이런 경험과 기술력은 글로벌 시장에서도 충분히 경쟁력이 있다. 앞으로 K-물류의 글로벌 확장을 위해 다음과 같은 전략이 중요하다

① **현지화 + 한국식 속도 전략 :**

한국의 빠른 배송 모델을 그대로 적용하기보다, 현지 문화와 유통 인프라에 맞춘 형태로 조정하면서도 '빠르고 정확한 배송'이라는 핵심 가치는

유지하는 전략이 필요하다.

② AI와 자동화 물류의 수출 :

단순한 물류 인프라 수출을 넘어, AI 기반 수요 예측, 자동화 물류창고 시스템, 경로 최적화 기술 등 '스마트 물류 솔루션'을 함께 수출해야 한다.

③ 글로벌 이커머스와의 파트너십 확대 :

미국, 일본, 동남아의 플랫폼 기업과 적극적으로 협력해 K-콘텐츠 물류 수요를 유치하고, 공동 브랜드를 통해 인지도를 높여야 한다.

④ 친환경 물류 전략 병행 :

글로벌 시장에서는 ESG 요소도 매우 중요하다. 재사용 포장재, 탄소 중립 물류시스템, 친환경 운송 수단 등 전략을 함께 추진해야 신뢰를 얻을 수 있다.

K-물류는 이제 '글로벌 표준'을 향해 간다

한국 물류는 더 이상 국내용이 아니다. 쿠팡, CJ대한통운, 한진, LX판토스, 무신사 같은 기업들이 앞장서서, 미국·일본·유럽·동남아 등 세계 시장에서 한국식 물류 시스템을 전파하고 있다. 이제 한국은 단순히 '물류를 잘하는 나라'를 넘어, '스마트하고 지속 가능한 글로벌 물류의 기준을 제시하는 나라'로 자리 잡고 있다.

앞으로 K-물류는 기술, 속도, 친환경을 아우르는 새로운 글로벌 물류 모델이 될 것이다. 이 흐름에 기업과 정부, 소비자 모두가 함께 참여한다면, 한국은 진정한 글로벌 물류 허브로 도약할 수 있다.

30. 한국이 물류 강국이 되기 위한 과제

한국은 전 세계에서도 손꼽히는 빠르고 효율적인 물류 시스템을 갖춘 나라다. 쿠팡의 로켓배송, 마켓컬리의 새벽배송, 올리브영의 3시간 배송처럼 다양한 서비스가 우리의 일상에 자연스럽게 스며들었다. CJ대한통운, 한진, LX판토스 같은 물류 기업들은 인공지능과 자동화를 적극 도입하면서 세계 시장에서도 경쟁력을 키우고 있다.

하지만 앞으로도 '진짜' 물류 강국이 되기 위해선 넘어야 할 산이 많다. 한국 물류가 글로벌 경쟁에서 앞서 나가려면, 기술 투자만큼이나 국제 협력과 지속 가능성에 대한 고민도 필요하다.

한국 물류가 해결해야 할 주요 과제

한국은 빠르고 정교한 물류 시스템을 바탕으로 'K-물류'라는 이름으로 세계 시장에 진출하고 있지만, 아직 '글로벌 물류 강국'으로 도약하기 위해서는 넘어야 할 과제가 많다. 특히 해외 거점 부족,

자동화와 로봇의 도입 부족, 친환경 물류시스템 문제, 공급망 리스크는 대표적인 도전 과제다.

첫째, 해외 물류 거점의 부족이다.

한국의 많은 물류 기업들은 아직 국내 중심의 구조에 머물러 있다. 반면, 미국의 UPS나 독일의 DHL 같은 글로벌 기업들은 이미 전 세계에 수많은 물류 허브를 구축해 탄탄한 네트워크를 운영하고 있다. 한국도 최근 들어 베트남이나 폴란드 등에 물류센터를 세우고 있지만, 아직 규모나 범위에서 차이가 크다. 앞으로는 CJ대한통운처럼 동남아시아와 유럽 등 다양한 지역에 'K-물류 거점'을 확대하고, 현지 물류 기업들과 협력해 유연한 글로벌 공급망을 만들어야 한다. 해외에 안정적인 거점이 많아질수록 물류 경쟁력은 자연스럽게 커질 수밖에 없다.

[표4-1] 한국 물류가 해결해야 할 과제와 대응 방향

과제	현황	필요 대응 방향
해외 물류 거점 부족	국내 중심 구조, 해외 거점 수·규모 제한	동남아·유럽 등 거점 확대, 현지 물류 기업과 협력, 유연한 글로벌 공급망 구축
자동화·로봇 도입 미흡	일부 대형센터에만 자동화·로봇 적용, 전반적 수준은 미국·일본 대비 낮음	전국적 스마트 물류센터 확산, 로봇 기반 스마트 물류 기술 본격 도입
친환경 물류 전환 필요	빠른 배송 확산으로 트럭 운행·포장재 사용 증가, 탄소 배출·폐기물 문제 심화	전기·수소차 배송 확대, 재사용·재활용 포장재 도입, 정부 지원·인센티브 강화
글로벌 공급망 리스크와 비용증가	전쟁·팬데믹·기후변화 등 변수로 공급망 불안, 물류비 상승	공급망 다변화, 복합운송(철도·항공·해운) 전략, 유라시아 철도 활용으로 안정성 강화

둘째, 자동화와 로봇 도입이 아직 부족하다는 점이다.

최근 일부 물류기업들이 AI나 자동 분류 시스템을 도입하고 있지만, 전반적인 자동화 수준은 미국이나 일본에 비해 뒤처져 있다. 예를 들어, 아마존은 이미 물류 로봇과 드론을 활용한 무인 물류 시스템을 시험 운행하고 있지만, 한국에서는 아직 이런 기술이 일부 대형 센터에만 국한돼 있다. 앞으로는 CJ대한통운의 '메가허브 곤지암'처럼 자동화 기술을 적용한 물류센터를 전국적으로 확대하고, 로봇 기반의 스마트 물류 기술을 본격적으로 확산시켜야 한다. 이는 물류 속도 향상뿐 아니라, 노동력 부족 문제까지 해결할 수 있는 중요한 열쇠가 될 수 있다.

셋째, 친환경 물류 시스템 구축이 시급하다.

빠른 배송이 일상이 되면서 트럭 운행과 포장재 사용이 늘어났고, 그만큼 탄소 배출과 쓰레기 문제도 커지고 있다. 유럽은 이미 전기트럭과 수소트럭을 적극 도입하고 있고, 재활용 가능한 포장재 사용도 의무화하는 등 친환경 물류를 중요한 경쟁 요소로 인식하고 있다. 한국도 이에 발맞춰 전기·수소차 기반 배송을 확대하고, 포장재는 최소화하거나 재사용 가능한 재질로 바꿔야 한다. 이미 CJ대한통운 등은 친환경 차량을 도입하고 있지만, 이를 전국적으로 확산하려면 정부의 제도적 지원과 인센티브도 함께 필요하다. 친환경 물류는 단지 환경 보호를 위한 선택이 아니라, 앞으로 세계 시장에서 신뢰받기 위한 필수 조건이다.

마지막으로, 글로벌 공급망의 불안정성과 물류 비용 증가도 해결해야 할 과제다.

전쟁, 팬데믹, 기후 변화 등 예측 불가능한 변수들로 인해 전 세계 공급망이 흔들리고 있고, 이에 따라 물류비도 꾸준히 상승하고 있다. 이런 시대에는 특정 국가나 경로에만 의존하는 구조는 큰 위험이 될 수 있다. 따라서 일본처럼 공급망을 다양화하고, 철도·항공·해운을 모두 연결하는 복합운송 전략이 필요하다. 특히 유라시아 철도를 활용한 물류 노선은 날씨나 지정학적 리스크를 줄이고, 보다 안정적인 물류 흐름을 만드는 데 도움이 될 수 있다.

결국 한국이 물류 강국으로서 경쟁력을 유지하고 더 나아가려면, 기술·환경·네트워크·정책의 균형 잡힌 전략이 필요하다. 이 네 가지 과제를 하나씩 해결해나간다면, 한국 물류는 더 넓은 세계로 나아갈 수 있을 것이다.

글로벌 물류 기업의 확장 전략

미국, 일본, 유럽의 대표적인 물류 기업들은 이미 글로벌 물류 시장에서 오래전부터 활동해 왔다. 이들은 단순히 배송만 빠른 것이 아니라, 전 세계에 물류 허브를 만들고, 다양한 운송 수단을 조합하며, 지속 가능한 시스템을 구축하고 있다.

[표4-2] 글로벌물류기업의 글로벌전략

국가/지역	기업	글로벌 전략
미국	아마존	100개 이상 풀필먼트 센터, AI · 로봇 자동화, 드론 배송 기술
미국	UPS	220개국 물류 서비스, 항공 · 육상 허브, 실시간 추적 시스템
미국	FedEx	글로벌 항공망, 센서 기반 스마트 물류 시스템
일본	야마토운수	'쿠로네코 택배'로 미국 · 동남아 확장
일본	일본통운	자동차 · 반도체 특화 글로벌 B2B 물류망 구축
유럽	DHL	가장 넓은 국제 물류망, 드론 · AI 친환경 물류
유럽	머스크(Maersk)	해운 세계 1위, 탄소중립 선박 도입
유럽	DB Schenker	유럽 철도 · 항공 물류 확대, 중 · 유럽 철도 노선 활용

- 미국의 아마존은 전 세계에 100개 이상의 풀필먼트 센터를 운영하며, 로봇과 AI를 활용한 자동화 물류 시스템을 선도하고 있다. 드론을 활용한 무인 배송 기술도 실험 중이며, 글로벌 이커머스 배송의 속도와 정확도를 높이고 있다.
- UPS는 220개국 이상에서 물류 서비스를 제공하며, 각국에 항공 · 육상 물류 허브를 구축했다. 개인이 국제 배송을 실시간으로 추적하고 관리할 수 있는 시스템도 함께 운영 중이다.
- FedEx는 항공 물류에 강점을 가진 기업으로, 유럽과 아시아를 연결하는 글로벌 항공망을 구축하고, 센서 기반 스마트 물류 시스템도 확대하고 있다.
- 일본의 야마토운수는 '쿠로네코 택배(International TA-Q-BIN)' 브랜드로 동남아, 미국 등 주요 지역을 연결하는 택배 서비스를 확대하고 있다.

일본통운은 자동차와 반도체 물류에 특화된 글로벌 B2B 물류망을 구축했고, 사가와익스프레스는 동남아 시장에서 냉장물류와 이커머스 배송 지원을 강화하고 있다.
- 유럽의 DHL은 전 세계에서 가장 넓은 국제 물류망을 운영하며, 드론과 AI를 활용한 친환경 스마트 물류를 선도하고 있다. 머스크(Maersk)는 해운 분야에서 세계 1위이며, 탄소중립 선박 도입을 통해 지속 가능성 측면에서도 앞서 나가고 있다. DB Schenker는 유럽 철도 및 항공 물류를 확대하며 중국~유럽 간 철도 물류 노선을 적극 활용하고 있다.

이처럼 글로벌 물류 기업들은 이미 전 세계를 무대로 물류 네트워크를 확장하고 있으며, AI·로봇 기술과 지속 가능한 전략을 바탕으로 글로벌 경쟁력을 높여가고 있다. 한국 역시 이들과 어깨를 나란히 하기 위해선 글로벌 전략의 재정비가 필요하다.

바람직한 정부와 기업의 글로벌 물류 전략

한국이 글로벌 물류 강국으로 도약하려면 정부와 기업이 각각의 역할을 분담해 전략적으로 협력하는 것이 중요하다. 정부는 제도와 인프라를 다지고, 기업은 현장에서 기술 혁신과 실행력을 발휘해야 한다.

정부는 먼저 해외 물류 거점 확대를 적극 지원해야 한다. 미국, 유럽, 동남아 등 주요 지역에 전략적 물류센터를 구축하도록 뒷받침하고, 국내 물류기업이 해외에서 창고와 네트워크를 확보할 수 있도록 금융과 세제 혜택을 제공해야 한다. 또한 국제 물류 협력을 강화해, 전자통관 시스템과 디지털 화물 추적 기술을 주요 교역국과 연계하는 방안도 중요하다.

친환경 물류 인프라 확대도 정부의 핵심 역할이다. 전기트럭, 수소트력 도입에 인센티브를 제공하고, 물류 탄소배출 모니터링 시스템을 구축해 국제 규제에도 선제적으로 대응해야 한다. 동시에 AI · 로봇 물류기술 육성을 위한 연구개발과 투자 확대도 필요하다.

[표4-3] 정부와 기업의 글로벌 물류 전략

구분	주요 전략	세부 내용
정부 역할	해외 물류 거점 확대 지원	미국 · 유럽 · 동남아 전략적 센터 구축 지원, 해외 창고 · 네트워크 확보 시 금융 · 세제 혜택 제공
	국제 물류 협력 강화	주요 교역국과 전자통관 시스템 · 디지털 화물 추적 기술 연계
	친환경 인프라 확대	전기 · 수소트럭 도입 인센티브 제공, 물류 탄소배출 모니터링 시스템 구축
	물류기술 R&D 지원	AI · 로봇 물류기술 연구개발과 투자 확대
기업 역할	현지 네트워크 구축	해외 물류센터 · 풀필먼트 거점 운영, 현지 배송사와 협력해 라스트마일 강화
	복합운송 체계 운영	해상 · 항공 · 철도 · 육상 운송을 유연하게 연결
	자동화 기술 도입	AI · 로봇 기반 자동 분류, 무인 재고관리, 디지털 트윈 운영체계 도입
	ESG · 친환경 경영	전기차 배송 확대, 지속 가능한 포장 시스템 마련
	K-이커머스+한류 전략	한류 콘텐츠와 결합해 한국 브랜드 가치와 물류 서비스 동반 수출

기업은 해외 진출을 위해 현지 물류센터와 풀필먼트 네트워크 구축에 힘써야 한다. 각 지역의 소비자 특성에 맞춘 맞춤형 물류 거점을 운영하고, 마지막 배송 단계에서는 현지 배송사와 협력해 라스트마일을 강화해야 한다. 더불어 복합운송 체계를 통해 해상, 항공, 철도, 육상 운송을 유연하게 연결하는 전략도 필요하다.

기업들은 또한 자동화 기술 도입에 속도를 내야 한다. AI와 로봇 기반의 자동 분류 시스템, 무인 재고관리, 디지털 트윈 기반의 운영 체계는 글로벌 경쟁력 확보의 핵심이다. 여기에 친환경 경영과 ESG 전략도 함께 추진해, 전기차 배송 확대와 지속 가능한 포장 시스템을 마련해야 한다. 마지막으로, 한류 콘텐츠와 결합한 K-이커머스 물류 전략을 통해 한국 브랜드의 가치를 물류 서비스와 함께 수출하는 방식도 주목받고 있다.

이처럼 정부는 기반을 만들고, 기업은 현장에서 실행할 때, 한국은 글로벌 물류 무대에서 지속 가능한 경쟁력을 갖출 수 있다.

Column 10

스마트물류 : 혁신과 지속가능성의 결합

스마트물류(smart logistics)는 빠르고 정확한 물류 처리를 가능하게 할 뿐 아니라, 환경을 생각하는 지속 가능한 물류 방식으로 자리잡고 있다. 최근 몇 년 사이 물류업계에서는 인공지능(AI), 사물인터넷(IoT), 로봇, 빅데이터, 블록체인 같은 다양한 기술이 도입되면서 물류 전 과정이 크게 바뀌고 있다. 물건을 어디에 두었는지, 어떻게 보내야 빠른지, 고객이 언제 받을지 등을 기술이 대신 판단해주는 것이다.

이런 흐름을 선도하고 있는 대표적인 기업들이 있다. 아마존은 창고 안에서 로봇이 물건을 가져다주는 시스템(Kiva)을 도입했고, 드론을 통해 하늘에서 배송하는 실험도 하고 있다. AI로 고객의 주문을 미리 예측해 재고를 미리 준비해두기도 한다. 알리바바는 전 세계 물류 데이터를 실시간으로 분석해 가장 효율적인 배송 경로를 계산하고, 물류센터에서는 로봇과 인공지능이 작업을 분담한다. DHL은 자동 분류 시스템과 위치 추적 시스템을 통해 빠르고 정확한 물류 처리를 실현하고 있으며, 머스크는 해상 운송에서도 IoT 센서와 블록체인을 활용해 투명하고 안전한 물류를 가능하게 하고 있다. 국내 기업인 쿠팡도 AI와 자동화 창고를 통해 주문 후 24시간 이내 배송을 실현하며 고객 만족을 높이고 있다.

스마트 물류의 발전은 기술 혁신과 함께 더욱 가속화될 것이다.
스마트 물류는 AI와 빅데이터의 확대 적용, IoT와 블록체인의 결합, 자동화와 로봇공학의 발전, 친환경 물류의 확산, 고객 중심의 서비스 강화를 통해 더욱 가속화될 전망이다.

첫째 전망은 AI와 빅데이터의 확대 적용이다.
AI 기반 예측 모델은 고객 수요를 정확하게 예측하고, 재고 관리와 물류 경로 최적화를 지원할 것이다. 빅데이터 분석은 물류 과정에서 발생할 수 있는 문제를 사전에 예측하고, 예방 조치를 취하는 데 도움을 줄 것이다.

둘째 전망은 IoT와 블록체인의 결합이다.
IoT 센서는 실시간으로 화물의 위치와 상태를 모니터링하고, 블록체인은 모든 거래와 문서를 안전하게 기록하여 데이터의 무결성을 보장할 것이다. 이는 무역 과정에서 발생할 수 있는 사기와 오류를 방지하는 데 중요한 역할을 할 것이다.

셋째 전망은 자동화와 로봇공학의 발전이다.
자동화 창고와 로봇 크레인, 무인 운반 차량(AGV) 등은 물류 처리 용량을 증가시키고, 고객에게 더 빠른 배송 서비스를 제공하는 데 중요한 역할을 할 것이다.

넷째 전망은 친환경 물류의 확산이다.
전기 배송 차량, 저유황 연료, 친환경 포장재 등 다양한 친환경 기술과 전략은 탄소 배출을 줄이고, 환경 보호에 기여할 것이다. 기업들은 친환경 물류를 통해 사회적 책임을 실현하고, 지속 가능한 발전을 추구할 것이다.

다섯째 전망은 고객 중심의 서비스 강화이다.
스마트 물류는 고객 만족도를 극대화하는 데 중요한 역할을 할 것이다. 실시간 추적 시스템과 빠른 배송 서비스와 고객의 요구에 맞춘 개인화된 물류 서비스는 고객 충성도를 높이고, 기업의 경쟁력을 강화하는 데 기여할 것이다.

물류기업은 스마트물류 시대에 적응하고 경쟁력을 유지하기 위해 새로운 전략이 필요하다.

디지털 혁신이 빠르게 진행되면서 물류 산업도 큰 변화를 겪고 있다. 스마트 물류는 인공지능(AI), 사물인터넷(IoT), 빅데이터, 로봇공학 등의 기술을 활용하여 물류 과정을 최적화하고, 고객 만족도를 높이며, 환경 지속 가능성을 추구한다. 이런 변화에 적응하고 경쟁력을 유지하기 위해 물류 기업들은 새로운 전략이 필요하다. 새로운 전략 수립시 고려할 사항은 다음과 같다.

첫째, 스마트물류의 핵심은 디지털 전환이다.
물류 기업들은 기존의 아날로그 방식을 벗어나 디지털 기술을 도입해야 한다. 이는 데이터를 수집, 분석, 활용하여 물류 프로세스를 최적화하고, 실시간으로 정보를 공유함으로써 투명성과 신뢰성을 높이는 것을 의미한다. 디지털 전환을 위해서는 데이터 기반 의사결정을 통해 IoT 센서와 빅데이터 분석을 활용하여 물류 데이터를 실시간으로 수집하고 분석하여 효율적인 의사결정을 내려야 한다.

둘째, 물류기업들은 AI와 자동화 기술을 도입하여 작업의 속도와 정확성을 높여야 한다.
AI와 자동화 기술은 물류 작업의 효율성을 극대화하고 인력 비용을 절감하는 데 중요한 역할을 한다. AI를 활용하여 수요 예측, 재고 관리, 물류 경로 최적화 등을 수행할 수 있다. 이는 고객의 요구에 신속하게 대응하고 재고 부족이나 과잉을 방지하는 데 도움을 줄 것이다.

셋째, 지속가능성은 현대 물류의 중요한 과제이다.
물류 기업들은 환경 보호를 위해 친환경 기술과 전략을 도입해야 한다. 이는 기업의 사회적 책임을 실현하고 장기적인 경쟁력을 유지하는 데 중요하다. 친환경 차량을 도입하여 전기 배송 차량, 하이브리드 차량, 저유황 연료를 사용하는 선박 등을 도입함으로써 탄소 배출을 줄일 수 있다.

넷째, 고객 만족도는 물류기업의 성공에 중요한 요소이다.
물류 기업들은 고객의 요구를 충족시키고 편리하고 신뢰할 수 있는 서비스를 제공해야 한다. 실시간 추적 시스템을 통해 고객이 배송 상태를 실시간으로 확인할 수 있는 시스템을 제공하여 신뢰성을 높일 수 있다. 또한, 고객의 요구에 맞춘 빠른 배송 서비스를 제공하여 만족도를 높일 수 있다.

다섯째, 물류는 다양한 이해관계자 간의 협력이 필수적이다.
물류 기업들은 전략적 파트너십을 통해 효율성을 높이고 경쟁력을 강화할 수 있다. 공동 물류 네트워크를 구축하여 여러 기업이 공동으로 물류 네트워크를 구축하면 물류 비용을 절감하고 효율성을 높일 수 있다.

스마트물류 시대는 물류기업에게 많은 도전과 기회를 제공한다.
디지털 전환, AI와 자동화 기술 도입, 지속가능성 추구, 고객 중심의 서비스 강화, 협력과 파트너십 강화를 통해 물류기업들은 스마트물류 시대에 성공적으로 대응할 수 있을 것이다. 이러한 전략들은 물류 프로세스의 효율성을 높이고 고객 만족도를 증대시키며, 환경 보호를 실현하는 데 중요한 역할을 할 것이다. 궁극적으로 스마트물류는 물류 산업의 미래를 선도하고 지속가능한 발전을 이끄는 데 필수적인 요소가 될 것이다.

11장

물류가 만드는 새로운 비즈니스 모델

 물류는 이제 단순히 물건을 옮기는 작업이 아니다. 사람들의 생활 방식이 바뀌고, 기술이 발전하면서, 물류는 새로운 비즈니스 모델을 만드는 중요한 도구가 되고 있다. 과거에는 대형 물류 기업이 주도하던 영역이었지만, 지금은 스타트업이나 플랫폼 기업들도 물류를 활용해 전혀 새로운 서비스를 만들고 있다.

 예를 들어, 배달의민족이나 우버이츠 같은 음식 배달 서비스는 '공유경제' 모델을 적용해 누구나 배달원이 될 수 있도록 만들었다. 덕분에 새로운 일자리가 생기고, 음식 배달 시장도 빠르게 커졌다. 쿠팡의 로켓프레시, 아마존 프라임 같은 서비스는 매달 일정 요금을 내고 정기적으로 신선식품이나 생필품을 배송받는 정기구독형 물류 모델로, 사람들의 쇼핑 습관을 완전히 바꿔놓았다.

 또한 크라우드소싱 물류도 확산되고 있다. 일반인이 자신의 차량이나 자전거를 이용해 택배 배송에 참여하는 방식인데, 이로 인해 물류 서비스는 더 유연해지고, 일손이 부족한 시간대나 지역에서도 효율적인 배송이 가능해졌다.

이처럼 물류는 더 이상 '백그라운드 서비스'가 아니다. 고객의 경험을 바꾸고, 전혀 새로운 방식의 소비 문화를 만들어내는 주인공이 되고 있다. 이 장에서는 다양한 신유형 물류 서비스 사례를 살펴보며, 물류가 어떻게 새로운 비즈니스 기회를 만들고 있는지, 그리고 앞으로 어떤 모습으로 진화할 수 있을지 함께 생각해보고자 한다.

31. 공유경제와 물류

물류는 더 이상 대기업과 택배사만의 영역이 아니다. 이제는 플랫폼과 기술을 통해 누구나 참여할 수 있는 시대가 열리고 있다. 공유경제와 긱(Gig) 경제가 물류에 결합되면서, 음식 배달부터 택배, 창고까지 물류의 모든 과정이 유연하게 바뀌고 있다.[66] 이 변화는 한국뿐만 아니라 미국, 일본, 유럽 등 세계 여러 나라에서 동시에 일어나고 있으며, 물류의 속도, 비용, 유연성 측면에서 새로운 혁신을 만들어내고 있다. 아래에서는 공유경제와 긱 경제가 만들어낸 물류 혁신을 3가지 측면에서 살펴본다.

---

[66] 이상근, "정규직, 긱(Gig) 근로자와 로봇의 일자리 전쟁", 코스메틱저널코리아(2022년 10월호)

공유경제 기반 배달 서비스 : 플랫폼이 연결하는 배달원과 고객

과거에는 음식 배달이 프랜차이즈 중심이거나, 특정 식당이 자체 배달원을 두고 운영하는 방식이었다. 그러나 플랫폼 기술이 발전하면서, 누구나 시간과 장소에 구애받지 않고 배달에 참여할 수 있는 구조가 만들어졌다.

[표4-4] 공유경제 기반 배달 서비스

지역/국가	주요 플랫폼	특징 및 전략
한국	배달의민족, 쿠팡이츠	– 개인 배달원(라이더)과 고객을 앱으로 실시간 연결 – 자전거 · 오토바이로 누구나 참여 가능 – 원하는 시간에 자유롭게 일할 수 있는 긱 경제 모델
미국	Uber Eats, DoorDash	– Uber Eats : 차량 공유 서비스 기반에서 음식 배달 확장 – DoorDash : 일반인 참여 가능, AI 경로 분석 · 실시간 배차 · 고객 평점 시스템으로 효율 극대화
일본	라쿠텐 익스프레스, 데마에칸	– 라쿠텐 익스프레스 : 쇼핑~배송 통합 시스템 – 데마에칸 : 프리랜서 등록 개방, 배달 인력 유연 확보
유럽	Deliveroo(영국), Glovo(스페인)	– Glovo : 음식뿐 아니라 의약품 · 문서 · 생활용품 등 실시간 배달 – '15분 배송' 같은 초단기 서비스 시도 – 도심형 라스트마일 물류 핵심 인프라 역할

배달의민족과 쿠팡이츠는 스마트폰 앱을 기반으로 개인 배달원(라이더)과 고객을 실시간으로 연결해준다. 라이더는 자전거나 오토바이만 있으면 누구나 참여할 수 있으며, 본인이 원하는 시간에 일할 수 있다는 점에서 긱 경제의 대표 모델로 평가된다.

미국의 Uber Eats는 차량 공유 서비스를 기반으로 음식 배달을 시작했고, 현재는 자전거, 도보 등 다양한 방식으로 확장되었다. DoorDash는 일반인이 앱을 통해 자유롭게 배달에 참여할 수 있는 시스템을 갖췄다. AI 경로 분석, 실시간 배차 기술, 고객 평점 시스템 등 첨단 기술을 접목해 배달 효율을 극대화하고 있다.

일본은 물류와 배달의 정확성을 중요시하는 나라다. 라쿠텐은 자사 쇼핑몰과 연계된 배달 서비스인 라쿠텐 익스프레스를 통해, 상품 구매에서 배달까지를 하나의 시스템으로 통합하고 있다. 또 다른 사례로, 일본의 대표적인 음식 배달 서비스 데마에칸은 프리랜서 배달원이 쉽게 등록할 수 있도록 시스템을 개방했다. 이로 인해 배달 인력을 유연하게 확보할 수 있고, 빠른 배달이 가능해졌다.

영국의 Deliveroo와 스페인의 Glovo는 공유경제 기반 배달 플랫폼의 유럽 대표주자다. 특히 Glovo는 음식뿐 아니라 의약품, 문서, 생활용품 등 다양한 품목을 실시간으로 배달하며, '15분 배송' 같은 초단기 배달을 시도하고 있다. 유럽에서는 공유 배달 플랫폼이 빠르고 효율적인 '도심형 라스트마일 물류'의 핵심 인프라로 자리 잡고 있다.

공유경제 기반 라스트마일 택배 : 누구나 택배 기사가 될 수 있다

물류 산업의 마지막 단계인 라스트마일 배송에서도 공유경제 모델이 확산되고 있다. 기존에는 택배기사가 소속되어 일하는 방식이었지만, 이제는 플랫폼을 통해 일반인도 택배 배송에 참여할 수 있게 되었다.

아마존은 Amazon Flex라는 프로그램을 통해, 일반인이 자신의 차량을 활용해 아마존 상품을 배송할 수 있는 시스템을 운영하고 있다. 참여자는 앱을 통해 배송할 구역과 시간을 선택하고, 자신이 가능한 시간에 일할 수 있다. 이 모델은 아마존이 급증하는 주문 수요에 유연하게 대응하도록 돕고, 참여자에게는 부업 형태의 수입원을 제공한다. 아마존은 인건비를 절감하면서도, 빠른 라스트마일 배송 시스템을 유지할 수 있어, 전 세계적으로 확산 중인 대표적인 크라우드소싱 물류 모델로 꼽힌다.[67]

한국에서는 쿠팡이 '쿠팡 파트너스 배송(쿠팡이츠 딜리버리 파트너 포함)'이라는 이름으로, 일반인이 배달 업무에 참여할 수 있는 구조를 만들고 있다. 특히 음식 배달 서비스인 쿠팡이츠에서는 배달 파트너가 앱을 통해 주문을 수락하고 직접 배달하는 시스템을 운영한다. 배달 시간과 지역을 유연하게 조절할 수 있어, 긱 근로자가 자유롭게 일할 수 있는 플랫폼으로 자리잡고 있다. 이러한 구조는 쿠팡이 단기적 수요에 빠르게 대응할 수 있게 해주며, 배달원에게는 자율성과 수익 창출의 기회를 동시에 제공하고 있다.

이처럼 미국과 한국 모두에서 일반인이 물류에 참여하는 플랫폼 기반 배송 모델이 활성화되고 있다. 이는 공유경제와 긱 경제가 만들어낸 대표적인 물류 혁신 사례로, 앞으로 자율주행, AI 배차, 드론 배송 같은 기술과 결합되며 더 빠르고 유연한 시스템으로 진화할 전망이다.

한편, 일손 부족에 허덕이던 일본 택배기업 사가와큐빙(佐川急便)은 인구 감소 등의 영향으로 매년 줄어드는 여객 수요로 심각한 경영난에 허덕이던 교토 지역의 택시 운영회사인 야마시로야사카교통(山城ヤサカ交通) 제휴를 통해 택시를 이용한 택배사업을 개시했다. 이와 같은 새로운 수익원과 상생모델의 적극적 발굴도 필요하다.[68]

---

67 출처 https://flex.amazon.com/ 조회 일자 2023.8.30.
68 승객과 수하물의 운송 운행을 함께 하는 대처를 화객혼재라고 한다. 철도와 비행기, 노선버

공유 물류창고 : 공간을 나누고 활용도를 높이다

물류센터는 공간이 넓고, 유지비가 비싸기 때문에 초기 진입장벽이 높다. 하지만 공유경제가 창고 운영에도 적용되면서, 스타트업이나 중소기업도 트렁크룸(truck room),[69] 플랫폼 가상형 창고,[70] 셀프스토리지[71] 등 다양한 형태의 물류 인프라를 갖출 수 있는 길이 열렸다.[72]

미국의 Flexe는 창고를 가진 기업과 창고가 필요한 기업을 연결하는 플랫폼이다. 예를 들어, 연중 특정 시즌에만 물류 수요가 높은 기업은 비수기 창고를 Flexe를 통해 다른 기업에게 빌려주고 수익을 올릴 수 있다. 반대로 소규모 셀러나 스타트업은 대규모 창고를 직접 임대하지 않고, 필요한 만큼만 공유 창고를 사용하는 방식으로 유연하게 물류를 운영할

스, 택시 등 여객사업의 일부 공간을 화물의 운송에 이용하는 것이다.
일본에서는 화객 혼재에는 다양한 규제가 있었지만, 2017년 9월에 국토교통성이 과소지역 등에서의 버스나 트럭, 택시 등에 의한 화객 혼재를 일부 해금했다.
그리고 2020년 11월에는 「지역 대중교통의 활성화 및 재생」에 관한 법률이 개정되어 화객 혼재의 수속을 신속하게 실시할 수 있게 되었다. 이 법 개정은 일정한 조건 하에서 버스나 택시 등의 여객사업자가 화물도 운송할 수 있게 했다. 물류사업자도 사람의 운송이 가능하다.
이러한 일련의 규제 완화를 통해 최근 물류 회사와 여객 사업 회사의 파트너십에 의한 다양한 대처가 이루어지고 있다. 과소지의 배송 문제나 트럭 드라이버 부족의 관점에서, 화객 혼재가 기대되고 있다.
화객 혼합은 화물과 여객이라는 이업종의 파트너십에 의한 SDGs 목표 실현에 대한 대처 중 하나라고 할 수 있다.

69 이상근, "떠오르는 생활형 공유창고, 셀프스토리지(Self-Storage), 트렁크룸(Truck room)" 아웃소싱타임스(2019. 12. 23.)
70 물류기술개발지원센터, "일본 오픈로지社가 '가상 창고' 방식으로 물류 아웃소싱 서비스를 지원", 글로벌 물류기술 동향 641호
    오픈로지의 가상 창고는 복수의 창고를 묶어 업무를 표준화, '하나의 큰 창고'로 간주하는 개념. 가상 창고 방식은 화주와 창고 사업자 쌍방의 관점에서 서비스를 제공하는 것이 특징으로, 양자의 단순한 매칭이 아닌, 화주의 풀필먼트 요구를 충족시켜 만족감을 제고하는 동시에 창고 사업자에게는 유휴 공간 활용 등 개선으로 수익 창출에 기여
71 "공간의 재발견, 도심형 창고 셀프스토리지", KB금융지주 경영연구소(2019.5)
72 "日, 누가 창고업의 판도라 상자를 열었나", KOTRA 해외시장뉴스(2019.10.4.)

수 있다. 특히 Amazon FBA 등 특정 플랫폼을 이용하지 않고도 자체 물류 네트워크를 구축할 수 있다는 점에서 의미가 크다.

일본의 대표 물류기업 야마토 운수는 중소 전자상거래 업체와 스타트업을 대상으로 공동 물류 창고를 운영하고 있다. 창고 운영비가 비싼 일본에서는 이와

[그림4-1] Flexe CEO Karl Siebrecht

"Digitization is a significant opportunity to better manage and optimize increasingly atomized supply chains or logistics networks."
Karl Siebrecht, CEO, Flexe

Logistics Leadership Podcast

같은 공유 창고 모델이 기업 입장에서 매우 실용적이다. 또한, 공유 물류 시스템을 통해 상품 보관부터 분류, 출하까지 물류 전 과정을 지원하며, 물류 서비스의 진입장벽을 낮추고 있다. 이러한 모델은 도시형 마이크로 풀필먼트 시스템과 결합될 경우, 도심 내 초고속 배송에도 적합한 구조가 된다.

공유경제와 긱 경제가 바꾸는 물류의 미래

물류 산업은 지금까지 대형 기업이 주도하고, 정규직 노동자가 물류의 전 과정을 담당하는 구조였다. 하지만 최근 몇 년 사이, 공유경제와 긱(Gig) 경제라는 새로운 흐름이 물류 현장을 빠르게 변화시키고 있다.

이제는 누구나 스마트폰과 차량만 있으면 음식 배달이나 택배 배송에 참여할 수 있고, 창고를 직접 운영하지 않아도 필요한 시기에 물류 공간을 공유할 수 있다.

이러한 변화는 단순한 트렌드가 아니라, 노동 유연성 확보, 비용 절감,

서비스 품질 향상이라는 세 가지 측면에서 물류 산업을 혁신하고 있다.

누구나 참여하는 '열린 물류 생태계'가 만들어지고 있다

공유경제와 긱 경제는 물류를 일부 기업과 정규직 중심에서 누구나 참여할 수 있는 열린 생태계로 변화시키고 있다. 이제 스마트폰과 차량만 있으면 음식 배달, 택배 배송, 물류 창고 운영에 누구나 참여할 수 있다.

열린 물류 생태계
- 공유경제와 긱 경제는
- 스마트폰과 차량만 있으면
- 음식 배달, 택배 배송, 물류 창고 운영에 누구나 참여할 수 있다

예를 들어 아마존 플렉스, 배달의민족 라이더, 쿠팡이츠 파트너 등은 시간과 장소 제약 없이 물류에 참여할 수 있는 구조를 만들었다. 이는 청년, 고령자, 주부 등 다양한 계층에게 새로운 일자리 기회를 제공한다.

'유휴 자원'을 활용해 물류 효율성이 높아진다

공유경제는 또한 비어 있는 창고, 남는 차량, 자유 시간 같은 유휴 자원을 활용해 물류 효율을 높인다. 미국의 Flexe는 창고 공간을 공유하는 플랫폼으로, 수요에 따라 공간을 빌려 쓰거나 빌려주며 유연한 물류 운영을 가능하게 한다.

플랫폼 기반 물류는 기술 발전과 함께 더 정교해지고 있다

여기에 AI 기반의 자동 배차, 경로 최적화 기술이 접목되며 공유 물류는 더욱 빠르고 정밀한 서비스로 진화하고 있다. 앞으로는 자율주행 배송로봇, 드론, 콜드체인 자동제어 기술까지 더해져 비인간 기반 물류 시스템도 현실이 될 전망이다.

다양한 산업과 결합하면서 물류의 영역이 확장되고 있다

공유 기반 물류는 음식 배달을 넘어 의약품, 생활용품, 쇼핑몰 물류 등 다양한 산업으로 확대되고 있으며, 도심 내 스마트시티 물류 인프라로 발전하고 있다.

소비자와 기업 모두에게 '이득'이 되는 구조다

소비자는 더 빠르고 유연한 배송을 누릴 수 있고, 기업은 인건비와 물류비용을 줄일 수 있다. 사회 전체적으로는 유휴 자원의 활용과 고용 기회 확대라는 긍정적인 효과도 크다.

결국 공유경제와 긱 경제는 물류를 모두가 함께 만드는 '민주적인 시스템'으로 바꾸고 있다. 기술 발전과 함께 제도적 기반이 뒷받침된다면, 한국도 플랫폼 기반 물류 혁신국가로 도약할 수 있을 것이다.[73]

---

[73] '공유경제', '긱 경제' 하에서는 MZ세대는 굳이 직장에 소속되어 조직에 얽매이지 않고, 자신이 좋아하고 할 수 있는 일을 찾아 단기 일자리를 추구하는 플렉서(Flexer)와 'N잡러'가 많아질 것이다. 일자리도 분해돼 조각난 일거리들인 '긱워크(Gig Work)' 연결로 바뀔 것이고, 물류서비스의 이용자와 제공자(Flexer)는 그 경계가 더욱 모호해 질것이다. 한편으로 '중대재해기업처벌법' 시행, '주52시간근로제' 시행, '최저임금 인상' 기조와 구인난과 더불어 택배터미널과 물류센터의 위험한 노동 강도, 장시간 노동, 산재사고 등의 리스크를 해결하기 위한 생력화, 자동화, 무인화 추세가 급속히 확대되고 있다.

32. 정기구독형 배송 서비스

물건이 필요할 때마다 일일이 주문하고 결제하던 시대는 지났다. 이제는 정기구독 방식이 물류 산업에 깊숙이 자리 잡으면서, 소비자들은 필요한 상품을 정해진 주기에 따라 자동으로 받을 수 있게 되었다. 이른바 '정기구독형 배송 서비스'는 소비자에게는 편리함을, 기업에는 안정적인 수익 모델을 제공하며 빠르게 확산되고 있다.[74]

미국이라는 넓은 시장에서 익일배송이라는 엄청난 일이 아마존에 의해 구현되고 있고 그 대상은 1억 8천만 명이다. 연회비 139달러를 내고 대부분의 쇼핑을 아마존에 집중하고 있는 아마존프라임 고객이 무려 1억 8천만 명이라는 뜻이다. 물론 아마존은 이들이 무엇을 구매하는지 혹은 무엇을 보고 구매하지 않았는지 모두 알고 있다.[75] 최근 주류 비즈니스 모델은 소유경제는 공유경제로, 공유경제는 구독경제로 이 바뀌고 있다. 구독경제의 도래는 소비가 매번 번거로운 구매과정을 건너뛰고 즉각적인 이용으로 바뀌고 있음을 보여준다.[76]

정기구독형 배송 서비스는 단순히 소비자의 수고를 줄이는 것을 넘어, 생활 방식의 일부분으로 자리 잡았다. 소비자는 반복적으로 주문할 필요 없이 필요한 제품을 일정한 주기로 받을 수 있고, 기업은 고객 충성도를 높이면서 예측 가능한 매출 구조를 구축할 수 있다. 이는 유통기업에게 대량 계획구매를 통해 가격 협상력을 강화할 수 있고, 물류측면에서 예

---

[74] 이상근, "개인 맞춤화되는 디지털 기반의 구독경제", 아웃소싱타임스(2021.7.19.)
[75] 이승훈, 〈구독전쟁〉, 한스미디어(2021.7)
[76] 전호겸, 〈구독경제 소유의 종말〉, 베가북스(2021.3)

측 가능한 물류 운영을 가능하게 한다. 이는 물류센터 내 적정 재고 유지와 계획적인 작업, 계획배송을 가능케 해 안정적이고 균질화된 물류서비스를 제공할 수 있다. 또 물동량의 예측과 조정이 가능해 가동률과 생산성이 향상되며, 고객의 니즈에 맞는 물류서비스를 가능케 한다. 또한 AI, 빅 데이터를 활용한 자동주문, 예측배송, 미리배송, 고객맞춤 포장, 선호 시간대 배송, 상품별 배달 장소지정 등의 물류서비스가 가능해져 고객의 충성도를 높이는데 크게 기여할 것이다.[77]

대표적인 정기구독형 배송 서비스

정기구독형 배송은 소비자가 한 번 신청하면 매일, 매주, 매월 등 일정 주기에 따라 자동으로 상품을 받아보는 서비스다. 식료품과 생필품을 중심으로 시작된 이 서비스는 지금은 다양한 산업 분야로 확장되고 있으며, 소비자의 편의성을 크게 높이고 있다. 현재 활발히 운영되는 카테고리로는 식료품, 생활용품, 건강·의료, 자동차, 반려동물, 문화·콘텐츠 외에도, 패션, 취미·엔터테인먼트, 육아용품, 주류·음료, 명품·고급 소비재, 전자기기 소모품, 홈 인테리어, 산업·B2B 정기배송 등으로 넓어지고 있다.

① 신선식품 & 식료품 정기배송

한국에서는 쿠팡의 로켓프레시, 마켓컬리의 샛별배송이 대표적인 예다. 소비자가 한 번 정기배송을 신청하면, 매일 새벽 신선한 식재료를 받

---

[77] 이상근, "면도기도 '구독'하는 시대, 물류는 잘 따라오고 있나요?", 로지스팟 물류연구소 19(2021.8.30)

아볼 수 있어 장을 보러 갈 필요가 없다. 미국은 아마존 프레시와 홀푸드 마켓의 협업을 통해, 유기농과 건강식품을 중심으로 한 신선식품 정기배송이 활발하게 이루어지고 있다. 일본에서는 세븐일레븐이 고령자와 1인 가구를 위해 신선식품 정기배송 서비스를 운영하며, 사회적 문제 해결에도 기여하고 있다.

[그림4-2] Amazon subscription delivery services

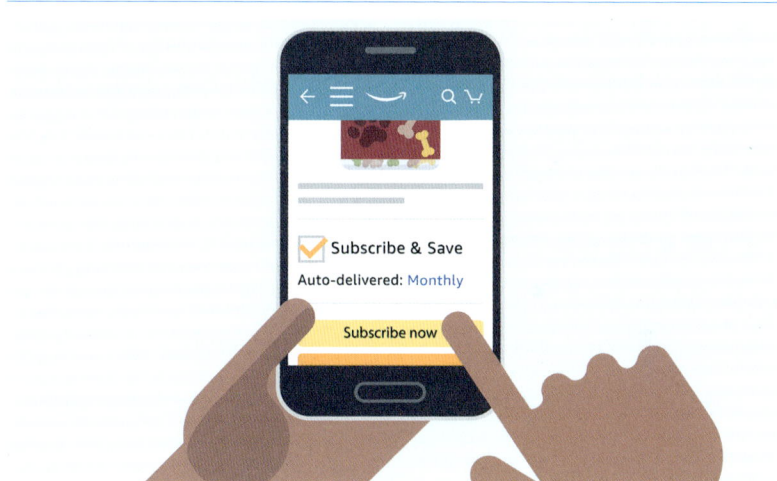

출처 : https://www.amazon.com

② **생활용품 & 소비재 정기배송**

미국 아마존의 Subscribe & Save는 화장지, 세제, 면도기처럼 자주 소비되는 생필품을 정기적으로 배송하고, 할인 혜택까지 제공한다. 일본의 요도바시 카메라는 프린터 잉크, 건전지와 같은 가전제품 소모품을 고객 설정에 따라 자동으로 정기배송하고 있다.

③ 화장품 & 건강관리 제품 정기배송

한국의 올리브영은 스킨케어 제품과 건강기능식품 등을 정기배송 서비스로 제공해 반복 구매의 번거로움을 줄여준다. 미국의 글로시에와 세포라는 '뷰티 박스' 형태로, 고객이 선택한 제품을 매월 자동 배송하며, 가격 면에서도 혜택을 제공한다.

④ 패션 & 취미 상품 정기배송

미국의 스티치픽스는 AI가 고객의 스타일을 분석해 매달 새로운 의류를 추천·배송하는 개인 맞춤형 의류 정기배송 서비스로, 정기구독형 패션 모델의 대표 사례다.

⑤ 의료 & 건강 제품 정기배송

한국에서는 올리브영이 비타민과 의약품, 소독제, 렌즈 세척액 등을 정기배송하고 있으며, 미국에서는 아마존이 인수한 필팩(PillPack)이 처방약을 정해진 시간에 맞춰 자동 배송해주는 맞춤형 약국 서비스를 운영한다.

⑥ 자동차 부품 & 차량 관리 정기배송

미국의 필터버이(FilterBuy)는 차량 모델에 맞춘 공기청정 필터를 주기적으로 배송하고, 한국의 현대자동차는 엔진오일, 타이어, 와이퍼 등을 정기 점검/예약형 교체 서비스 등을 운영하고 있다.

⑦ 반려동물 용품 정기배송

한국의 펫프렌즈, 네이버 펫윈도는 사료, 간식, 배변패드를 정기배송하고 있고, 미국의 치와이(Chiwai)는 반려동물의 건강 정보에 따라 AI가 맞춤형 사료와 간식을 배송해준다.

⑧ 문화 & 콘텐츠 정기배송

미국은 킨들 언리미티드를 통해 전자책을, 초창기 넷플릭스는 DVD를 정기배송하는 모델을 운영했다. 한국에서는 밀리의 서재가 전자책 구독 서비스를, 영화관은 영화 티켓 정기권을 통해 콘텐츠 구독을 실현하고 있다.

⑨ 패션 & 의류 정기배송

미국의 스티치픽스는 AI 추천 의류 배송 모델로 주목받고 있고, 한국에서도 무신사와 스타일쉐어 등 일부 패션플랫폼이 구독형 모델을 실험하고 있다.

⑩ 취미 & 엔터테인먼트 정기배송

미국의 크레이트조이는 보드게임, DIY 키트, 악기 등을 정기배송하며, 일본의 반다이는 피규어와 애니메이션 굿즈를 매월 배송하는 서비스를 운영하고 있다.

⑪ 육아용품 정기배송

한국의 베이비프렌즈, 아이배냇, 쿠팡 등은 기저귀, 분유 같은 육아 필수품을 정기배송하고, 미국의 패밀리닷컴은 아기 성장 단계에 맞춘 맞춤형 육아용품 구독 모델을 운영 중이다.

⑫ 주류 & 음료 정기배송

미국의 와인닷컴은 고객의 취향을 반영한 와인을 정기배송하고, 한국에서는 규제때문에 제한적이지만, 배달의민족과 GS25가 캡슐커피와 와인 정기배송을 시범 운영한바 있다.

⑬ 명품 & 고급 소비재 정기배송

미국의 Rent the Runway는 명품을 일정 기간 사용하고 반납하는 구독 모델을 운영하며, 한국의 백화점들도 VIP 고객을 대상으로 한 명품 정기배송 서비스를 제공하고 있다.

⑭ 전자기기 & 소모품 정기배송

미국의 애플은 일정 금액을 내고 최신 아이폰을 매년 교체할 수 있는 서비스를 제공하고, 한국의 네이버와 삼성은 프린터 잉크, 충전기 등 전자제품 소모품 정기배송을 실시 중이다.

⑮ 가구 & 가전 정기배송

일본의 CLAS, Subsclife 등이 가구 구독 서비스를, 삼성전자는 2024년에 AI구독클럽을 출범시켰고, 이를통해 소비자는 월 구독료를 지불하고 AI 기능이 탑재된 가전제품을 일정기간 이용할 수 있다. 대상제품은 냉장고, 세탁기, TV, 로봇청소기 등 가전 전반이며, 향후 스마트폰, 태블릿 등으로 확대할 가능성도 언급되고 있다.

⑯ 산업 & B2B 정기배송

미국의 페덱스와 DHL은 기업용 자동화된 정기배송 시스템을 제공하며, 한국에서는 쿠팡비즈가 사무용품, 커피 등의 정기공급을 통해 기업의 운영 효율을 높이고 있다.

[표4-5] 정기구독형 배송 서비스 사례

구분	한국 사례	해외 사례	특징
신선식품 & 식료품	쿠팡 로켓프레시, 마켓컬리 샛별배송	아마존 프레시+ 홀푸드(미국), 세븐일레븐(일본)	새벽 · 정기배송, 콜드체인 활용, 고령자 · 1인 가구 지원
생활용품 & 소비재	–	아마존 Subscribe & Save(미국), 요도바시 카메라(일본)	생필품 정기배송+ 할인, 고객 설정 주기 배송
화장품 & 건강관리 제품	올리브영	글로시에 · 세포라(미국)	뷰티 박스, 건강기능식품 · 스킨케어 자동배송
패션 & 취미 상품	–	스티치픽스(미국)	AI 기반 개인 맞춤형 의류 추천 · 배송
의료 & 건강 제품	올리브영(비타민 · 렌즈세척액)	아마존 PillPack(미국)	맞춤형 약국 서비스, 처방약 자동 배송
자동차 부품 & 차량 관리	현대자동차	필터바이 (FilterBuy, 미국)	차량 부품 · 소모품 정기점검/예약형 교체 서비스, 정비소 연계
반려동물 용품	펫프렌즈, 네이버 펫윈도	치와이(Chiwai, 미국)	AI 맞춤형 사료 · 간식, 건강정보 기반 추천
문화 & 콘텐츠	밀리의 서재(전자책), 영화 티켓 정기권	킨들 언리미티드 · 넷플릭스 DVD(미국)	디지털 콘텐츠 구독, 물리매체 배송
패션 & 의류	무신사, 스타일쉐어	스티치픽스(미국)	계절 · 트렌드 맞춤 의류 정기배송
취미 & 엔터테인먼트	–	크레이트조이(미국), 반다이(일본)	보드게임 · DIY · 굿즈 정기배송

구분	한국 사례	해외 사례	특징
육아용품	베이비프렌즈, 아이배냇, 쿠팡	패밀리닷컴(미국)	아기 성장 단계 맞춤형 배송
주류 & 음료	배달의민족, GS25	와인닷컴(미국)	주류·캡슐커피 정기배송
명품 & 고급 소비재	백화점 명품 정기배송	Rent the Runway (미국)	명품 구독·렌탈
전자기기 & 소모품	네이버, 삼성	애플(미국)	최신 기기 교체, 전자제품 소모품 자동배송
홈 인테리어 & 가전	삼성전자, LG전자	CALS, Subscrife (일본)	가구·가전 유지관리 자동화
산업 & B2B	쿠팡비즈	페덱스·DHL(미국)	기업용 자동화 정기배송, 운영 효율화

정기구독 배송 서비스의 확장이 가능한 이유

이러한 정기구독 서비스가 급속도로 확산되는 이유는 다음과 같다.

① 소비 패턴의 변화

소비자들은 반복 주문의 번거로움을 줄이고, 필요한 제품을 자동으로 공급받는 방식을 선호하게 되었다.

② 기업의 안정적 수익 구조

정기구독 고객 확보는 예측 가능한 매출 확보에 도움이 되며, 기업의 수익 안정성에도 긍정적인 영향을 준다.

③ AI 기반 개인 맞춤형 서비스

소비자 데이터를 분석하여, 취향과 라이프스타일에 맞는 제품을 추천해주는 기술이 정기구독 서비스와 결합되며 더욱 고도화되고 있다.

④ 자율주행, 드론 배송 등 혁신기술 도입

배송 비용 절감과 배송 속도 향상을 위한 기술 도입이 본격화되면서 정기배송의 효율성이 높아지고 있다.

⑤ 공유경제 및 렌털 서비스 확산

'소유'보다 '이용' 중심의 소비문화가 퍼지면서, 제품을 빌리거나 일정 주기로 교체하는 정기구독 모델이 주목받고 있다.

정기구독형 배송 서비스에서 물류의 역할

정기구독형 배송 서비스는 물류 시스템이 뒷받침되지 않으면 원활하게 운영될 수 없다. 기존 물류 모델과 달리, 정기구독 배송은 예측 가능성, 정시성, 맞춤형 서비스가 핵심이 되므로, 효율적인 물류 운영과 혁신적인 기술 도입이 필수적이다.

물류는 단순한 '운송'의 개념을 넘어, AI 기반 예측 배송, 풀필먼트 시스템, 친환경 물류, 마이크로 물류센터, 라스트마일 배송 혁신 등 다양한 영역에서 발전하며 정기구독형 배송을 최적화하고 있다.

① 정기구독 서비스에 최적화된 물류 시스템

정기구독 물류는 주문이 일정한 패턴을 가지므로, 재고 관리가 수월하고, 물류 비용을 절감할 수 있는 구조다. 하지만, 소비자가 원하는 날짜와 시간에 정확히 맞춰야 하므로, 기존보다 더욱 정밀한 물류 운영이 필요하다.

② AI 기반 예측 배송 & 스마트 풀필먼트 시스템

기존 물류는 고객이 주문한 후 물품을 준비하는 방식이었지만, AI 기반 물류 시스템은 고객의 소비 패턴을 분석하여 미리 배송을 준비할 수 있다. 예를 들어, 아마존의 '프레딕티브 쉬핑(Predictive Shipping)'은 고객이 주문하기 전에 AI가 상품을 미리 인근 물류센터로 이동시키는 시스템을 운영하고 있다. AI가 정기구독 고객의 소비 패턴을 분석하여, 출고 타이밍과 재고 관리를 최적화할 수 있다.

정기구독 배송을 원활하게 하기 위해, 풀필먼트 센터(상품 보관·포장·배송 처리 센터)의 역할이 중요해졌다. 한국에서는 쿠팡의 '로켓배송 풀필먼트', CJ대한통운의 'e-풀필먼트'가 정기구독 물류를 지원하고 있다.

풀필먼트 시스템을 활용하면, 고객별 맞춤형 패키징과 배송 최적화가 가능하다.

[표4-6] 정기구독 물류 vs 일반 물류 차이점

항목	일반 물류	정기구독형 물류
배송 패턴	고객 주문 후 출고	사전 예측 기반 자동 출고
창고 운영	주문별 개별 피킹	미리 패키징 & 예약 출고
배송 속도	주문 후 바로 배송	정해진 일정에 맞춰 정기배송
소비자 경험	주문마다 다름	일정한 품질과 배송 경험 유지
물류 비용	수요 예측 어려움	안정적인 재고 관리로 비용 절감

③ 라스트마일 물류 혁신(자율주행 · 드론 · 로봇 활용)

정기구독형 배송은 반복적인 배송이 많고, 일정이 정해져 있기 때문에 기존의 택배 물류보다 자동화 및 비용 절감이 가능하다. 미국 아마존은 드론 배송(Prime Air)을 활용하여, 정기배송 상품을 소형 드론을 통해 빠르게 배달하는 시스템을 테스트하고 있다. 스타쉽 로보틱스(Starship Robotics)는 자율주행 로봇을 활용해 정기배송 상품을 고객의 문 앞까지 배달하는 시스템을 개발 중이다. 정기적인 배송 일정이 있는 정기구독 물류는, 자율주행 차량과 드론 배송이 가장 적합한 영역으로 평가된다.

CJ대한통운은 무인택배함(스마트 락커)을 활용하여, 고객이 원하는 시간대에 제품을 픽업할 수 있도록 지원하고 있다. 배달의민족은 배달 로봇 '딜리(Dilly)'를 이용한 무인 배송을 테스트하며, 정기구독형 물류에도 적용할 계획이다. 고객이 집을 비울 경우, 정기배송 상품을 '스마트 락커'나 '로봇 배송'으로 받을 수 있는 옵션이 확대될 것이다.

④ 친환경 물류 & 지속가능한 정기배송 모델

정기구독 배송은 반복적인 물류 운영이 많기 때문에, 지속 가능성(Sustainability) 문제를 고려해야 한다. 미국 Loop 프로젝트에서는 스타벅스, 펩시, P&G 등의 기업들이 리유저블 포장(재사용 가능한 포장재)을 적용해 정기배송 서비스에도 친환경 물류를 도입하고 있다. 정기구독 서비스는 고정된 소비 패턴을 기반으로 하기 때문에, 재사용 가능한 포장재 적용이 더 용이하다. 한국 마켓컬리는 '컬리박스'를 운영하여 친환경 포장재를 사용한 회수와 재사용하는 시스템을 도입하고 있다.

DHL, UPS 등 글로벌 물류 기업들은 전기트럭 · 수소차 기반의 친환경 배송 시스템을 확대하고 있다. 한국에서는 CJ대한통운, 쿠팡 등이 전기차 배송을 실험 중이다. 정기배송을 친환경적으로 운영하면, 탄소 배출을 줄이면서 지속 가능한 물류 모델을 구축할 수 있다.

정기구독 배송을 위한 물류 혁신 방향
- AI 기반 예측 물류 – 소비자의 구매 패턴을 분석하여, 주문 전에 미리 출고
- 스마트 풀필먼트 센터 운영 – 자동화 창고를 활용하여 정기배송을 최적화
- 라스트마일 배송 혁신 – 드론 · 자율주행차 · 배달 로봇 활용
- 친환경 물류 도입 – 리유저블 패키징, 전기트럭 · 수소차 활용

결론적으로, 정기구독형 배송 서비스는 물류 혁신 없이는 운영이 어렵고, 앞으로 서비스 발전을 위해서는 더욱 스마트하고 지속 가능한 물류 시스템이 필요할 것이다.

정기구독형 배송 서비스는 이제 단순한 유행을 넘어서, 소비자의 라이프스타일과 기업의 비즈니스 모델을 모두 바꾸는 새로운 흐름으로 자리 잡았다. 개인 맞춤형 추천, 자율주행 배송, 친환경 포장, 그리고 산업용 자동화까지, 물류의 혁신이 곧 정기구독 서비스의 성공을 좌우하게 될 것이다. 앞으로 물류는 이 서비스를 더 스마트하고 지속 가능하게 만드는 핵심 기반이 될 것이다.

33. 개인이 참여하는 물류 : 크라우드소싱과 공유 물류의 확장

물류는 오랫동안 대형 택배사나 전문 물류기업의 전유물처럼 여겨져 왔다. 하지만 최근에는 일반 개인이 직접 참여하는 새로운 물류 방식이 확산되고 있다. 크라우드소싱 물류(Crowdsourced Logistics)란, 기존의 정규직 택배기사나 물류센터 직원이 아닌 일반 개인이 일정 시간 동안 자발적으로 물류 업무에 참여하는 방식이다.

이런 모델은 물류 기업 입장에서는 인건비 부담을 줄이고, 물량이 많은 시기에만 추가 인력을 확보할 수 있어 효율적이다. 개인에게는 원하는 시간에 일하며 수익을 얻을 수 있는 기회를 제공한다. 특히 즉시배송이나 라스트마일 배송과 같은 빠른 대응이 필요한 분야에서 효과적인 방식이다. 디지털 플랫폼과 공유경제의 발전 덕분에 누구나 자신의 시간과 자원을 활용해 물류 활동에 참여할 수 있는 시대가 열린 것이다.

[그림4-3] 배송공유플랫폼 무버

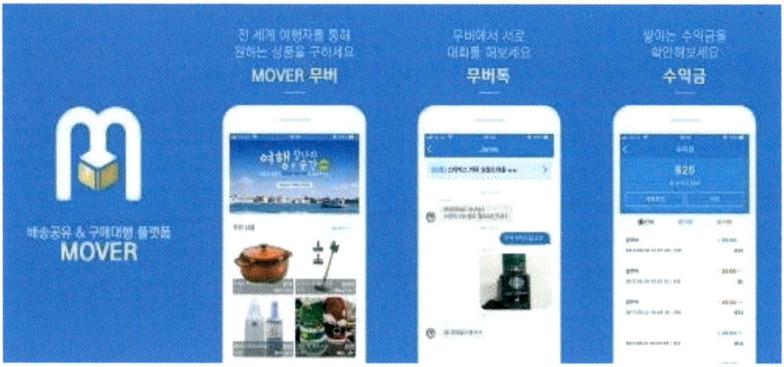

출처:https://www.fnnews.com/news/201711221016537167

현재 한국의 쿠팡플렉스, 배달의민족의 배민커넥트, 무버(2015년 런칭, 현재사업중단)와 미국의 아마존 플렉스, 일본의 라쿠텐 크라우드 택배, 유럽의 DHL 크라우드 배송 등 다양한 모델이 등장하면서, '개인이 참여하는 물류'는 하나의 흐름으로 자리잡고 있다.

개인이 참여하는 물류 서비스

개인이 참여하는 물류는 크게 네 가지 유형으로 나눌 수 있다. 온디맨드 택배 및 라스트마일 배송, 음식 및 생필품 배달, 크라우드 국제배송, 그리고 개인 창고 및 물류 공간 공유 모델이 있다.[78]

① 온디맨드 택배 & 라스트마일 배송

한국에서는 쿠팡플렉스가 대표적이다. 일반인이 자신의 차량을 활용해 쿠팡 로켓배송 상품을 원하는 시간대에 배송할 수 있도록 만든 모델이다. 명절이나 할인 행사처럼 물량이 몰릴 때 유연하게 대응할 수 있어

---

[78] 우리나라 '퀵(Quick)서비스와 대리운전서비스가 긱 이코노미의 원조'
우리나라는 물류부문, 특히 배달인력의 구인난은 심각한 수준에 와있다. 물류와 유통기업에서는 부족한 배달인력과 배달차량을 긱노동자(Gig Worker)를 통해 보완하고 있다. 우리나라는 1980년대 후반부터 성행한 퀵(Quick)서비스와 대리운전서비스가 물류와 운수부문의 긱 이코노미의 원조라 할 수 있다. 개인 수요자가 플랫폼(퀵, 대리운전중계회사)에 목적지를 알리면 흩어져 있는 라이더(Ryder)나 대리기사들이 고객이 있는 장소를 찾아가 서비스를 제공해 왔다. 이 서비스는 과거엔 전화를 매개로 했지만 현재는 스마트폰 애플리케이션으로 위치 정보를 제공하고 퀵 라이더나, 대리운전 기사 정보를 받는 긱 경제 형태를 완벽히 갖추어가고 있다.
코로나19가 본격화되면서 자영업자, 자영업 종사자, 공연예술인, 시간제강사 등이 일자리를 잃거나 일감이 줄어 들었다. 이들은 비대면 소비 급증으로 배달 수요에 자체 인프라로 감당하지 못하는 배달시장에 들어왔다. 이들은 자신들이 기존에 가지고 있는 오토바이, 자가용 승용차, 전동킥보드, 자전거, 도보를 배달수단으로 이용하거나 '따릉이', '씽씽', '킥고잉', '빔', '스윙' 등 공유 모빌리티를 이용해 배달전선에 긱 노동자로 진입했다.

기업에 큰 도움이 된다. 부업이나 일시적 소득을 원하는 사람들에게도 인기가 높다.

　미국에서는 아마존 플렉스가 같은 방식으로 운영된다. 참가자는 앱을 통해 배송 스케줄을 선택하고, 배송 후 정산을 받는다. 아마존은 이 모델을 Prime Now, Amazon Fresh 등 다양한 카테고리에 적용하고 있으며, 기업과 개인이 상호 이익을 얻는 구조를 정착시켰다.

　일본에서는 라쿠텐이 도심 내 배송을 위해 일반인이 참여하는 크라우드 택배 시스템을 운영하고 있다. 배송 시간 관리가 철저한 일본에서는 정해진 시간에 정확히 도착하는 라스트마일 배송을 일반인이 맡을 수 있도록 시스템을 정교하게 설계했다.

② 음식 & 생필품 배달

　한국의 배달의민족은 배민커넥트를 통해 일반인이 자전거, 오토바이, 자동차 또는 도보로 배달에 참여할 수 있게 했다. 정규직 배달원이 아닌, 원하는 시간대에만 참여하는 긱(Gig) 근로자가 중심이다. 특정 시간대나 지역에 인력이 부족할 경우 즉시 투입할 수 있어 매우 유용하다.

　미국의 Uber Eats와 DoorDash도 유사한 방식이다. 일반인이 앱을 통해 주문을 받고, 자신이 이동할 수 있는 경로와 시간에 맞춰 배달을 수행한다. Uber는 실시간 매칭 시스템을 활용해 가장 가까운 배달원에게 주문을 배정하고, 소비자에게는 빠른 서비스를 제공한다.

[표4-7] 개인이 참여하는 물류 서비스

유형	설명	대표 사례
온디맨드 택배 & 라스트마일 배송	개인이 직접 상품을 배송하는 모델	쿠팡플렉스, Amazon Flex, Uber Direct
음식 & 생필품 배달	개인이 배달원으로 참여	배민커넥트, Uber Eats, DoorDash
크라우드 국제 배송	해외여행객이 직접 해외 상품을 운반	Grabr, Nimber, PiggyBee
개인 창고 & 물류 공간 공유	유휴 공간을 물류 거점으로 활용	스페이스풀, 루프박스, FLEXE

③ 크라우드 국제 배송

해외직구가 활성화되면서, 해외여행객이나 출장자가 자신의 여유공간(수하물, 트렁크 등)을 활용해 다른 사람의 물건을 운반해주는 방식도 생겨났다. 이는 택배업체가 아닌 개인간 네트워크(P2P)를 기반으로 운영되며, 전 세계적으로는 PiggyBee가 대표적이다. 미국의 그라브(Grabr)나 유럽의 님버(Nimber) 같은 플랫폼도 여행자와 구매자를 연결해 개인간 국제배송을 지원하고 있다. 사용자는 상품을 등록하고, 해당 국가를 여행하는 사람이 구매 후 운반해주면 소정의 수수료를 지불한다. 이 모델은 국제 배송비를 절감할 수 있다는 장점이 있지만, 운반자의 신뢰도와 세관 통관, 안전성, 보험 문제 등 해결해야 할 과제도 있다.

④ 개인 창고 및 물류 공간 공유

미국의 FLEXE는 창고 공유 서비스를 운영한다. 유휴 창고 공간을 필요로 하는 기업에게 임대해주는 방식으로, 물류창고의 탄력적 운영을 가능하게 한다.

한국에서도 유사한 시도가 이어지고 있다. 예를들어, 스페이스풀(Spacefull)은 유휴창고나 소형물류센터를 공유플랫폼 형태로 연결해 스타트업이나 중소상공인이 단기·임시로 물류공간을 사용할 수 있게 지원한다. 루프박스(Loofbox)와 같은 개인창고 공유서비스는 개인이 보유한 여유공간을 보관용 창고로 활용할 수 있게하여 생활형 공유물류의 새로운 모델로 주목받고 있다.

크라우드소싱 물류의 단점과 보완책

크라우드소싱 물류는 유연하고 빠르며 비용을 줄일 수 있다는 장점이 있지만, 동시에 여러 가지 문제가 뒤따를 수밖에 없다. 대표적으로 배송 품질 문제, 노동 환경과 처우, 법적 불확실성, 개인정보 보호, 지속 가능성 등의 이슈가 있다.

① 배송 품질과 신뢰성 문제

일반인이 배송에 참여하면, 정규직 택배기사처럼 체계적인 교육을 받지 않기 때문에 서비스 품질이 들쑥날쑥할 수 있다. 지연, 분실, 파손, 고객과의 소통 미흡 등이 대표적인 문제다.

이를 해결하기 위해 아마존 플렉스는 배송원 평점 시스템을 도입해, 일정 수준 이하로 평가되면 플랫폼 이용을 제한한다. 또한, AI를 통해 실시간으로 배송 현황을 모니터링하고, 이상 상황 발생 시 즉각 대응할 수 있도록 하고 있다. 기본 서비스 교육과 고객 피드백 시스템, 인센티브 제공을 통해 품질 유지를 위한 구조를 만들어가는 것이 중요하다.

[표4-8] 크라우드소싱 물류의 주요 과제

구분	문제점	구체 내용	보완책	실제 사례
배송 품질 & 신뢰성 문제	품질 불균형, 배송 지연, 분실 가능성	- 비정규 인력 중심 - 고객 소통 미흡	- AI 기반 실시간 모니터링 - 고객 평가 시스템 - 기본 서비스 교육	아마존 플렉스 : 평점 기반 배송원 관리
노동 환경 & 처우 문제	불안정한 수입, 사고 시 보호 부족	- 고정 수익 없음 - 안전장치 미비 - 장시간 노동	- 보험 및 안전망 제공 - 기본 수익 보장제 도입 - 휴식 및 안전 교육	배달의민족 : 안전보험, 건강검진 혜택
법적 & 세금 문제	노동자 분류 불명확, 세금 혼란	- 노동법 적용 모호 - 신고 절차 복잡	- 자동화된 세금신고 시스템 - 긱근로자 보호 법안 마련 - 고객정보 보호 강화	캘리포니아 AB5 법 : 긱노동자 보호 입법
개인정보 보호 문제	고객정보 유출 우려	- 주소, 연락처 노출 위험 - 대면 과정 중 갈등	- 익명 통화 시스템 - 신원 등록 및 조회 절차 - GPS 기반 이탈 감지	우버 : 익명화 연락 시스템 운영
지속 가능성 문제	인력 이탈, 비용 증가	- 이직률 높음 - 품질 관리 한계 - 인센티브 비용 증가	- 정규직+크라우드 혼합 운영 - 장기 배송원 인센티브 제공 - AI 기반 수요 예측	쿠팡 : 쿠팡친구+쿠팡플렉스 혼합 운영

② 배송원의 노동 환경과 처우 문제

크라우드 배송원은 건당 수익을 얻는 구조다 보니 일정한 수입을 보장받기 어렵고, 안전망도 부족하다. 장시간 일할 경우 피로 누적이나 사고 위험도 있다. 이를 개선하기 위해 배달의민족은 보험 제공, 건강검진 혜택 등 복지 강화를 추진하고 있다.

기업은 일정 기준 이상 활동한 배송원에게 기본 수익을 보장하거나 보너스를 지급하고, 강제 휴식 시간 도입, 도로 안전 교육 등도 함께 운영해야 한다.

③ 법적 규제 및 세금 문제

크라우드 배송원은 정규직이 아닌 프리랜서(개인사업자)로 분류되는 경우가 많다. 이로 인해 노동법 적용이 모호하고, 세금 신고 절차도 복잡해진다.

미국 캘리포니아는 긱 경제 노동자를 보호하기 위한 'AB5 법안'을 도입해 일정 요건을 충족할 경우 직원으로 간주하도록 했다. 기업은 크라우드 배송원이 세금을 쉽게 신고할 수 있도록 자동화 시스템을 지원하고, 일정 근로 조건 충족 시 정규직 전환 기회를 부여하는 등 제도적 장치를 도입할 필요가 있다.

④ 개인정보 보호 문제

배송원이 소비자의 주소나 연락처에 접근해야 하므로, 개인정보 유출 위험이 존재한다. 이를 막기 위해서는 익명 통화, 비공개 채팅 기능, GPS 기반 배송 추적 시스템 등 기술적 보완이 필요하다. 우버는 이미 익명 통화 시스템을 운영하고 있으며, 유사한 모델을 다양한 물류 플랫폼에 적용할 수 있다.

⑤ 지속 가능성 문제

크라우드 인력은 고정직이 아니기 때문에 이직률이 높고, 장기적으로 유지하기 어렵다는 문제가 있다. 기업이 크라우드 인력에만 의존하면 품질 관리에 한계가 생기고, 인센티브 비용도 계속 증가할 수 있다.

이 문제를 해결하기 위해 쿠팡은 정규직 배송원(쿠팡친구)과 크라우드 배송원(쿠팡플렉스)을 병행 운영하고 있다. 핵심 인력은 정규직으로 확보하고, 크라우드 인력은 보완적 수단으로 활용하는 것이 지속 가능한 모델이다. 장기 근무자에 대한 보너스 지급이나 정규직 전환 제도도 도입 가능하다.

개인이 참여하는 물류, 크라우드소싱의 미래

크라우드소싱 물류는 이제 단순한 임시 인력 확보 방식을 넘어, 물류 산업의 중요한 한 축으로 자리 잡고 있다. 디지털 플랫폼과 결합하면서, 유연성 있는 인력 운영과 빠른 서비스 제공이 가능해졌고, 생활 물류 전반에서 긱 경제 모델이 본격적으로 작동하고 있다.

하지만 이 모델이 지속적으로 성장하기 위해서는 서비스 품질과 참여자 보호를 위한 체계적인 시스템 구축이 필요하다. AI 기반 모니터링, 고객 피드백 시스템, 보험 및 복지 제도, 개인정보 보호 기술, 정규직과의 균형 있는 인력 운영 등 다양한 보완책이 동반되어야 한다.[79]

---

[79] 스미스(Smith)는 영어권에서 가장 흔한 성(姓)중 하나다. 대장장이(smith, blacksmith)는 기원전 1500년부터 기원후 1800년까지, 중세와 근세에 이르기까지 거의 3400년간 가장 흔한 직업 가운데 하나였다. 12세기까지 2600년 넘게 이 일을 지속했던 대장장이들은 이 직업에 대한 애착이 커 자기들의 성을 스미스로 지었다. 그들은 그 직업은 영원하리라고 생각했다. 성(姓)이 되었을 만큼 흔했던 직업이던 대장장이(smith)는 오늘날 찾기가 어렵다. 3천년 이상 지속된 좋은 직업 대장장이는 18세기 중반에서 19세기 중반까지 불과 100년 만에 그 직업이 사라지기 시작했다. 1차산업혁명으로 사라진 직업은 대장장이만은 아니다. 방앗간이나 제분소에서 일하는 사람인 밀러(millers), 직물염색 공인 다이어(dyer), 석공인 메이슨(mason), 베 짜는 사람인 웨버(weavers)와 같이 영원히 계속될 직업으로 여겨지던 관련 성을 가진 직업도 대부분 사라졌다.

앞으로는 자율주행차, 드론, 로봇 등과 결합된 스마트 물류 시스템이 크라우드소싱과 융합되어 더 혁신적인 물류 모델로 발전할 것이다. 이처럼 개인이 참여하는 물류는 기존 물류 산업의 구조를 바꾸고, 새로운 기회를 만들어내는 핵심 동력이 될 것이다. 기술과 제도, 사람의 조화 속에서 지속 가능한 물류 생태계를 만들어가는 방향으로 진화해갈 것이다.

Column 11

공동물류, 공유물류와 탄력적 물류네트워크 구축

4차산업혁명과 코로나19가 몰고온 뉴노멀시대는 제조와 유통, 물류시장을 급격히 변화시키고 있다. 그 변화의 중심에 선 잘파세대는 스마트화, 무인화, 개인화, 온라인화, 모바일화와 직접거래를 주도하고 있다. 이에 따라 종전에 공장과 매장에서 수행하던 제조와 유통, 서비스의 고유업무는 사라지고 이를 융합하고, 연결하고, 합체되면서 상당업무가 물류로 편입되고 있다.

종전까지 제조나 유통, AS 업무에 속했던 많은 업무들이 물류로 넘어오고 있다.
소비자의 니즈(Needs)에 맞추기 위해 제조영역에서는 구매 직전의 마지막 단계에서 최종 맞춤생산을 하기위해 지연전략(Postponement Strategy)을 확대하고 있다. 이를 위해 개인 맞춤형 3D프린팅 생산, 조립과 풀필먼트(Fulfillment) 등의 업무를 물류센터나 매장에 편입시킬 전망이다.
유통영역에서는 점포 오픈 전 심야시간의 상품입고, 매대 진열, 재정렬, 반품수거와 무인 점포의 검품, 검수, 매대 진열 등이 물류업무로 넘어오고 있으며, 설치, 교환과 반품, 수리와 부품교환 등 서비스(Before Service, After Service) 업무도 물류영역으로 넘어오고 있다.

물류의 영역이 늘고 이에 따른 비용이 급증하면서 물류는 기업의 가치사슬(Value chain)에서 더욱 중요한 요소가 되었다. 더불어 고객들이 좀더 빠르고, 편리하고, 저렴한 물류를 원하면서 물류기업은 점점 더 최적화되고 시스템화된 물류가 필요하게 되었다. 하지만 단일 기업 차원에서 물류의 하드웨어와 소프트웨어 역량을 다 갖추고 사업을 하기는 현실적으로 많은 어려움이 있다.

이런 면에서 물류기업은 공유물류와 공동물류에 기반을 둔 '탄력적 물류 네트워크' 구축과 활용을 통해 각 사의 핵심 경쟁력을 중심으로 물류네트워크를 갖추는 것이 필요하다.

항만, 하역시설과 장비, 물류창고, 터미널 등 물류시설, 화물차량, 컨테이너, 물류장비 등 하드웨어와 ICT기반의 소프트웨어를 개별 물류회사가 단독 소유하거나 전용으로 사용하던 경직적 물류 네트워크에서 벗어나야 한다. 뉴노멀 시대엔 고객 니즈(Needs)에 탄력적으로 대응이 가능한 유연한 '탄력적 물류 네트워크' 확보가 물류기업의 핵심 경쟁력으로 대두될 것이다.

'탄력적 물류 네트워크'는 물류기업들 간의 '공동 물류 플랫폼' 구축, 클라우드 소싱을 통한 물류 '공급자-수요자 매칭' 등이 있다.

먼저, '탄력적 물류 네트워크'는 물류기업들 간의 '공동 물류 플랫폼' 구축이 있다.
물류기업들 간의 '공동물류 플랫폼' 구축은 정부나 물류기업이 중심이 되어 물류시설, 차량, 장비 등을 공동 이용하는 플랫폼을 구축하는 시스템이다. 공동물류 플랫폼 중 '공동운송 시스템'은 소량화물(LTL Less than Truck Load) 혼재로 과거엔 육상운송 주선업체를 중심으로 서비스를 제공했다. 현재는 삼성SDS(Cello), CJ대한통운(더운반)과 스타트업 기업인 '로지스팟', '부릉', '트래드링스', '고고X', '우버프라이트(Uber Freight)' 등이 운송인(트럭 운전사)와 소비자(화주)를 연결해주는 서비스에 새롭게 진입했다.

공동물류플랫폼 중 '공동집하 시스템'은 배송 물량이 적은 소도시는 여러 택배회사의 집배를 동시에 수행하는 복합 택배대리점의 공동집배와 '국내긴급상업용서류(일명 파우치) 송달업자'의 도심 빌딩 공동 집배도 실행된바 있다.

공동물류플랫폼 중 '공동보관 시스템'은 '복합물류터미널', '내륙컨테이너기지(ICD Inland Container Depot)', '산업단지 공동물류센터'와 '도시첨단물류단지' 등이 있다. 이는 개별기업의 투자재원 부족과 물류시설의 난립 방지, 시설이용의 효율성을 높이는 공동물류에 필요한 시설이다.

공동물류플랫폼 중 '물류장비의 공동이용'은 팔레트 풀 시스템(Pallet Pool System)과 렌털 지게차등이 대표적이다. 앞으로는 물류로봇, 드론, 3D프린터, 자율운행화물차, 무인보관함 등의 공동사용도 예상된다

둘째, '탄력적 물류 네트워크'는 클라우드 소싱을 통한 물류 '공급자-수요자 매칭' 이 있다.

클라우드 소싱을 통한 물류 공급자-수요자 매칭은 4차산업혁명, 공유경제 환경에서 ICT 기반의 클라우드 물류서비스를 수요자(기업, 개인)와 공급자(물류기업이나 개인)를 매칭하는 것이다. 이 시장에서는 수요자가 제공자 역할을 동시에 하는 시스템으로 진화하고 있다. 이 시스템은 일반인이 배달서비스를 제공하는 '딜리브(Deliv)', '우버이츠(UberEats)', '아마존플렉스(Amazon Flax)', '쿠팡 플렉스(Cupang Flex)" 등이 있다.

또한 '배달의 민족', '요기요'와 '배달통' 등 배달 스타트업 기업들은 유통기업과 음식점 등이 소유하고 있던 배달 수단을 공유플랫폼에 편입시키고, ICT를 통해 배달의 효율성을 높였다. 이 영향으로 중국음식점 배달 라이더(Ryder) 등을 급속히 줄이고, 유통기업과 음식점의 영업 영역은 매장보다는 온라인으로 더 확대할 수 있었다.

전업 배달자 외에 일시적인 휴직, 휴업자 외에 출퇴근과 출장, 여행 등 모든 이동 시 배달 업무를 수행할 수 있게 되었다. 앞으로는 이동하는 모든 사람이 배달이라는 공유경제에 참여할 수 있다. 세계 각지의 사람들은 매일 어떤 한 지점에서 다른 지점으로 이동한다. 이 이동은 지역 내 움직임일 수도 있고 지역을 넘어 조금 더 멀리가는 여행일수도 있다. 피기비(Piggy Bee), 그라브(Grabr), 님버(Nimber) 등 스타트업은 이러한 대중의 여정을 통해 새로운 공유경제 배송 시스템을 만들고자 한다.

보관서비스는 한국의 '마이창고', 일본의 '오픈로지(Open Logi)'와 영국의 'Stowga' 등도 기존 물류창고 내 유휴 공간을 서로 공유하고, 사고파는 서비스를 제공한다.

'스토어엑스(Store X)', '클러스터(Clutter)', '쉐어마이스토리지(ShareMyStorage)', '커비홀(Cubbyhole)' 등 스타트업 들은 일반인의 유휴 보관 공간을 공유경제의 보관서비스에 제공하고 있다.

공급자(제공자)는 물류창고의 운영효율을 극대화할 수 있고, 수요자(이용자)는 별도의 물류창고를 보유할 필요가 없어 환경 친화적이며 시·공간적 비용을 최소화할 수 있다. 이 트렌드가 더 확대되면 화주기업도 물류장비와 창고 등을 남는 시간에 타사와 공유하여 배달서비스와 보관서비스를 제공하게 될 것이다. 실제로 미국 아마존의 '벤더 플렉스(Vendor Flex)'는 아마존 직원이 제조회사 또는 유통회사의 물류센터에서 포장과 배송을 완료하는 것으로 별도로 아마존이 창고를 보유하지 않고도 운영 효율을 높이고 있다.

이밖에 '기존 자산 활용(직원 배송)'은 최근 월마트 직원들이 퇴근길에 고객이 주문한 상품을 배송하는 '퇴근배송제' 시범 도입 등도 '탄력적 물류 네트워크' 사례로 들 수 있다.

2016년 '알파고'와 이세돌의 대결은 수많은 클라우드 컴퓨터와 이세돌 개인의 대결로 볼 수 있다. 이세돌은 클라우드 컴퓨터의 AI 바둑프로그램을 이겨본 유일한 인간으로 남을 것이다. 그 만큼 클라우드의 힘은 강하다.

우리 물류 산업이 글로벌 경쟁에서 생존하고, 중견·중소 물류기업이 경쟁력을 잃지 않고 생존하려면 기업단위를 넘는 물류분야의 공유물류와 공동물류를 바탕으로 하는 탄력적 물류 네트웍 구축이 반드시 필요하다. 특히 우리나라 중소 물류기업은 글로벌 물류기업과, 물류 대기업, 플랫폼기업, 대형화주기업 등과 직간접으로 경쟁하면서 생존 자체를 위협받고 있는 상황이다.

대기업과 중소기업의 심화되는 양극화를 해소하기 위해서도 공유물류와 공동물류에 바탕을 둔 탄력적 물류 네트웍 구축을 위한 물류기업, 화주기업, ICT기업의 적극적 협력과 정부, 지자체, 대학, 연구기관 등의 지원이 어느 때보다 필요하다.

12장

우리가 만들어갈 미래 물류

　우리가 살아가는 세상은 정말 빠르게 바뀌고 있다. 기술은 하루가 다르게 진화하고, 기후 위기 같은 환경 문제는 점점 심각해지고 있다. 소비자들도 예전과는 달리 더 똑똑하게, 더 윤리적으로 소비하려는 움직임을 보이고 있다. 이런 변화는 모든 산업에 영향을 주고 있지만, 그중에서도 물류는 그 한가운데에서 가장 눈에 띄게 바뀌고 있는 분야 중 하나다.

　자동화 기술, 친환경 운송 수단, 스마트 물류 시스템이 속속 도입되면서, 물류는 이제 미래 산업의 핵심이 되고 있다. 사람 대신 로봇이 창고에서 물건을 옮기고, 인공지능이 재고를 예측하고, 자율주행 트럭이나 드론이 집 앞으로 물건을 가져다주는 시대가 현실이 되고 있다.

　하지만 여기서 중요한 건 단순히 기술이 좋아졌다는 사실이 아니다. 기술이 아무리 발달해도, 그것을 '어떻게 활용하느냐'가 훨씬 중요하다. 기술만 앞세우다 보면 사람의 일자리가 줄어들고, 인간적인 연결이 사라질 수 있다. 그래서 우리는 기술과 사람이 공존할 수 있는 물류, 즉 '더 인간

적인 물류'가 무엇인지 고민해야 한다.

특히 환경 문제를 빼놓을 수 없다. 지금 세계 곳곳에서 폭염, 폭우, 가뭄 같은 기후 재난이 점점 심해지고 있다. 이산화탄소 배출을 줄이는 건 선택이 아니라 생존의 문제다. 그래서 물류도 '친환경'이 필수가 되었다. 재사용 가능한 포장재, 전기 트럭, 탄소중립 배송 같은 친환경 시스템이 속속 도입되고 있고, 소비자들도 이제는 "빨리 오는 게 최고"가 아니라 "환경을 생각하는 배송"을 선택하고 있다. 이런 변화에 맞춰 기업들도 단순한 효율보다, 사회적 책임을 함께 고려한 물류 시스템을 고민하기 시작했다.

뿐만 아니라, 물류 기술은 점점 더 넓은 범위에서 하나로 연결되고 있다. IoT 센서로 실시간으로 화물 위치를 추적하고, 블록체인 기술로 물류 데이터를 위조하지 못하게 막고, 빅데이터로 고객의 수요를 예측하는 일은 이제 특별한 것이 아니라 기본이 되어가고 있다. 세계 각국의 물류가 유기적으로 연결되고, 실시간으로 협업하는 구조가 만들어지고 있는 것이다.

그렇다면, 우리는 앞으로 어떤 물류를 만들어가야 할까? 답은 하나로 정해져 있지는 않지만, 방향은 분명하다. 더 빠르면서도 정확하고, 환경을 해치지 않으며, 사람에게 더 편안한 물류. 기술만으로는 이룰 수 없다. 기업의 전략, 정부의 정책, 소비자의 선택까지 모두 함께 바뀌어야 가능한 일이다.

이 장에서는 우리가 주목해야 할 물류 기술이 무엇인지, 어떤 시스템이 지속 가능하고 바람직한지, 그리고 이런 미래 물류를 만들기 위해 우리 사회 전체가 어떤 역할을 할 수 있을지를 함께 생각해보고자 한다. 미래의 물류는 단순히 물건을 빠르게 보내는 게 목적이 아니다. 사람과 환경을 함께 살피는, 모두를 위한 물류로 나아가야 한다. 우리가 앞으로 어떤 사회를 만들고 싶은지를 되돌아보는 것, 그 속에서 진짜 미래 물류의 모습이 그려질 것이다.

34. 스마트물류 : 물류의 완전 자동화는 가능할까?

물류는 예전에는 사람이 물건을 일일이 나르고 분류하던 사람 중심의 산업이었다. 그런데 요즘은 로봇, 인공지능(AI), 자율주행 같은 기술이 많이 발전하면서, 사람이 없어도 물류가 돌아갈 수 있을까 하는 이야기가 많아지고 있다.

'스마트물류'는 물건을 받는 모든 과정을 자동으로 처리하는 시스템을 말한다. 창고에 물건이 들어오고, 저장하고, 분류하고, 다시 배송하는 과정까지 거의 사람이 하지 않아도 되는 방식이다. 이런 자동화를 가능하게

스마트물류

모든 과정이 자동으로 처리된다

AI와 IoT 같은 기술이 필요하다

AI와 IoT 같은 기술이 필요하다

물류 새로운 비즈니스 모델

하려면 AI와 사물인터넷(IoT) 같은 똑똑한 기술이 꼭 필요하다.[80]

스마트물류 기술은 어떤 게 있을까?

① IoT로 실시간으로 물류를 확인하기

사물인터넷(IoT)은 센서를 통해 온도, 위치, 충격 같은 정보를 바로바로 알 수 있게 해준다. 예를 들어 미국의 월마트는 물류센터의 온도를 자동으로 조절해서 식품이 상하지 않게 한다. 한국의 삼영물류 등은 배송 차량에 센서를 붙여서 화물의 상태를 계속 확인하고, 고객에게도 배송 상황을 실시간으로 알려준다.

② 블록체인으로 물류를 투명하게 만들기

블록체인은 정보를 쉽게 바꾸거나 속일 수 없게 만드는 기술이다.

유럽의 마스크로지라는 회사는 블록체인을 이용해 물건이 어디서 어떻게 움직였는지 정확히 기록하고 공유한다. 미국의 월마트는 이 기술로 식품이 어디서 왔는지 추적할 수 있게 했다.

③ AI와 빅데이터로 물류를 더 똑똑하게 만들기

AI는 데이터를 분석해서 물건을 언제 얼마나 팔릴지 미리 예측할 수 있다.

일본의 야마토 운수는 AI가 실시간 교통 정보를 분석해서 빠른 배송 경로를 알려준다. 한국의 쿠팡은 AI로 고객이 뭘 많이 살지 미리 파악해서

---

[80] 이상근, "디지털뉴딜 패러다임과 물류부문의 역할", 월간국토(2022년 2월호)

창고에서 자동으로 분류하고 준비한다.

④ 5G와 디지털 트윈으로 가상에서 미리 시험하기

5G는 인터넷 속도가 매우 빨라서 실시간으로 데이터를 주고받기 좋다. 디지털 트윈은 실제 창고나 차량을 가상공간에 똑같이 만들어서 미리 실험해보는 기술이다.

독일의 DHL은 창고 안에서 로봇과 사람이 함께 일할 수 있게 디지털 트윈으로 미리 시뮬레이션을 해본다. 한국의 현대글로비스는 5G를 활용해 물류차량의 위치를 정밀하게 추적하고 있다.

[표4-9] 스마트 물류 기술

기술	설명	국내 사례	해외 사례
IoT (사물인터넷)	센서를 통해 물류 상태 (온도, 위치 등)를 실시간 모니터링하고 자동 제어	CJ대한통운 배송차량 및 화물 컨테이너에 IoT센서 설치	월마트 센서로 물류센터 온도 조절 및 신선식품 보관
블록체인	조작이 불가능한 방식으로 물류 데이터를 기록해 투명성과 신뢰성 확보	쿠팡 실시간 주문 추적과 재고 관리에 블록체인 적용 가능성 확대	월마트 + IBM 식품유통 이력 추적용 블록체인 시스템 구축
AI & 빅데이터	주문 및 배송 데이터를 분석해 배송 경로와 재고를 자동으로 관리	쿠팡 AI로 고객 주문 분석 후 자동 분류 시스템 운영	야마토 운수 AI가 실시간 교통상황을 분석해 최적 배송 경로 제공
5G & 디지털 트윈	현실 물류 환경을 가상 공간에 재현하고, 초고속 통신으로 실시간 운영 관리	현대글로비스 5G 기반 자율주행 물류 차량 및 실시간 데이터 공유 시스템	DHL 디지털 트윈으로 창고 운영 시뮬레이션 및 최적화

창고와 배송에서는 어떻게 쓰일까?
① 로봇이 일하는 자동 창고

미국 아마존은 로봇이 선반을 옮기고, 사람이 검수하고 포장하는 하이브리드 창고를 운영한다. 일본 다이와하우스(大和)는 로봇이 물건을 꺼내고 옮기며, 거의 모든 과정을 자동으로 처리한다.

② 사람 없이 배송하는 기술

유럽 DHL은 자율주행 트럭으로 화물을 운송하고 있다. 미국 UPS와 페덱스는 드론으로 약이나 긴급 물품을 배달하는 실험을 하고 있다. 한국 배달의민족, 삼성물산 등은 아파트 단지에서 로봇이 직접 물건을 배달하는 실험을 하고 있다.

③ AI가 재고를 자동으로 관리

유럽의 마스크로지는 온도나 습도를 자동 조절해서 신선식품을 안전하게 보낸다. 미국 월마트는 AI가 자동으로 물건이 부족하면 알아서 주문을 넣는 시스템을 운영하고 있다.

그럼 사람은 필요 없을까?
① 아직은 한계가 있어

AI와 로봇이 발전했어도 포장, 고객 응대, 문제 해결은 아직 사람이 잘할 수 있는 부분이다. 그리고 자동화 시스템은 돈이 많이 들어서 일반 회사는 도입하기 힘들 수 있다. 또 일자리 문제가 생길 수 있어, 새로운 기술을 다룰 수 있는 교육이 필요하다.

② 사람과 로봇이 함께 일하는 시대

미래에는 사람이 하는 일과 기계가 일이 나뉘어 협력하는 시스템이 될 가능성이 크다.

예를 들어, 아마존은 로봇이 선반을 가져오면 사람이 최종 검수를 하고 포장한다. 야마토 운수는 AI가 작업을 지휘하고, 로봇과 사람이 함께 일한다. 쿠팡도 로봇이 분류하고 사람은 고객 대응을 한다.

[표4-10] 인간과 AI, 로봇의 역할 분담

역할	AI & 로봇	인간
반복적인 작업	상품 분류, 자동 포장, 창고 이동, 데이터 분석	로봇 및 AI 시스템 관리
의사 결정	재고 예측, 최적 배송 경로 추천	고객 응대, 예외 상황 대처, 전략적 의사 결정
운송 및 배송	자율주행 트럭, 드론 배송	특수 화물 운송, 맞춤형 서비스 제공
고객 서비스	챗봇 기반 문의 응대	복잡한 요청 처리, 고객 만족도 관리

③ 함께 만드는 바람직한 미래

로봇이 반복적인 일은 하고, 사람은 창의적인 일이나 고객 응대, 관리 업무를 맡는다. 그러면 일은 더 효율적이고 빠르게 되고, 에너지도 절약할 수 있다. 또 탄소를 줄이는 친환경 물류로도 이어질 수 있다. 기술은 사람을 대체하는 게 아니라, 사람을 도와주는 방향으로 가야 한다.

완전 자동화는 가능할까?

완전 자동화는 점점 현실에 가까워지고 있지만, 지금 당장은 모든 걸 기계가 하긴 어렵다. 그래서 기술과 사람이 함께 일하는 '협력형 물류 시스템'이 더 현실적인 해답이다.

 사람과 로봇, AI가 각자 잘할 수 있는 일을 나눠서 함께 물류를 운영하면, 더 빠르고, 정확하고, 친환경적인 물류가 될 수 있다. 이것이 우리가 만들어가야 할 미래 스마트물류의 모습이다.

35. 친환경 물류와 지속 가능한 소비

 우리가 물건을 살 때, 그 물건이 우리 손에 오기까지 어떤 과정을 거치는지 생각해본 적이 있을까? 공장에서 만든 물건은 트럭이나 배, 비행기를 타고 창고로 이동하고, 다시 택배차를 통해 집까지 도착한다. 이 모든 과정을 우리는 '물류'라고 부른다. 그런데 이 물류 과정은 환경에 많은 영향을 준다. 트럭이 달리면서 내뿜는 이산화탄소, 포장할 때 쓰는 플라스틱, 창고에서 사용되는 전기 등은 모두 환경을 더럽히는 원인이 된다.

 요즘은 온라인 쇼핑이 늘고, 해외에서 물건을 사는 일도 많아지면서 물류가 더 바빠지고 있다. 그만큼 환경에 미치는 영향도 커졌다. 그래서 많은 기업과 나라들은 '친환경 물류'를 통해 탄소 배출을 줄이고, 포장재를 줄이며, 지속 가능한 소비로 바꾸려는 노력을 하고 있다.

친환경 물류가 필요한 이유

 물류 산업은 우리가 물건을 주문하고 받는 과정에서 꼭 필요한 역할을 하지만, 동시에 환경에도 큰 영향을 준다. 특히 트럭이나 비행기에서 나오는 이산화탄소 같은 온실가스는 전체 온실가스 배출량의 약 10~15%

를 차지할 정도로 많다. 그래서 물류 산업에서 나오는 탄소 배출을 줄이는 일은 기후 변화를 막기 위한 아주 중요한 과제다.

또한 물류 과정에서는 많은 자원이 쓰이고 버려진다. 택배 상자, 뽁뽁이, 비닐 포장처럼 한 번 쓰고 버리는 것들이 너무 많다. 이런 낭비를 줄이기 위해서는 재사용이 가능한 포장재를 더 많이 쓰고, 포장 자체를 줄이는 노력이 필요하다.

[표4-11] 친환경 물류가 필요한 이유

구분	핵심 내용
환경 영향	물류 산업은 온실가스 배출의 약 8~11%를 차지, 탄소 감축이 기후 변화 대응에 중요함
자원 낭비	한 번 쓰고 버리는 포장재가 많아 재사용 포장재와 포장줄이기가 필요함
소비자 변화	빠른 배송보다 친환경 배송을 선호하는 소비자가 늘어나고 있음
정부 규제	탄소감축 목표 설정과 친환경포장 의무화 등 정부 규제가 강화되고 있음

요즘 소비자들의 생각도 많이 달라졌다. 예전에는 빠른 배송이 최고였지만, 이제는 환경을 생각해서 조금 느리더라도 친환경적인 배송을 선택하는 사람들이 늘어나고 있다. 이런 소비자들의 변화에 맞춰 기업들도 환경을 고려한 물류 시스템을 도입하고 있다.

게다가 각 나라 정부도 탄소 배출을 줄이기 위한 규제를 점점 강화하고 있다. 친환경 포장을 의무화하거나 탄소 감축 목표를 정해 기업들이 반드시 지키도록 하고 있는 것이다. 이런 흐름에 맞춰 기업들도 적극적으로 친환경 물류로 전환하려는 노력을 하고 있다.

친환경 운송수단 도입 : 전기트럭, 수소트럭, 자율주행 차량

운송 과정에서 배출되는 이산화탄소를 줄이기 위해, 물류 기업들은 전기차, 수소차, 하이브리드 차량 등 친환경 운송수단을 도입하고 있다. 전 세계 물류 기업들은 탄소 배출을 줄이기 위해 친환경 운송수단을 적극 도입하고 있으며, 앞으로 더욱 확대될 전망이다.

① 미국 : 아마존(Amazon)의 전기 배송 차량 확대

아마존은 2030년까지 배송 차량을 10만 대 이상의 전기차로 전환할 계획이다. 전기차 업체 리비안(Rivian)과 협력하여 전기 배송 차량을 개발하고, 일부 지역에서는 이미 운영 중이다. 이를 통해 탄소 배출을 30% 이상 줄이는 효과를 기대하고 있다.

② 유럽 : DHL의 탄소중립 물류 실현 목표

DHL은 2050년까지 탄소중립 물류 실현을 목표로 전기차, 수소트럭을 도입하고 있다. 현재 유럽 전역에서 2만 대 이상의 전기 배송 차량을 운영 중이며, 지속적으로 확대할 예정이다.

③ 일본 : 야마토 운수의 친환경 배송 전략

일본의 대표 물류기업 야마토 운수는 전기 삼륜차(전기바이크)와 소형 전기차를 활용하여 도심 내 친환경 배송을 진행하고 있다. 또한, 도보 배송을 활성화하고, 물류 허브를 최적화하여 불필요한 차량 운행을 줄이는 방식도 도입했다.

④ 한국 : CJ대한통운 & 쿠팡의 친환경 배송 시스템

CJ대한통운은 전기 택배차량을 도입하고, 일부 도심 지역에서는 자율주행 로봇을 활용한 친환경 배송 실험을 진행하고 있다. 쿠팡은 전기 배송 차량을 도입하는 것뿐만 아니라, '친환경 풀필먼트 센터'를 구축하여 물류 운영에서의 탄소 배출을 최소화하고 있다.

[표4-12] 친환경 운송수단 도입 사례

국가	기업	친환경 운송수단 도입 사례
미국	아마존	2030년까지 10만 대 전기차 도입 목표, 리비안과 협력해 전기 배송 차량 개발 및 일부 지역 운영 중
유럽	DHL	2050년까지 탄소중립 목표, 유럽 전역에 2만 대 이상 전기차 운영 중, 수소트럭도 도입 확대 중
일본	야마토 운수	전기 삼륜차와 소형 전기차로 도심 배송, 도보 배송 확대 및 물류 허브 최적화를 통해 차량 운행 최소화
한국	CJ대한통운 & 쿠팡	전기 택배차량 도입, 자율주행 로봇 실험, 쿠팡은 친환경 물류센터 구축을 통해 탄소 배출 최소화 추진

친환경 포장과 지속 가능한 소비 촉진

물류에서 과도한 포장재 사용은 주요 환경 문제 중 하나다. 이에 따라 기업들은 친환경 포장재를 도입하거나, 포장 자체를 줄이는 노력을 기울이고 있다.

① 유럽 : 이케아(IKEA)의 '플라스틱 제로' 정책

이케아는 2028년까지 모든 제품 포장에서 플라스틱을 완전히 없애는 것을 목표로 하고 있다. 현재 90% 이상을 종이 기반 포장재로 전환했으며, 재활용이 가능한 포장재 사용을 의무화하고 있다.

② 미국 : 월마트(Walmart)의 친환경 패키징 프로그램

월마트는 100% 재활용 가능한 포장재만 사용하도록 정책을 변경했다. 플라스틱 대신 생분해성 종이 포장을 확대하고, 포장 크기를 줄여 불필요한 자원 낭비를 최소화하고 있다.

③ 일본 : 유니클로(UNIQLO)의 패키지 절감 정책

유니클로는 기존의 플라스틱 쇼핑백을 종이 봉투로 전환하고, 모든 온라인 주문에서 친환경 포장재를 기본 적용하고 있다.

④ 한국 : 네이버 & 마켓컬리의 친환경 패키징 도입

네이버는 온라인 쇼핑몰 판매자들에게 친환경 포장재를 사용할 경우 지원금을 지급하는 '그린 패키징' 정책을 운영 중이다. 마켓컬리는 일회용 포장재 대신 재사용이 가능한 보냉백을 활용하는 '컬리박스' 시스템을 도입했다.

탄소중립 물류센터 구축과 지속 가능한 공급망

친환경 물류를 위해서는 배송 과정뿐만 아니라, 물류센터 자체도 지속 가능하게 운영할 필요가 있다. 이에 따라 기업들은 태양광, 풍력 등 재생 가능 에너지를 활용한 물류센터를 구축하고, 에너지 효율성을 극대화하는 시스템을 도입하고 있다.

① 유럽 : DHL의 탄소중립 물류센터

DHL은 태양광 패널을 활용한 에너지 자급자족 물류센터를 유럽 각국

에 설립하고 있다. 물류센터 내 에너지 절감형 조명과 스마트 온도 조절 시스템을 적용하여 탄소 배출을 최소화하고 있다.

② 미국 : 아마존의 친환경 물류센터

아마존은 태양광과 풍력 에너지를 활용하는 친환경 물류센터를 구축하고 있으며, AI 기반 에너지 절감 시스템을 도입하여 전력 소비를 최적화하고 있다.

③ 한국 : 탄소중립 물류센터 실험

한국의 물류센터들은 태양광 설비와 전기차물류를 도입하며 탄소중립으로 전환중이다. CJ대한통운, 롯데, 쿠팡 등이 친환경 설비와 재생에너지를 활용해 물류과정의 탄소배출을 줄이고 있다.

친환경 물류는 지속 가능한 미래를 위한 필수 요소

- 전기차, 수소차 등 친환경 운송수단 도입 → 탄소 배출을 줄이고 지속 가능한 운송 체계 구축
- 친환경 포장재 및 무포장 시스템 도입 → 자원 낭비를 최소화하고 소비자 인식 개선
- 탄소중립 물류센터 구축 → 물류 운영에서의 에너지 절감 및 친환경 운영 강화
- 정부와 기업의 협력 확대 → 지속 가능한 물류 생태계 구축

친환경 물류는 선택이 아닌 필수이며, 기업과 소비자 모두가 함께 실천해야 지속 가능한 미래를 만들 수 있다.

지속 가능한 미래를 위한 이해 당사자의 역할과 책임

지속 가능한 물류와 소비를 실현하기 위해서는 정부, 기업, 물류업체, 소비자, 기술 개발자, 투자자 등 모든 이해 당사자가 협력해야 한다. 단순히 기업이 친환경 물류 시스템을 도입하는 것만으로는 충분하지 않으며, 법적 규제와 지원 정책, 소비자의 적극적인 참여, 기술 개발 및 인프라 구축 등이 함께 이루어져야 지속 가능한 미래를 만들 수 있다.

이제 지속 가능한 미래를 위해 각 이해 당사자가 수행해야 할 역할과 책임은 아래와 같다.

① 정부의 역할과 책임

환경 규제 및 정책 강화

- 탄소 배출 제한 및 감축 목표 설정[81] : 물류 및 유통 과정에서 배출되는 탄소를 줄이기 위해 국가별 탄소 배출 감축 목표를 설정하고, 이를 강제하는 규제를 마련해야 한다.
- 친환경 운송수단 보조금 및 지원 확대[82] : 전기트럭, 수소트럭, 친환경 선박 등의 도입을 촉진하기 위해 세금 감면, 보조금 지급, 충전 인프라 확충 등의 지원 정책이 필요하다.

---

[81] [예] EU의 '탄소 국경세(CBAM)' 도입 → 탄소 배출량이 많은 기업에 세금을 부과하여 친환경 전환을 유도.
[예] 한국의 '탄소배출권 거래제' → 기업별 탄소 배출 허용량을 설정하고, 초과 시 배출권을 구매하도록 함.
[82] [예] 독일의 '친환경 물류차량 지원금' → 친환경 차량을 구매하는 물류 기업에 최대 80%까지 보조금 지급.
[예] 미국 'IRA(인플레이션 감축법)' → 전기차 및 재생 에너지 인프라 투자 확대.

친환경 포장 및 재활용 의무화

- 플라스틱 사용 제한 및 대체 소재 개발 지원 :[83] 기업들이 재활용이 어려운 포장재를 사용하지 못하도록 규제하고, 생분해성 포장재 및 재활용 가능한 소재 개발을 지원해야 한다.
- 순환 경제 촉진을 위한 재활용 네트워크 구축[84] : 국가 차원에서 포장재 회수 및 재활용 센터를 확대하고, 공공-민간 협력 모델을 통해 순환 경제 구조를 구축해야 한다.

② **기업(제조업체, 유통사, 물류사)의 역할과 책임**

친환경 물류 시스템 도입

- 전기·수소 기반 운송수단 확대[85] : 물류 기업들은 전기차, 수소차, 친환경 선박, 철도 물류 등을 적극 도입하여 탄소 배출을 줄이는 역할을 해야 한다.
- 탄소중립 물류센터 구축[86] : 물류창고 및 풀필먼트 센터에서 태양광, 풍력 등 재생에너지를 활용한 친환경 운영 방식을 도입해야 한다.

---

83 [예] EU의 '포장재 및 포장폐기물 지침(PPW Directive)' → 2030년까지 모든 포장재를 재활용 가능하도록 설계.
   [예] 한국의 '자원순환법' → 플라스틱 사용량 감축 및 리필 스테이션 확대 의무화.
84 [예] 일본의 '순환형 사회 형성 촉진법' → 기업들이 생산한 제품의 재활용을 의무화하고, 공공시설과 연계하여 재활용 인프라 확충.
85 [예] 아마존의 '리비안 전기트럭' 도입 → 2030년까지 10만 대 전기 배송 차량 운영.
   [예] DHL의 탄소중립 목표(GoGreen 2050) → 물류 차량 70% 전기차 전환.
86 [예] 월마트의 '넷 제로 물류센터' → 물류센터에서 사용하는 에너지를 100% 재생 에너지로 대체.
   [예] 이케아의 '친환경 물류허브' → 태양광 패널과 에너지 절감형 설비 도입.

친환경 포장 및 폐기물 감축 노력

- 재사용 가능한 포장재 도입[87] : 기업들은 종이 박스, 플라스틱 포장 대신 리유저블(Reusable) 패키징과 생분해성 포장재를 도입해야 한다.
- 제품의 지속 가능성 확대[88] : 기업들은 단순한 친환경 포장뿐만 아니라, 제품의 생산과정에서도 재생 가능한 소재를 사용하고, 폐기 후에도 재활용될 수 있도록 설계해야 한다.

③ 소비자의 역할과 책임

지속 가능한 소비 습관 정착

- 친환경 배송 옵션 선택[89] : 소비자들은 빠른 배송(즉시·당일 배송)보다 탄소 배출을 줄이는 친환경 배송을 선택하는 습관을 가져야 한다.
- 포장재 줄이기 및 리필 제품 사용[90] : 플라스틱 사용을 줄이기 위해 리필 제품이나 무포장 제품을 선택하는 노력이 필요하다.

④ 기술 개발자 및 투자자의 역할

친환경 물류 기술 개발 및 투자[91]

---

87 [예] 네덜란드 'Pieter Pot' → 유리병을 활용한 리필 배송 시스템 운영.
　[예] 마켓컬리 '컬리박스' → 재사용 가능한 보냉백 회수 시스템 구축.
88 [예] H&M의 'Conscious Collection' → 재활용 섬유로 제작된 의류 출시.
　[예] 애플의 'Closed Loop' 프로그램 → 폐휴대폰을 수거하여 100% 재활용 가능한 제품으로 재생산.
89 [예] 아마존의 'Amazon Day Delivery' → 특정 요일에 묶음 배송을 선택하면 탄소 배출량 감소.
　[예] 쿠팡의 '친환경 묶음 배송' → 다회용 포장 및 한 번에 배송하는 옵션 제공.
90 [예] 이케아의 '포장 없는 가구 배송' → 조립형 가구를 최소 포장으로 제공.
　[예] 무인 리필 스테이션 확산 → 샴푸, 세제 등 리필 제품 구매 증가.
91 [예] 테슬라의 '전기트럭 세미(Semi Truck)' → 친환경 화물 운송 혁신.
　[예] 스타트업 'Loop'의 리유저블 패키징 서비스 → 재사용 가능한 포장재 도입.

- 전기·수소 트럭 개발, 탄소중립 물류센터 설계, 재생에너지 활용 시스템 개발 등의 연구가 활발하게 이루어져야 한다.

모든 이해 당사자의 협력이 필요하다

결국, 지속 가능한 미래를 만들기 위해서는 정부, 기업, 소비자, 기술개발자와 투자자 등 모든 주체가 함께 협력해야 한다.

정부는 탄소 배출을 줄이기 위한 규제를 마련하고, 친환경 인프라에 투자하며, 기업들이 지속 가능한 방향으로 나아갈 수 있도록 생활물류 인프라 공급확대 등 정책적으로 지원해야 한다.[92] 기업은 탄소중립 물류 시스템을 도입하고, 친환경 포장을 확대하며, 재생에너지를 활용한 운영 방식으로 전환해야 한다.

---

[92] "제1차(2022~2026) 생활 물류 서비스산업발전 기본계획", 국토교통부(2022.12.22.)
[지속가능한 생활 물류 인프라 공급 확대]에 따르면 생활 물류 수요를 유발하는 도시개발사업, 택지개발사업, 공공주택지구조성사업 등 대규모 개발사업 등 추진 시 생활 물류시설 확보 의무를 개발사업자에게 부과하고 사업계획에 반영토록 의무화(2024)하고, 일정 규모 이상 상가 등 건설 시 조업 주차에 의한 영향을 분석하여 조업 주차 공간 등을 마련토록 하는 '(가칭)생활 물류 영향평가' 도입(2025)한다.
온라인 주문·배송 수요 증가에 대응하여 마이크로 풀필먼트 센터 등 주문배송시설을 근린 생활시설에 입주할 수 있도록 허용(2023)하며, 도심 내 원활한 생활 물류배송조업을 위해 미국의 PUDO(Pick-up/ Drop-Off) Zone과 같은 노상 조업특별구역 지정을 제도화(2024)할 예정이다.
생활 물류 차량 대상 주정차 허용구간 확대를 위해 경찰청, 지자체 등과 협업하여 생활 물류 주·정차 허용시간 가이드라인을 마련(2023)하고, 도심 내 조업 주차 공간 확보와 연계하여 유휴공간 정보제공, 사전예약 등이 가능한 조업 주차 정보공유 시스템 개발·보급도 추진(2025)한다.
공영주차장·공원 등의 유휴공간과 공공기관 유휴용지(철도공사, 도로공사, 지자체 등)를 활용한 택배 집·배송시설 확보도 추진하며, 정기적인 공공 유휴부지 조사를 통해 데이터를 구축하고, 수요자에게 공개하여 상시 입찰할 수 있는 매칭 시스템을 마련(2024)한다.
유럽의 도심 공동물류센터를 벤치마킹하여 기업 간 협업, 공동 화물처리가 가능한 한국형 도심 공동물류센터 구축 방안을 마련(2024)한다. 또한, 야간 또는 비 혼잡 시간대 유통센터, 창고, 주차장, 주유소 등을 활용한 공유·협업형 물류배송시설 구축도 상시 지원할 계획이다.

소비자 역시 중요한 역할을 한다. 빠른 배송보다 친환경 배송을 선택하고, 리필 제품이나 무포장 제품을 이용하는 습관을 통해 지속 가능한 소비 문화를 만드는 데 동참해야 한다. 또한, 기술 개발자와 투자자들은 친환경 물류 기술을 개발하고, 재생에너지나 재사용 가능한 포장 등 새로운 솔루션을 확산시키는 데 힘을 보태야 한다.

이처럼 모두가 각자의 자리에서 책임을 다할 때, 비로소 환경을 생각하는 물류 시스템과 지속 가능한 미래가 현실이 될 수 있다.

36. 미래의 물류 기술과 산업 변화

물류는 단순히 물건을 옮기는 일을 넘어서, 지금 빠르게 변화하고 있는 기술들과 함께 진화하고 있다. 예전에는 사람이 중심이 되어 물건을 옮기고 정리하는 일이 많았지만, 이제는 인공지능(AI), 로봇, 자율주행 차량, 드론, 블록체인, 사물인터넷(IoT), 5G, 디지털 트윈 같은 첨단 기술이 물류를 더 똑똑하고 효율적으로 바꾸고 있다. 이 장에서는 미래의 물류를 이끌 기술들이 어떤 모습으로 발전하고 있고, 그것이 물류산업에 어떤 영향을 주고 있는지를 알아보자. 또한 이에따른 물류는 어떤 분야에 주목해야할 지를 살펴보자.

미래를 이끌 물류기술
① AI와 빅데이터로 똑똑해지는 물류
인공지능과 빅데이터는 물류를 더 똑똑하게 만든다. 예를 들어, 미국의 아마존은 고객이 무엇을 살지 미리 예측해 상품을 먼저 물류창고로 보내는 '예측 배송' 기술을 개발하고 있다. 이렇게 하면 배송 시간이 줄고 비용도 절약된다. 일본의 야마토 운수는 도로 상황을 AI가 분석해서 가장 빠른 배송 경로를 찾아주는 시스템을 쓰고 있고, 유럽의 DHL은 AI가 택배를 자동으로 분류해 사람이 하지 않아도 되게 만들었다. 이처럼 AI를 활용하면 물류가 더 빠르고 정확해질 수 있다.

② 자율주행차와 드론으로 무인 배송 실현

앞으로는 사람 없이도 물건을 배달할 수 있게 된다. 미국에서는 UPS와 페덱스가 드론을 이용해 의료 물품을 빠르게 배달하는 실험을 하고 있다. 유럽의 스타트업 '윙(Wing)'은 드론으로 신선식품이나 약을 친환경적으로 배달하고 있다. 한국에서는 배달의민족이 자율주행 로봇을 이용한 무인 배달을 시험하고 있다. 이런 기술이 널리 쓰이면, 배달이 훨씬 빨라지고 사람이 하는 일도 줄어들게 될 것이다.

③ IoT와 블록체인으로 투명한 물류 만들기

IoT는 물건이 어디 있는지, 어떤 상태인지 실시간으로 알 수 있게 해준다. 블록체인은 그 정보가 바뀌지 않도록 안전하게 기록해주는 기술이다. 미국의 월마트는 블록체인으로 식품의 원산지와 유통 과정을 기록하고, 유럽의 물류 회사는 IoT 센서로 음식이나 약의 온도와 습도를 관리해 신선하게 배송할 수 있도록 한다. 이런 기술 덕분에 물류는 더 투명하고 믿을 수 있게 바뀌고 있다.

④ 5G와 디지털 트윈으로 더 정밀한 물류 운영

5G는 데이터를 아주 빠르게 주고받을 수 있는 기술이고, 디지털 트윈은 현실의 창고나 도로를 컴퓨터 안에 똑같이 만들어서 미리 시뮬레이션 해보는 기술이다. 독일의 DHL은 물류창고를 디지털 트윈으로 가상 공간에 구현해 로봇과 사람의 동선을 분석하고 있고, 한국의 현대글로비스는 5G를 활용해 차량 위치를 실시간으로 추적하며 스마트하게 물류를 관리하고 있다. 이런 기술은 물류를 더 정교하게 만들어준다.

⑤ 앞으로의 물류는 어떤 모습일까?

미래의 물류는 다음과 같은 방향으로 발전할 것이다 :
- AI와 빅데이터로 물류를 예측하고 자동화한다.
- 자율주행차와 드론으로 무인 배송이 가능해진다.
- IoT와 블록체인으로 물류의 모든 과정을 실시간으로 관리할 수 있다.
- 5G와 디지털 트윈을 활용해 물류 과정을 미리 시뮬레이션하고 최적화한다.

이처럼 물류는 더 빠르고 정확해지며, 환경도 생각하는 방향으로 바뀌고 있다. 앞으로는 기술과 사람이 함께 일하는 '스마트 물류'가 점점 더 중요해질 것이다. 그리고 이런 미래는 우리 모두가 함께 만들어가야 한다.

주목해야할 미래 물류분야

(1) 지하 물류(Underground Logistics) : 미래 도시의 새로운 물류 혁신
① 지하 물류란?

지하 물류(Underground Logistics)는 도시의 지하 공간을 활용하여 자동화된 물류 시스템을 구축하는 개념이다. 이는 지상 도로의 교통 혼잡을 줄이고, 물류 효율성을 높이며, 친환경적인 방식으로 상품을 운송할 수 있도록 한다. 최근 전 세계적으로 스마트 도시 개발, 지속 가능한 물류 시스템 구축, 이커머스 성장 등의 요인으로 지하 물류 네트워크 구축이 활발하게 논의되고 있다.

② 지하 물류가 필요한 이유

<u>도시 교통 체증 해결</u>

도심 내 화물차량이 증가하면서 도로 정체가 심각해지고 있다. 지하 물류 시스템을 활용하면 화물차 운행을 줄이고, 도심 내 물류 흐름을 원활하게 할 수 있다.

<u>친환경 물류 시스템 구축</u>

화물차 운행이 줄어들면 이산화탄소 배출이 감소하여 지속 가능한 친환경 물류가 가능해진다. 전기 기반의 지하 물류 터널을 구축하면, 탄소 배출 없는 물류 시스템을 만들 수 있다.

빠르고 정밀한 물류 운영 가능

AI와 로봇이 운영하는 지하 물류 네트워크는 실시간으로 최적의 경로를 찾아 빠르게 상품을 배송할 수 있다. 도심 내 24시간 운영이 가능하며, 기존 배송보다 정확성과 신뢰성이 높아진다.

공간 활용 극대화

도심에는 물류센터를 짓기 위한 공간이 부족하다. 지하 물류 네트워크를 구축하면, 도심 내에서도 대형 물류 허브를 운영할 수 있다.

지하 물류 시스템은 도심 물류의 효율성을 높이고, 환경 친화적인 방식으로 지속 가능한 물류 모델을 만들 수 있는 혁신적인 해결책이다.

③ 지하 물류 시스템의 주요 기술과 개발 사례

지하 물류 터널 & 자동 컨베이어 시스템

도심 지하에 전용 물류 터널을 건설하고, 컨베이어 벨트 또는 자동화된 운송 로봇을 활용하여 물류를 운송하는 방식이다.[93]

지하 물류 터널을 활용하면, 기존 도로 물류보다 훨씬 빠르고 지속 가

---

[93]
- 스위스 : 카고수이즈(Cargo Sous Terrain) 프로젝트
  스위스는 2045년까지 지하 물류 터널을 구축하는 '카고수이스 프로젝트'를 추진하고 있다. 지하 물류 터널을 통해 전기 기반 자동화 운송 차량이 24시간 운영되며, 상품을 도심 내 물류 허브까지 빠르게 배송할 수 있다. 이 시스템이 구축되면 화물차 운행이 줄어들어, 도심 내 탄소 배출량이 크게 감소할 것으로 기대된다.
- 영국 : 로열메일 지하 물류 시스템(Mail Rail)
  영국은 과거 런던 도심의 우편물 운송을 위해 전용 지하철도망인 '메일레일'을 운영한 바 있다. 1927년 개통된 이 시스템은 런던 주요 우편분류센터를 지하로 연결하며, 소포와 우편물을 자동화 된 전기열차로 이송했다. 이후 2003년 운행이 중단되었다. 최근에는 런던 도심의 물류혼잡 완화와 탄소배출 저감을 위해, 현대적으로 재해석한 새로운 연구와 논의가 진행되고 있다.

능한 물류 운영이 가능해진다.

도심 지하 자동 물류 로봇 & 드론 시스템

자율주행 로봇과 드론을 활용하여, 지하 물류 네트워크에서 자동으로 상품을 이동시키는 방식이다. AI가 실시간으로 경로를 분석하여, 최적의 속도로 물류를 운영할 수 있도록 한다.[94]

지하 물류 네트워크와 자율주행 로봇이 결합되면, 도심 물류가 완전히 자동화될 가능성이 높아진다.

스마트 지하 물류센터 구축

지하 공간을 활용하여 스마트 물류센터를 구축하면, 도심에서도 대량 물류 처리가 가능하다. AI 기반의 스마트 창고 시스템을 도입하면, 자동으로 재고를 관리하고 빠르게 주문을 처리할 수 있다.[95]

스마트 물류센터와 지하 물류 시스템이 결합되면, 물류 운영이 더욱 빠르고 정밀해질 수 있다.

---

[94] • 일본 : 도쿄 지하 물류 로봇 프로젝트(계획단계)
일본 도쿄는 도심 내 지하 물류 네트워크에서 자율주행 로봇을 활용하여, 소형 화물을 자동으로 배송하는 시스템을 연구 중이다. 자율주행 로봇은 AI 기반으로 경로를 최적화하며, 실시간으로 주변 환경을 감지하여 안전하게 운행하도록 설계되었으며, 향후 도심지하 물류망과 연계를 목표로 하고있다.
• 싱가포르 : 스마트 물류 로봇 & 드론 시스템
싱가포르는 지하 물류와 연계하여 도심 내 배송을 자동화하는 로봇과 드론 시스템을 연구하고 있다. 지하 터널을 통해 상품을 도심 내 배송 허브로 운송한 후, 라스트 마일 배송(Last-Mile Delivery)은 로봇과 드론이 담당하는 방식이다.

[95] • 한국 : 철도기술연구원 스마트 물류센터 & 도심 지하 물류 연구
철도기술연구원은 AI 기반의 스마트 물류센터를 운영하고 있으며, 이를 지하 물류 시스템과 연계하는 방안을 연구하고 있다. 한국은 지하 공간을 활용한 물류센터 구축을 통해, 도심 내 물류 흐름을 최적화하는 방안을 검토 중이다.

④ 지하 물류의 장점과 도전 과제

지하 물류는 도심 속 교통 문제와 환경 문제를 동시에 해결할 수 있는 미래형 물류 시스템으로 주목받고 있다. 지금까지의 도심 물류는 대부분 지상 도로를 활용해 왔지만, 도로는 이미 차량으로 가득 차 있고, 빠른 배송을 원하면서도 환경을 생각해야 하는 시대에 기존 방식만으로는 한계가 뚜렷하다. 이런 배경 속에서 지하 공간을 활용한 물류 시스템이 새로운 대안으로 떠오르고 있다.

지하 물류의 장점

무엇보다 지하 물류의 가장 큰 장점은 도심 교통 체증을 줄일 수 있다는 점이다. 택배나 신선식품 배송처럼 짧은 거리에서 자주 이뤄지는 물류 이동을 지하 터널로 전환하면, 지상 도로는 더 여유로워지고 전체적인 교통 흐름도 개선된다. 또한, 전기 기반의 자동화 시스템을 지하에 설치하면 탄소 배출도 줄일 수 있다. 이는 친환경 물류로 전환하려는 세계적인 흐름과도 잘 맞는다.

배송 속도도 빨라질 수 있다. 지하 전용 루트를 통해 차량이나 로봇이 신호에 막히지 않고 정해진 경로로 자동으로 이동하면, 물류 이동 시간이 크게 단축된다. 그리고 도심의 공간 활용도 더 효율적으로 할 수 있다. 기존에는 물류센터를 도시 외곽에 지어야 했지만, 지하 공간을 활용하면 도심 안에도 물류 거점을 둘 수 있게 된다. 이렇게 되면 라스트마일 배송도 훨씬 빨라진다.

[표4-13] 지하 물류의 주요 장점

구분	내용
교통 체증 해소	지상 교통량 감소, 도심 혼잡 완화
친환경 실현	전기 기반 시스템으로 탄소 배출 감소
빠른 배송	신호 없이 빠른 자동화 이동 가능
공간 활용 극대화	도심 지하에 물류센터 구축 가능

지하 물류의 도전 과제

하지만 현실적으로 지하 물류 시스템을 도입하기는 쉽지 않다.

[표4-14] 지하 물류의 주요 도전 과제

구분	내용
높은 초기 비용	터널 및 시스템 구축에 막대한 투자 필요
유지보수 어려움	지하 환경 특성상 점검과 관리가 복잡함
법적·사회적 규제	규제와 주민 반발 등 사회적 수용성 고려 필요

무엇보다 초기 비용이 매우 많이 든다. 지하 터널을 뚫고, 자동화 설비를 설치하며, 이를 운영할 시스템을 구축하려면 막대한 자본이 필요하다. 또한, 지하 공간은 유지보수가 어렵다. 공기 순환, 방수, 전기 공급 등 관리해야 할 요소들이 많고, 정기적인 점검도 까다롭다. 마지막으로, 법적 문제와 주민 수용성도 중요하다. 지하 공간은 지상보다 사용 규제가 엄격하고, 공사 과정에서 발생할 수 있는 소음이나 진동에 대한 주민 반발도 고려해야 한다.

지하 물류의 미래 가능성

이처럼 단점도 있지만, 지하 물류는 도심 물류의 한계를 극복할 수 있는 새로운 해법이 될 수 있다. 자동화된 터널과 레일을 통해 물류가 이동하고, 지하 물류망이 자율주행 로봇이나 무인 드론과 결합된다면, 지하에서도 완전 자동화된 물류 시스템을 운영할 수 있게 된다.

또한 이 시스템이 스마트 물류센터와 연결된다면, 도심 한복판에서도 대량의 물류 처리가 가능해지고, 빠른 배송도 현실이 된다.

앞으로 AI와 로봇, 자율주행 기술이 더 발전하면, 지하 물류 시스템은 선택이 아닌 필수 인프라로 자리잡을 가능성이 크다. 도시의 혼잡을 줄이고, 친환경 배송을 실현하기 위해 지하를 활용하는 물류 혁신은 이제 본격적인 논의의 대상이 되고 있다.

지하 물류는 미래 도심 물류의 핵심 솔루션이 될 수 있다

지하 물류는 앞으로 도시 물류 문제를 해결할 수 있는 핵심 솔루션이 될 가능성이 크다.

지하 터널을 활용한 자동화 물류 시스템은 도심 내 교통 체증을 줄이고, 물류 흐름을 효율적으로 만드는 데 큰 도움이 된다. 여기에 자율주행 로봇과 드론 기술이 더해지면, 사람의 개입 없이도 지하 공간에서 물류가 자동으로 움직이는 네트워크를 구축할 수 있다.

또한 스마트 물류센터와 연계하면, 도심 한복판에서도 대량의 물류를 안정적으로 처리할 수 있는 기반이 마련된다.

[그림4-4] 스마트 물류 인프라 구축방안

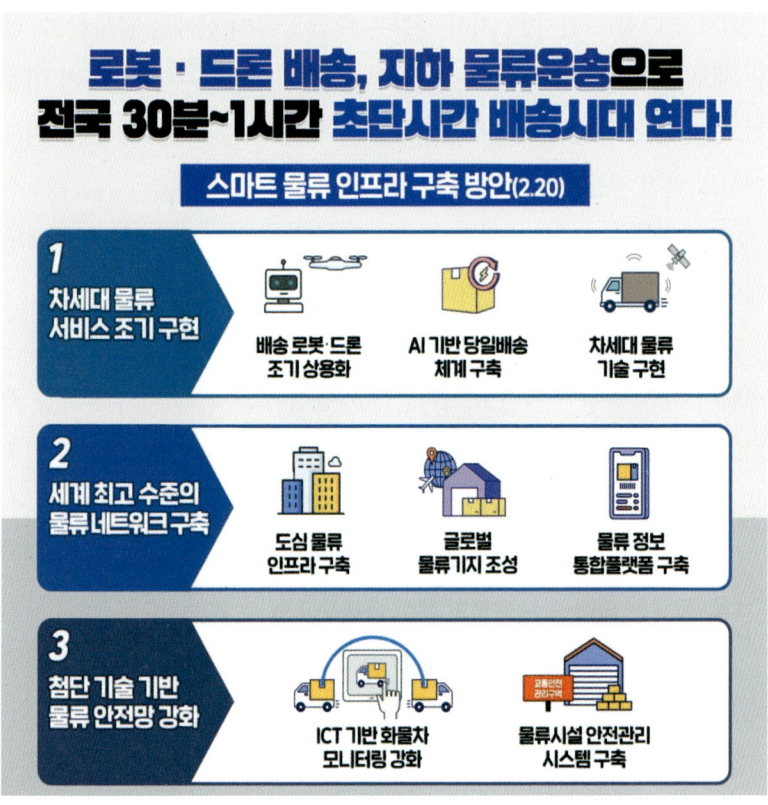

출처 : 국토교통부

[표4-15] 지하 물류의 핵심 전략

전략	기대 효과
지하 터널 자동화 시스템	교통 체증 해소, 물류 흐름 최적화
자율주행 로봇 도입	무인 자동화 물류 네트워크 구축 가능
스마트 물류센터 연계	도심 내 대량 물류 처리 가능

앞으로 AI, 로봇, 자율주행 기술이 더 발전하면, 이러한 지하 물류 시스템이 실제로 도시 곳곳에 도입될 가능성이 높다. 도시의 공간 문제와 환경 문제를 함께 해결할 수 있는 지하 물류는 이제 선택이 아니라, 미래 도시를 위한 필수 전략이 될 것이다.

(2) 해저 물류 : 새로운 물류 혁신과 가능성

해저 물류(Underwater Logistics)는 바닷속을 활용한 물류 네트워크를 구축하는 개념으로, 기존의 항공 및 육상 물류보다 빠르고 효율적인 대체 경로를 제공할 수 있는 혁신적인 기술이다. 현재 해저 물류는 해저 터널을 이용한 자동화 물류 시스템, 수중 드론 및 로봇을 활용한 해저 운송, 해양 스마트 컨테이너 항만 구축 등 다양한 방식으로 연구되고 있다. 해저 물류는 아직 초기 단계이지만, 글로벌 물류 네트워크를 혁신할 수 있는 중요한 요소로 주목받고 있다. 과연 해저 물류는 어떻게 발전하고 있으며, 어떤 기술이 적용되고 있을까?

① 해저 물류가 필요한 이유

기존 물류 시스템의 한계 극복

육상 및 항공 물류는 도로 정체, 기상 조건, 환경 문제 등의 영향을 받는다. 해저 물류는 날씨의 영향을 적게 받으며, 고속·대량 운송이 가능하여 안정적인 물류 운영이 가능하다.

글로벌 공급망 안정화

팬데믹, 전쟁, 지정학적 갈등 등의 요인으로 기존 물류 경로가 불안정

[그림4-5] '해저 하이퍼루프 구현 해상물류 혁신'

(AI가 그린 해양수산의 미래는…KMI, 공모전 대상 수상작)

출처 : 해사신문(http://www.haesanews.com)

해지고 있으며, 이를 보완할 새로운 물류 네트워크가 필요하다. 해저 물류는 육상 경로가 차단될 경우에도 대체 루트로 활용할 수 있는 가능성이 있다.

친환경 물류 시스템 구축 가능

해저 물류는 전기·수소 기반 운송 기술과 결합하여 탄소 배출을 줄일 수 있는 친환경 물류 시스템이 될 수 있다. 해양을 활용한 탄소중립 물류 네트워크 구축이 가능하다.

해저 물류는 기존의 육상·항공 물류가 가지는 한계를 보완하며, 글로벌 공급망을 더욱 안정적으로 운영할 수 있는 대안이 될 수 있다.

② 해저 물류 시스템의 주요 기술과 개발 사례

해저 터널을 활용한 자동화 물류 네트워크

해저 터널을 활용하여 자율주행 화물차량, 자기부상열차, 컨베이어 시스템을 이용한 물류 네트워크 구축이 가능하다. 기존 해상 물류보다 더 빠르고 안전하게 대량 화물을 운송할 수 있는 방식이다.[96]

해저 터널을 활용한 물류 시스템은 물류 흐름을 최적화하고, 육상 교통 체증을 줄이는 효과를 기대할 수 있다.

해양 드론 및 자율운항 선박을 활용한 해저 물류

수중 드론 및 자율운항 선박은 해저 또는 해상에서 화물을 이동시키는 기술로, 인력 개입 없이 자동화된 물류 운영이 가능하다.[97]

---

96 • 노르웨이 : 해저 물류 터널(SFT, Subsea Freight Tunnel) 프로젝트
　　노르웨이는 세계에서 가장 긴 해저터널(Rogfast)을 건설하고 있으며, 이를 통해 차량이 빠르고 안전하게 이동할 수 있도록 설계하고 있다.
　• 한국 : 제주-완도 해저 터널 프로젝트
　　한국도 제주도와 완도를 연결하는 해저 터널 건설을 검토 중이며, 이를 물류 운송 시스템과 연계하는 방안이 논의되고 있다. 아직 추진이 확정된 사업은 아니며, 타당성이 검토되는 단계이다. 이 터널이 완성되면 제주도의 물류 비용이 크게 절감될 것으로 기대된다.
97 • 일본 : 해양 드론을 활용한 스마트 해저 물류
　　일본은 수중 드론(AUV)을 활용하여 섬 지역과 본토 간의 해양 물류를 자동화하는 방안을

자율운항 선박과 수중 드론이 결합되면, 물류 운영이 더욱 정밀하고 신속해질 수 있다.

해저 스마트 항만(Smart Seaport) 구축

해저 물류를 효과적으로 운영하기 위해서는 스마트 항만을 구축하여 물류 흐름을 자동화해야 한다.[98]

해저 물류가 발전하려면, 이를 지원할 스마트 항만 인프라가 필수적이다.

③ 해저 물류의 장점과 도전 과제

해저 물류는 아직 낯설게 느껴질 수 있지만, 앞으로 글로벌 물류를 완전히 바꿔놓을 수 있는 중요한 기술 중 하나로 주목받고 있다. 물류라고 하면 흔히 트럭, 비행기, 배를 떠올리지만, 이제는 바닷속으로도 물건을 옮기는 시대가 열릴 준비를 하고 있다. 특히 해저를 활용한 물류는 날씨

---

[98] 연구중에 있다. 이 시스템이 구축되면 선박보다 빠르고 유연하게 물류를 운영할 수 있을 것으로 기대된다.
- 미국 : 자율운항 선박을 활용한 해양 물류 네트워크
  미국은 자율운항 선박(Autonomous Ships)을 활용하여, 해상 물류를 자동화하는 프로젝트를 추진 중이다. AI 기반의 자동 항로 탐색 시스템과 IoT 센서를 활용하여, 최적의 해상 물류 경로를 자동으로 설정한다. 대표 사례로는 Sea Machines Robotics 프로젝트가 있다.
- 유럽 : 로테르담 스마트 항만 프로젝트
  네덜란드 로테르담 항은 자율 크레인, AI 기반 물류 운영 시스템을 활용하여, 전 세계에서 가장 효율적인 스마트 항만으로 운영되고 있다. 향후 자율운항 선박과 연계한 해상물류 네트워크 구축을 목표로 연구중이다.
- 싱가포르 : PSA 투아스(Tuas) 항만 자동화 프로젝트
  싱가포르는 자율주행 전기트럭 로봇 크레인과 AI 기반 화물 자동 분류 시스템을 갖춘 스마트 항만을 운영 중이며, 드론·자율선박 기술과 연계한 스마트 해양물류 허브구축 연구를 진행하고 있다.

나 지형, 교통 상황에 크게 영향을 받지 않아 안정적이고 친환경적인 방식으로 주목받고 있다.

해저 물류의 장점

해저를 통해 물류를 운영하면, 가장 큰 장점 중 하나는 기후의 영향을 적게 받는다는 점이다. 태풍이나 폭우 같은 악천후가 있어도 해저는 비교적 영향을 덜 받기 때문에, 배송 지연 없이 꾸준한 물류 운영이 가능하다.

또한, 도로와 하늘을 이용한 물류가 점점 혼잡해지고 있는 가운데, 해저는 새로운 물류 경로를 제공할 수 있다. 예를 들어, 도로가 막혔을 때 바닷속 자동화 터널을 이용하면 대체 수송이 가능해진다.

탄소 배출도 적다. 해저 물류는 전기나 수소 기반의 친환경 운송 수단과 결합될 수 있기 때문에, 지구 환경에도 긍정적인 영향을 줄 수 있다.

게다가 지정학적인 갈등이나 위험 상황에서도 대안이 될 수 있다. 예를 들어, 육상이나 항공로가 끊겼을 때 해저 경로는 새로운 연결망 역할을 할 수 있다.

[표4-16] 해저 물류의 장점

항목	장점
기후 영향 최소화	태풍, 악천후 등의 영향을 받지 않고 안정적인 물류 운영 가능
교통 체증 해결	도로 및 항공 물류의 혼잡을 줄이고, 추가적인 물류 경로 제공
친환경 물류 실현	탄소 배출이 적은 전기 · 수소 기반 해저 운송 가능
지정학적 리스크회피	육상 · 항공 물류 차단 시에도 대체 경로 제공 가능

해저 물류의 도전 과제

하지만 해저 물류를 실제로 실현하려면 넘어야 할 산도 많다. 먼저, 막대한 초기 투자 비용이 필요하다. 해저 터널을 뚫고, 그 안에 자동화 물류 시스템을 설치하는 데는 돈과 시간이 많이 든다.

또한, 바닷속은 유지보수가 쉽지 않다. 물과 염분이 많은 환경에서는 기계나 센서가 빨리 고장날 수 있어 정기적인 점검과 기술력이 필요하다.

국제 협력도 중요하다. 바다 밑을 지나가는 물류 경로는 여러 나라의 땅을 연결할 수밖에 없기 때문에, 경로 설정과 운영에 있어 각국 간의 법적 합의와 협력이 필요하다.

④ 해저 물류는 미래 글로벌 물류의 새로운 패러다임이 될 수 있다

비록 아직은 초기 단계지만, 해저 물류는 미래에 지상 물류의 한계를 보완할 수 있는 대체 수단이 될 수 있다. 해저 터널을 활용한 자동화 물류 시스템은 육로의 정체를 줄이고, 안정적인 배송 경로를 제공할 수 있다.

또한, 사람이 직접 조종하지 않아도 되는 자율운항 선박이나 해양 드론 같은 기술이 발전하면서, 해저 물류는 점점 더 스마트하고 효율적인 방식으로 운영될 수 있다.

이러한 시스템이 스마트 항만과 연결되면, 전 세계를 하나의 빠르고 지속 가능한 해저 물류 네트워크로 연결할 수도 있다.

결론적으로, 해저 물류는 아직 개발 중인 분야지만, 앞으로 전 세계 물류의 판을 바꿀 수 있는 잠재력을 가진 새로운 패러다임이라고 할 수 있다.

(3) 우주 물류 : 미래 물류의 새로운 도전과 기회

우주 산업이 빠르게 성장하면서 우주 물류(Space Logistics)도 새로운 물류 영역으로 주목받고 있다. 인류는 이제 단순히 지구에서 물류를 운영하는 것을 넘어, 우주에서의 자원 운송, 우주 정거장 공급, 달과 화성 탐사 지원, 심지어 우주 내 상업 활동을 위한 물류 시스템까지 구축하려 하고 있다.

[그림4-6] DHL Space Logistics

출처:https://dhl-freight-connections.com/en/business/space-logistics-future-or-niche-market/

우주 물류는 아직 초기 단계이지만, 스페이스X, 블루 오리진, NASA, 유럽우주국(ESA), JAXA(일본 우주항공연구개발기구) 등 다양한 기관과 기업들이 우주 물류 네트워크를 개발하고 있다. 과연 우주 물류는 어떤 모습으로 발전하고 있으며, 어떤 기술과 시스템이 필요할까?

① 왜 우주에서도 물류가 필요할까?

우주 물류는 단순한 화물 운송을 넘어, 우주에서 인류가 지속적으로 활동하기 위한 필수적인 요소이다.

우주 탐사 및 정거장 유지보수

현재 국제우주정거장(ISS)과 미래의 달 기지, 화성 탐사선 등은 지속적으로 보급품과 장비를 공급받아야 한다. 기존에는 지구에서 미리 모든 물자를 준비해 발사해야 했지만, 효율적인 우주 물류 시스템이 구축되면 정기적인 물류 공급이 가능해진다.

달·화성 기지 건설을 위한 자원 운송

NASA와 여러 우주 기관들은 달과 화성에 유인 기지를 건설할 계획이며, 이를 위해 건설 자재, 에너지, 식량, 생필품 등 다양한 물류 수송이 필요하다. 우주에서 물자를 수송하는 효율적인 방식이 개발되지 않으면, 장기적인 기지 운영이 어려워진다.

우주 내 자원 활용(ISS, 달, 소행성 채굴 등)

소행성 채굴(Asteroid Mining) 및 우주 자원 활용이 가능해지면, 지구에서 모든 자원을 가져갈 필요 없이 우주에서 직접 조달할 수 있다. 이를 위해서는 우주에서 자원을 채굴하고 가공하여 적절한 장소로 운송하는 물류 시스템이 필요하다.

우주 관광 및 상업 활동 증가

스페이스X, 블루 오리진 등 민간 기업들은 우주 관광을 상업화하려 하고 있으며, 향후 우주 호텔과 상업 시설이 등장할 가능성이 있다. 우주 호텔이나 기지를 운영하려면 음식, 물, 공기, 연료 등의 물류 시스템이 필수적이다.

② 우주 물류에 필요한 기술은 무엇일까?

우주 물류는 지구 물류와는 완전히 다른 환경에서 작동해야 하므로 기존 물류 시스템을 그대로 적용할 수 없다. 새로운 기술과 혁신적인 방법이 필요하며, 주요 기술들은 다음과 같다.[99]

우주 화물 운송 기술

- 스페이스X의 드래곤(Dragon) 캡슐 : 현재 국제우주정거장(ISS)으로 화물을 보내는 주요 상업용 화물 우주선으로, 자동 도킹과 화물 공급 시스템을 갖추고 있다. NASA와 계약을 맺고 정기적으로 보급품을 운송하며, 우주에서 발생한 연구 장비 및 폐기물을 지구 대기권에서 소각 처리하는 역할도 수행한다.
- 시그너스(Cygnus) 화물 우주선 : 노스럽 그루먼(Northrop Grumman)이 개발한 ISS 보급용 화물선으로, NASA의 상업화물 공급프로그램에 따라 정기운항 중이다. ISS에 화물을 운송하고 업무종료 후 폐기물을 대기권에서 소각시킨다.

---

[99] 김승조, 「우주 기술의 파괴적 혁신」, 텍스트북스(2023.7)

- 블루 오리진의 '뉴 글렌(New Glenn)' 프로젝트 : 대형 화물 운송이 가능한 차세대 재사용 로켓으로 개발중이며, 향후 지구 저궤도 및 달·심우주 물류 운송망 구축을 목표로 하고 있다.

우주 물류 허브 및 기지 건설
- NASA '게이트웨이(Gateway)' 프로젝트 : NASA는 달 궤도에 우주 물류 기지를 건설하는 '게이트웨이' 프로젝트를 진행 중이며, 이 기지는 달 및 화성 탐사를 위한 전진 기지 역할을 할 예정이다.
- 스페이스X & 스타십(Starship) : 스페이스X는 대형 재사용 우주선 '스타십'을 활용하여 화물을 달과 화성으로 운송하는 시스템을 개발하고 있다.

우주 내 자원 활용 및 공급망 구축
- 소행성 채굴(Asteroid Mining) : 플래니터리 리소스(Planetary Resources), 딥 스페이스 인더스트리즈(Deep Space Industries) 등 민간 기업들은 소행성에서 금속, 물, 헬륨-3 등의 자원을 채굴하는 연구를 진행했다. 현재 두 회사 모두 사업이 중단되었다 다만 NASA와 EAS 등은 여전히 소행성 자원탐사 및 활용 기술 연구를 지속하고 있다.
- 달에서의 물 자원 활용 : NASA와 ESA(유럽우주국)는 달의 극지방에 존재하는 얼음을 채굴하여 식수 및 로켓 연료(수소·산소)로 활용하는 프로젝트를 추진 중이다. 이를 위해 자원을 채굴하고 가공하여 저장할 수 있는 우주 물류 시스템이 필수적이다.

자동화된 우주 물류

우주 물류가 발전하면, 인류는 지구에서 모든 물자를 준비하지 않고, 우주에서 자체적으로 필요한 자원을 확보하고 활용할 수 있는 시대를 맞이할 것이다.

- 자율 무인 우주선 활용 : 인간이 직접 운영하지 않고 AI와 자동항법시스템 기반의 무인 화물 우주선을 활용하여 자동으로 화물을 우주 기지나 정거장으로 운송하는 시스템 개발이 필요하다. 예를들어 스페이스X의 드레곤 등의 우주선은 NASA와 계약을 맺고 ISS에 정기적으로 화물을 운송하고 있다.
- 우주 로봇 물류 시스템 : NASA는 우주 내에서 자동으로 화물을 이동시키는 로봇 및 로봇팔 시스템을 운영하고 있으며, 국제우주정거장(ISS) 내에서도 캐나다암2와 데스트로 등 이미 로봇 팔을 활용한 물류 작업이 수행되고 있다.

우주 물류가 발전하면, 인류는 지구에서 모든 물자를 준비하지 않고, 우주에서 자체적으로 필요한 자원을 확보하고 활용할 수 있는 시대를 맞이할 것이다.

④ 우주 물류의 미래 : 어떻게 변화할 것인가?

우주 내 물류 네트워크 구축

현재는 지구에서 우주로 물자를 보내는 방식이지만, 앞으로는 달과 화성, 소행성에서 직접 자원을 조달하여 물류 네트워크를 구축하는 형태로 발전할 것이다.

우주 호텔 및 상업 시설 운영

우주 관광이 활성화되면, 우주 호텔과 상업 공간이 등장할 것이며, 이를 운영하기 위한 식량, 물, 공기, 생활 용품 등의 물류 시스템이 필요해질 것이다.

AI & 자동화 우주 물류 시스템 도입

AI가 물류 시스템을 운영하고, 무인 우주선이 정기적으로 화물을 수송하며, 로봇이 자율적으로 화물을 관리하는 형태로 발전할 것이다.

친환경 우주 물류 시스템 구축

지속 가능한 우주 탐사를 위해, 재사용 가능한 로켓, 우주 내 재활용 시스템, 친환경 추진체 기술 등이 발전할 것이다.

우주경제의 상황은 매우 빠르게 변화하고 있다. 중요한 역할중 하나는 미래의 비전을 제시하는 길이다. 세계적으로 진행되는 우주경제의 흐름을 이해하고, 우주경제의 현실적 난관을 미래의 비전으로 만들어야 한다.[100] 우주 물류는 아직 시작 단계지만, 가까운 미래에 새로운 산업으로 자리 잡을 가능성이 크다. 우주에서 자원을 직접 채굴하고, 필요한 물건을 자동으로 공급받는 시대가 멀지 않았다. 이처럼 물류는 지구를 넘어 우주에서도 사람의 삶을 가능하게 만드는 핵심 역할을 하게 될 것이다.

---

100 양현상, 『우주경제에 투자하라』, 두드림미디어(2024.9)

(4) 기타 주목받을 물류 분야들

① 극지 물류(Polar Logistics)[101]

남극이나 북극처럼 추운 극한 지역에서도 물류는 필요하다. 이곳에서는 기후가 매우 험하기 때문에, 특수한 운송 수단이 요구된다. 미국, 러시아, 영국 등은 쇄빙선이나 특수 항공기를 이용해 남극 기지에 물품을 공급하고 있다. 또, 북극 해빙이 점점 늘어나면서 북극 항로를 활용한 새로운 해상 물류 루트가 열리고 있다.

② 도심 공중 물류(Urban Aerial Logistics)

이제는 하늘길을 활용한 도심 물류도 등장하고 있다. 드론이 건물과 건물을 연결해 물건을 날라주는 시스템이다. 두바이는 공중 레일을 활용한 물류 시스템 '스카이팟(SkyPod)'을 개발하고 있으며, 독일의 볼로콥터(Volocopter)나 중국의 이항(Ehang) 같은 기업들은 드론을 활용한 도심 배송망을 구축하고 있다.

[표4-17] 주목받고 있거나 발전 가능성이 높은 물류 분야들

물류 분야	핵심 설명	대표 사례
극지 물류	극한지역(남·북극)에서의 특수 물류 시스템	남극기지 보급, 북극항로 해상물류 개발

---

101 대표 사례
- 남극 연구소 물류 시스템 : 미국, 러시아, 영국 등은 남극 기지에 물품을 공급하기 위해 특수 화물기와 쇄빙선을 이용
- 북극항로 활용(Arctic Shipping Route) : 지구온난화로 인해 북극 해빙이 진행되면서 북극 항로를 활용한 새로운 해상 물류 네트워크 개발 중

물류 분야	핵심 설명	대표 사례
도심 공중 물류	도심 공중을 활용한 드론 네트워크 물류	Dubai SkyPod, Volocopter, Ehang
메타버스 & 디지털 물류	디지털 트윈 기반 가상 물류 최적화	Amazon Fulfillment, DHL · Tesla 디지털 트윈
의료 및 백신 물류	콜드체인 기반 의약품 · 백신 안전 수송	Pfizer 초저온 시스템, UPS 헬스케어 물류
3D 프린팅 & 온디맨드 제조 물류	현장 3D 프린팅 활용, 부품 이동 최소화	NASA · SpaceX 우주 3D프린팅, GE · HP 제조 최적화
구독형 물류	생활용품 · 식품의 정기배송 및 온디맨드 시스템	Amazon Subscribe & Save, 로켓프레시, HelloFresh
데이터 기반 AI 물류	AI가 수요 · 배송 · 재고 등 예측 및 자동 운영	Amazon AI 창고, JD 스마트센터, UPS ORION
로컬 & 마이크로 풀필먼트	소규모 풀필먼트로 초단기 도심 배송 구현	Walmart 익스프레스, DoorDash, Gorillas
폐기물 & 순환 물류	회수 · 재사용 · 재활용 중심의 순환 경제 물류	H&M · Zara 리사이클, Starbucks 컵 회수
긴급 재난 물류	재난 · 전쟁 시 신속한 구호물자 전달 시스템	WHO 백신망, UN WFP, Google Project Loon
메가시티 물류	1000만 이상 도시의 초대형 물류 수요 대응	도쿄 · 서울 하이브리드 시스템, JD 메가허브
개인 맞춤형 물류	개인 맞춤형 배송 옵션 제공 (시간 · 장소 등)	Amazon Key, FedEx Manager, Nike 맞춤배송
반도체 & 배터리 물류	초정밀 관리 필요한 IT 부품 특수 물류	TSMC · 삼성 반도체망, Tesla · CATL 배터리망

③ 메타버스 & 디지털 물류(Metaverse & Digital Logistics)

가상 공간에서 물류 과정을 시뮬레이션하고 최적화하는 기술도 빠르게 발전 중이다. 이를 '디지털 트윈(Digital Twin)'이라고 부른다. 테슬라, DHL, 아마존은 이 기술을 이용해 물류 흐름을 미리 분석하고 개선하는 데 활

용하고 있다.[102]

④ 의료 및 백신 물류(Medical & Vaccine Logistics)

의약품이나 백신은 운송 과정에서 온도 관리가 매우 중요하다. 이를 위해 콜드체인(Cold Chain)이라는 기술이 쓰인다. 화이자와 모더나는 초저온 냉장 시스템으로 백신을 안전하게 운송했고, UPS와 DHL도 전 세계 의료 물류를 지원하고 있다.[103]

⑤ 3D 프린팅 & 온디맨드 제조 물류(3D Printing & On-Demand Manufacturing Logistics)

필요한 물건을 미리 이동시키는 대신, 현장에서 3D 프린팅으로 직접 만드는 방식이 늘고 있다. 우주, 군사, 의료 분야에서 특히 활용도가 높으며, NASA나 SpaceX는 우주에서 직접 부품을 만드는 연구를 진행 중이다.[104]

⑥ 구독형 물류(Subscription Logistics)

정기 배송 서비스 및 온디맨드(필요할 때만 공급) 물류 시스템으로, 유통사

---

[102] 대표 사례
- Tesla, DHL, Siemens : 디지털 트윈 기술을 활용한 물류 최적화 연구
- 아마존(Amazon Fulfillment) : AI 기반 가상 물류 네트워크 구축

[103] 대표 사례
- Pfizer & Moderna 백신 물류 시스템 : 초저온 냉장 시스템 운영
- DHL & UPS 헬스케어 물류 서비스 : 글로벌 의료 공급망 최적화

[104] 대표 사례
- NASA & SpaceX : 우주에서 3D 프린팅을 이용한 부품 제작 연구
- GE & HP : 3D 프린팅 기반 공급망 최적화

와 제조업체가 직접 소비자에게 주기적으로 상품을 제공하는 물류 모델이다. 아마존의 'Subscribe & Save'는 매달 생활용품을 자동으로 배송해주고, 쿠팡의 '로켓프레시'는 신선식품을 정기배송한다. 식재료 정기배송 서비스인 블루에이프런(Blue Apron)이나 헬로프레시(HelloFresh)도 주목받고 있다. 정기구독 서비스가 발전하면서, 맞춤형 물류 네트워크가 더욱 세분화될 전망이다.

⑦ 데이터 기반 AI 물류(Data-Driven AI Logistics)

AI는 물류 데이터를 분석해 수요 예측, 재고 관리, 배송 경로 최적화 등을 도와준다. 아마존은 AI로 물류창고를 자동화했고, JD.com은 무인 창고에서 실시간 물류 흐름을 관리하며, UPS는 AI로 가장 빠른 배송 경로를 계산해준다. AI가 물류의 핵심 역할을 하면서, 인공지능 기반 예측 물류가 주류로 자리 잡고 있다.[105]

⑧ 로컬 & 마이크로 풀필먼트(Local & Micro-Fulfillment Logistics)

대형 물류센터보다 작은 규모의 풀필먼트 센터를 구축하여, 소비자와 가까운 곳에 작은 물류 센터를 만들어 초단기 배송을 실현하는 방식이다. 월마트, 인스타카트, 고릴라스 등은 이런 '마이크로 풀필먼트 센터'를 통해 10~15분 내 배송을 목표로 하고 있다. 라스트 마일 물류(Last-Mile

---

105 대표 사례
- Amazon AI 물류 최적화 시스템 : 재고 예측 및 AI 기반 자동 창고 운영
- JD.com 스마트 물류 센터 : 무인 창고에서 AI가 실시간으로 물류 흐름 관리
- UPS ORION 시스템 : AI 기반 최적 배송 경로 추천

Delivery)와 결합하여, 도심 내 초고속 배송이 활성화될 전망이다.[106]

⑨ 폐기물 & 순환 물류(Waste & Circular Logistics)

제품 및 포장재의 회수, 재사용, 재활용 물류 시스템을 포함하는 순환 경제 모델로, 폐기물 물류(Waste Logistics)와 리버스 로지스틱스(Reverse Logistics)를 포함한다. 순환 물류가 활성화되면서, 친환경 회수 물류 시스템이 더욱 정교해지고 있다.[107]

⑩ 긴급 재난 물류(Emergency & Disaster Logistics)[108]

지진, 전쟁, 팬데믹 같은 재난 상황에서는 구호 물자를 빠르게 전달하

---

[106] 대표 사례
- Walmart Express Delivery : 매장 내 소규모 풀필먼트 센터에서 즉시 배송
- Instacart & DoorDash : 지역 기반 소규모 물류 네트워크 운영
- Gorillas & Getir : 10~15분 내 배송이 가능한 초단기 배송 네트워크 구축

[107] 대표 사례
- H&M & Zara의 의류 리사이클링 물류 시스템
- Starbucks & McDonald's : 리유저블 컵 회수 시스템 도입
- Amazon Second Chance : 중고 제품 재판매 및 폐기물 절감 프로그램

[108] 한국의 편의점도 재난구호물류시스템을 구축해 지역사회 공헌 인프라로서 역할을 수행하고 있다. 편의점 업계는 전국 물류센터와 점포를 기반으로 재난 지역에 체계적인 긴급 구호 거점 역할을 수행하는 사회적 인프라 역할을 하고 있다. 전국 약 5만 5580개(2024.12월말 기준)의 대규모 점포망과 물류센터, 배송시스템을 활용해 긴급 재난 상황 발생 시 구호 거점 역할을 수행하고 있다.
지난 2015년 CU(BGF리테일)를 시작으로 GS25(GS리테일)·이마트24, 롯데유통군 등 기업들은 지자체, 행정안전부, 전국재해구호협회 희망브리지와 '재해구호 분야 민관 협력을 위한 업무협약'을 통해 체결했다. 이를 통해 24시간 가동하는 긴밀한 소통 체계가 갖춰져 있어 재난 재해 상황을 보고받는 즉시 피해 지역 인근 물류센터에서 생필품을 지원할 수 있는 재난구호 물류시스템을 구축했다. 이 같은 시스템 구축은 신속성을 높인 것은 물론, 지원 품목 다양화에도 기여했다. CU는 전국 주요 물류센터에 모포, 수건, 속옷, 체육복, 매트, 비누 등 재해구호물자 세트를 상시 보관하고 있다. 특히 장기 보관 시 부패 가능성으로 구호물자 세트에 포함되지 못했던 생수, 라면, 즉석밥 등 식품도 편의점 물류센터를 통해 지원 품목에 포함시킬 수 있게 됐다.

는 것이 중요하다. WHO, UN 세계식량계획(WFP), 구글은 드론, 열기구, 위성 데이터 등을 활용해 긴급 물류 시스템을 운영하고 있다. AI와 드론을 활용한 신속한 긴급 재난 물류가 더욱 발전할 것으로 예상된다.[109]

⑪ 메가시티 물류(Megacity Logistics)

도쿄, 뉴욕, 상하이, 서울처럼 인구가 1,000만 명이 넘는 대도시는 물류 수요도 크다. 이런 도시들은 도심 교통 문제를 해결하고 지상과 지하를 결합한 스마트 물류 시스템을 구축하고 있다. 알리바바와 JD.com은 '메가 물류 허브'를 도입해 대량 물류를 처리하고 있다. 대도시에서 더욱 복잡해지는 물류 환경을 최적화하기 위한 메가시티 물류 연구가 진행 중이다.[110]

⑫ 개인 맞춤형 물류(Personalized Logistics)

요즘 소비자들은 원하는 시간에, 원하는 방식으로 배송받기를 원한다. 이에 따라 아마존은 소비자가 집에 없어도 집 안에 배송해주는 '아마존 키' 서비스를 제공하고 있고, 페덱스나 나이키도 소비자가 직접 배송 일정을 정할 수 있는 서비스를 운영 중이다. 개별 소비자의 생활 패턴을 반

---

[109] 대표 사례
- WHO 긴급 백신 배송 시스템 : 백신을 신속하게 배포하는 글로벌 물류 네트워크
- UN WFP(세계식량계획) 긴급 식량 공급망 : 기아 및 재난 지역에 식량 공급
- Google Project Loon : 열기구를 활용한 재난 지역 인터넷 및 물류 지원

[110] 대표 사례
- 도쿄, 뉴욕, 상하이, 런던 : 도심 내 하이브리드 물류 네트워크 구축
- 서울 스마트 물류 시스템 : 지하 & 지상 물류 네트워크 결합
- Alibaba & JD.com의 '메가 물류 허브' : 초대형 도심 물류 시스템 운영

영한 개인 맞춤형 물류 서비스가 확대될 전망이다.[111]

Yamato Transport[112]와 Sagawa Express[113]는 일본의 대표적인 물류

---

[111] 대표 사례
- Amazon Key : 소비자가 부재 중일 때, 집 안까지 물건을 배달해주는 맞춤형 서비스
- FedEx Delivery Manager : 소비자가 직접 배송 일정을 설정
- Nike On-Demand Delivery : 특정 고객 맞춤형 배송 서비스

[112] https://www.kuronekoyamato.co.jp/ytc/en/send/services/
Yamato Transport는 일본에서 가장 큰 물류 서비스 제공자 중 하나로, 특히 고령자를 위한 맞춤형 물류 서비스를 운영하는 데 중점을 두고 있다. Yamato의 'TA-Q-BIN' 서비스는 고령자들에게 맞춤형 배송 서비스와 정기적인 의료 용품 배송을 제공하여 그들의 삶의 질을 향상시키는 데 기여하고 있다.
TA-Q-BIN은 Yamato Transport의 대표적인 소화물 배송 서비스로, 일본 전역에 걸쳐 신속하고 정확한 배송을 제공한다. 이 서비스는 특히 고령자들을 위한 다양한 맞춤형 옵션을 포함하고 있다.
① 맞춤형 의료 용품 배송 : 고령자들이 정기적으로 필요한 의료 용품을 안전하고 신속하게 배송하는 맞춤형 서비스를 제공한다.
② 정기 배송 서비스 : 고령자들이 정기적으로 필요한 약물이나 의료 용품을 정기적으로 배송하여, 그들이 필요한 시기에 적절한 물품을 받을 수 있도록 한다. 예를 들어, 특정 약물을 매월 정해진 날짜에 배송하는 서비스를 통해 약물 복용의 연속성을 보장한다.
③ 의료 기기 배송 : 혈압계, 혈당 측정기 등의 의료 기기를 안전하게 배송하며, 필요한 경우 설치와 사용 방법을 안내하는 서비스를 제공한다. 고령자들이 필요한 의료 기기를 쉽게 사용할 수 있도록 지원한다.
④ 시간 지정 배송 : 고객이 원하는 시간대에 맞춰 물품을 배송해주는 서비스이다. 고령자들이 외출 시간을 피하고 집에 있을 때 물품을 받을 수 있도록 유연한 배송 시간을 제공한다.
⑤ 냉장 및 냉동 배송 : 고령자들이 자주 필요한 신선 식품과 약물을 안전하게 배송하기 위해 냉장 및 냉동 차량을 운영한다. 이를 통해 식품과 약물의 신선도를 유지하고, 안전하게 배송할 수 있다.
⑥ TA-Q-BIN Collect : 고객이 물품을 수령할 때 대금을 지불하는 서비스로, 고령자들이 온라인 결제에 익숙하지 않거나 불편함을 느낄 경우 유용하다. 물품의 대금을 현금으로 지불할 수 있어 편리함을 제공한다.

[113] https://www.sagawa-exp.co.jp/english/
Sagawa Express는 특히, 신속하고 안전한 배송 서비스로 유명하며, 고령자들이 필요로 하는 다양한 물품을 적시에 제공하는 데 중점을 두고 있다.
① 정기적 의료 용품 배송 : 고령자들이 정기적으로 필요한 의료 용품을 적시에 제공하는 서비스를 운영하고 있다.
② 정기 배송 서비스 : 고령자들이 필요로 하는 약물과 의료 용품을 정기적으로 배송하여, 그들이 제때에 필요한 물품을 받을 수 있도록 한다. 예를 들어, 매월 일정한 날짜에 약물을 배송함으로써 약물 복용의 연속성을 보장한다.

서비스 제공자로, 고령자 맞춤형 물류 서비스를 통해 그들의 삶의 질을 향상시키고 있다. 이러한 맞춤형 서비스는 고령자들이 필요한 물품을 적시에 안전하게 받을 수 있도록 지원하며, 그들의 건강과 안전을 보장하는 데 중요한 역할을 하고 있다. Yamato와 Sagawa의 사례는 고령화 사회에서 물류 서비스가 어떻게 진화하고 있는지를 잘 보여주고 있으며, 다른 물류 기업들에게도 많은 시사점을 제공한다.

⑬ 반도체 & 배터리 물류(Semiconductor & Battery Logistics)

반도체나 배터리, 고부가가치 IT 부품은 특수 물류 시스템을 갖추고 정밀한 관리가 필요한 제품이다. 온도, 충격 관리가 필요한 특수 물류 기술이 요구된다, 글로벌 공급망의 핵심이기도 하다. 삼성, TSMC는 글로벌 반도체 물류망을 정밀하게 관리하고 있으며, 테슬라와 CATL은 전기차 배터리 글로벌 공급망을 최적화하고 있다. 반도체와 배터리의 중요성이 높아지면서, 초정밀 물류 시스템 개발이 더욱 중요해지고 있다.

물류는 계속 진화하고 있다

기술이 발전하고, 환경에 대한 관심이 높아지면서 물류의 모습도 빠르

---

③ 응급 물품 배송 : 응급 상황에서 필요한 의료 물품이나 약물을 신속하게 배송하는 서비스를 제공하여, 고령자들의 건강과 안전을 지킬 수 있도록 한다. 이를 통해 응급 상황에서도 필요한 물품을 적시에 제공받을 수 있다.
④ 시간 지정 배송 : 고령자들이 원하는 시간대에 물품을 받을 수 있도록 유연한 배송 시간을 제공한다. 이를 통해 고령자들이 외출 시간을 피하고 집에서 편안하게 물품을 수령할 수 있도록 한다.
⑤ 냉장 및 냉동 배송 : 신선 식품과 약물의 안전한 배송을 위해 냉장 및 냉동 차량을 운영한다. 이를 통해 식품과 약물의 신선도를 유지하고, 고령자들에게 안전하게 배송할 수 있다.

게 변하고 있다. 앞으로 중요한 물류의 방향은 크게 네 가지로 정리할 수 있다.

[표4-18] 미래 물류의 핵심 키워드

분류	설명
스마트 & 자동화 물류	AI, 드론, 로봇을 활용한 첨단 물류 시스템
친환경 & 지속가능 물류	탄소중립, 재생에너지, 전기차·수소차 등 친환경 운송수단 사용
특수 지역 물류	우주, 해저, 극지, 군사 등 특수한 환경에서의 물류
디지털 & 메타버스 물류	디지털 트윈, 가상 공간에서 물류 흐름을 최적화하는 기술

첫째, 스마트하고 자동화된 물류다.

인공지능(AI), 드론, 로봇 같은 기술을 활용해 사람이 하지 않아도 자동으로 물류가 움직이게 만드는 시스템이 점점 늘고 있다.

둘째, 친환경적이고 지속 가능한 물류다.

탄소를 줄이고, 전기차나 수소차 같은 친환경 운송수단을 쓰는 방식으로 바뀌고 있다.

셋째는 특수 지역에서의 물류다.

우주, 바닷속, 북극 같은 극한 환경에서도 물류가 가능하도록 새로운 방법들이 개발되고 있다.

넷째는 디지털 기술을 활용한 물류다.

디지털 트윈이나 메타버스 같은 기술로 실제 물류 흐름을 가상공간에서 미리 실험하고 최적화하는 시스템이 등장하고 있다.

앞으로도 물류는 기술과 환경 변화에 따라 계속 새로워질 것이다. 기업들은 이런 변화에 빠르게 대응해야 경쟁력을 유지할 수 있다.

Column 12

물류산업의 AI 전환 : 다섯 개의 축이 만드는 새로운 운영 질서

요즘 물류산업은 빠르게 변하고 있다. 이 변화의 중심에는 '인공지능(AI)'이 있다. 과거에는 사람이 계획하고 기계가 따라 했지만, 이제는 AI가 판단하고 기계가 스스로 움직이며, 사람은 전체 전략을 관리하는 방식으로 바뀌고 있다. AI는 더 이상 단순한 기술이 아니라, 물류 운영을 새롭게 만드는 중심축이 되고 있다.

물류산업의 AI 전환을 이끄는 다섯 가지 기술 요소와 이들이 어떻게 하나의 시스템으로 연결되어 작동하는지를 살펴본다.

첫째, AI Agent는 물류의 디지털 두뇌 역할을 한다.
AI Agent는 창고, 운송, 주문, 고객관리 시스템 등과 연결되어 실시간 데이터를 분석하고 판단을 내린다. 재고 현황, 주문량, 인력 상태, 교통 상황 등을 종합적으로 고려해 출고 순서를 정하고 작업을 지시한다. 갑작스러운 문제도 미리 학습된 정보로 빠르게 대응할 수 있다. 또, 관리자와의 소통도 가능해 점점 더 사람과 협력하는 디지털 동료가 되고 있다.

둘째, 피지컬 AI는 물류의 손과 발이다.
피지컬 AI는 로봇, 드론, 자동 포장기 등 실제로 물건을 옮기고 포장하는 장비들이다. 이들은 단순한 기계가 아니라 센서와 AI 알고리즘을 갖춘 '스스로 판단하고 움직이는 장비'다. 예를 들어, 창고 로봇은 장애물을 피해 이동하고, 드론은 외딴 지역까지 배송한다. 피지컬 AI는 AI Agent의 지시를 실제 행동으로 옮기는 실행자다.

셋째, 예측 기술은 물류의 불확실성을 줄이는 도구다.
물류는 날씨, 행사, 계절 등에 따라 수요가 크게 달라진다. AI는 판매 기록, 재고 정보, SNS 반응, 기상 정보 등을 분석해 어떤 물건이 얼마나 필요한지 미리 예측할 수 있다. 이를 통해 기업은 필요한 인력과 차량을 미리 준비하고, 물건도 적절히 분배할 수 있다.

넷째, 데이터 분석은 숨겨진 문제를 찾아내는 열쇠다.
AI는 다양한 데이터를 분석해 배송 지연 원인, 반품이 많은 제품, 효율이 떨어지는 지역 등을 찾아낸다. 이런 분석을 통해 기업은 병목 구간을 해결하고 더 나은 전략을 세울 수 있다. 분석은 예측 정확도를 높이고, AI의 의사결정 능력을 강화하는 밑바탕이 된다.

다섯째, AI 기반 의사결정 시스템은 자동화된 전략가다.
이 시스템은 다양한 데이터를 종합해 스스로 판단하고 실행한다. 예를 들어, 폭설이 예보되면 AI는 미리 배송 경로를 바꾸고, 재고를 다른 창고로 옮기며, 고객에게 안내 메시지를 보낸다. 또, 반품이 많아지면 원인을 분석하고 자동으로 보상 정책을 조정한다. 이처럼 AI는 빠르고 정교하게 전략을 실행하며, 조직의 민첩성을 높인다.

다섯 개의 축이 만드는 통합 AI 물류 운영체계
AI Agent, 피지컬 AI, 데이터 기반 예측, 정교한 분석, 그리고 자율적 의사결정 시스템—이 다섯 가지 AI 기술 축은 단순히 각각의 역할을 수행하는 기술이 아니다. 이들은 유기적으로 연결되며, 하나의 지능형 통합 운영체계로 작동하는 'AI 물류 생태계'를 구축한다.

AI Agent는 실시간 상황을 파악하고 전체 프로세스를 조율하며 판단을 내리고, 피지컬 AI는 그 판단을 물리적 공간에서 정확하고 신속하게 실행하고, 데이터 분석은 원인을 진단하고 개선 방향을 도출하며, 예측 시스템은 다가올 수요 변화와 리스크를 사전 감지해 대비하고, AI 기반 의사결정 시스템은 이 모든 정보와 기능을 연결해 자동으로 전략적 결정을 내린다.

이제 물류는 더 이상 단순히 '사람이 설계하고 기계가 따라가는' 산업이 아니다. AI가 판단하고, AI가 실행하며, 인간은 전략과 가치 창출 중심의 고도화된 역할을 맡는 자율 협업 구조로 물류산업은 재편되고 있다. 세간에 우려하고 있는 AI를 생산성 극대화를 위해 인간의 행동을 감시, 통제하는데 이용하려는 시도에는 철저한 통제가 필요하다.[114]

AI는 더 이상 선택할 수 있는 부가 기술이 아니다. AI는 물류 산업의 새로운 사고 방식이며, 기업 생존과 성장 전략의 핵심이며, 산업 경쟁력의 기반 인프라다.

이제 물어야 할 질문은 명확해졌다. 단순히 "우리는 AI를 도입했는가?"가 아니라, "우리는 AI와 함께 작동하는 조직인가?" "우리의 의사결정, 우리의 실행력, 우리의 전략은 AI와 얼마나 정합적으로 연결되어 있는가?"라는 물음이다. 앞으로의 물류산업은 AI와 함께 호흡하는 조직만이, 더 빠르게 판단하고, 더 똑똑하게 움직이며, 더 민첩하게 회복할 수 있다.

AI는 물류의 미래가 아니라, 이미 시작된 현재형 경쟁력이다.

---

114 "아마존, AI 이용 '근로자 감시' 논란", 「글로벌 물류기술 동향」, 2022 Volume 16, Issue No. 669
'Monitor worker safety and productivity', AWS, 2021. 11. ;'Leaked Documents Show How Amazon's Automated Systems Force Canadian Workers to Scan Boxes Faster or Face Termination", Press Progress, 2021. 11. 29(재인용)

에필로그

물류를 이해하는 것이
미래를 준비하는
길이다

　우리는 매일 물류의 도움을 받으며 살아간다. 집에서 온라인 쇼핑을 할 때, 아침에 편의점에서 커피를 살 때, 해외에서 온 물건을 사용할 때도 모두 물류가 있어 가능하다. 하지만 정작 '물류'가 어떤 과정을 거치는지, 또 그것이 우리 삶에 얼마나 중요한지 생각해본 적은 많지 않다.

　사실 물류는 단순히 물건을 옮기는 것에 그치지 않는다. 물류는 경제가 제대로 돌아가게 만드는 중요한 엔진이고, 기술의 발전과 함께 빠르게 변하고 있는 산업이다. 예전에는 트럭이나 배로 물건을 나르고 창고에 보관하는 게 전부였지만, 지금은 인공지능(AI), 로봇, 드론, 자율주행 차량, 친환경 배송, 심지어 우주나 바닷속 물류까지 다양한 모습으로 발전하고 있다.

　이처럼 물류는 더 빠르고, 더 편리하고, 더 친환경적인 방향으로 계속

진화하고 있다. 앞으로는 우리가 물류를 얼마나 잘 이해하느냐에 따라 새로운 기회를 잡을 수 있고, 더 나은 미래를 만들 수도 있다.

그렇다면 우리는 무엇을 할 수 있을까? 물류가 더 효율적이고 지속 가능한 방향으로 발전하려면, 기업뿐 아니라 우리 모두가 함께 노력해야 한다. 친환경 배송을 선택하고, 포장을 줄이고, 물건을 꼭 필요할 때만 사는 습관도 하나의 시작이 될 수 있다.

물류를 이해하는 것은 단지 산업을 아는 것을 넘어, 우리의 일상과 미래를 준비하는 일이다. 이 책을 통해 물류에 대해 조금 더 가까워졌다면, 이미 미래를 준비하는 첫 걸음을 뗀 셈이다.

37. 우리가 매일 이용하는 물류, 얼마나 알고 있을까?

물류는 우리 일상의 모든 곳에 있다

우리는 매일 물류를 이용하고 있지만, 그것을 직접적으로 인식하는 경우는 드물다. 스마트폰으로 온라인 쇼핑을 하고, 마트에서 신선한 식재료를 구매하고, 해외에서 직구한 상품을 기다리는 동안에도 복잡한 물류 네트워크가 작동하고 있다.

예를 들어, 우리가 아침에 마시는 커피 한 잔도 물류가 없다면 마실 수 없다. 커피 원두는 브라질, 에티오피아, 베트남 등에서 재배된 후 컨테이

물류는 미래 사회의 생존 전략이자 기술 혁신의 축, 지속 가능한 삶의 열쇠다

너 선박을 통해 한국이나 미국, 유럽으로 운송된다. 이후 로스팅 공장에서 가공된 원두는 다시 도매업체와 카페로 배송된다. 이렇게 물류는 우리가 손쉽게 커피를 즐길 수 있도록 보이지 않는 곳에서 끊임없이 움직이고 있다.

물류는 단순히 제품을 한 곳에서 다른 곳으로 옮기는 것이 아니다. 원자재 조달, 생산, 유통, 창고 보관, 운송, 최종 소비자 배송까지 전 과정을 포함하는 광범위한 산업이다. 우리가 마트에서 쉽게 구매하는 신선식품, 가구, 전자제품, 의류 등 모든 제품은 효율적인 물류 시스템 덕분에 적절한 시기에, 최적의 상태로 도착하는 것이다.

물류는 지금도 빠르게 변화하고 있다

우리는 하루에도 몇 번씩 물류 서비스를 이용한다. 클릭 한 번이면 다음 날 상품이 도착하고, 배달앱으로 음식을 주문하면 30분 안에 집 앞에 도착한다. 그런데 이렇게 편리한 일상이 가능해진 배경에 어떤 기술이 숨어 있고, 물류 산업이 얼마나 빠르게 진화하고 있는지를 진지하게 고민해본 사람은 드물다.

과거의 물류는 주로 트럭이나 배로 물건을 옮기고 창고에 보관하는 단순한 역할에 머물렀다. 하지만 지금은 상황이 완전히 다르다. AI, 드론, 로봇, 자율주행 기술, 친환경 에너지 시스템 등이 물류 현장에 속속 도입되면서 물류는 더 이상 '단순한 이동의 과정'이 아니라 '첨단 산업'으로 재탄생하고 있다.

지금 이 순간에도 전 세계 수많은 물류센터와 운송수단은 데이터를 분석하고, 사람의 개입 없이 스스로 판단하며 움직이고 있다. 우리가 버튼 하나만 누르면 다음 날 문 앞에 물건이 도착하는 이유, 그 속에 숨어 있는 변화의 기술을 하나씩 살펴보자.

AI 기반 예측 배송

가장 대표적인 변화는 '예측 물류'다. 과거에는 주문이 들어온 후에야 상품을 포장하고 배송을 준비했지만, 이제는 AI가 고객의 구매 패턴을 분석해 미리 상품을 지역별 물류센터에 배치해 둔다. 예를 들어, 특정 동네에서 생수나 커피 원두 주문이 자주 발생하면, 물류센터는 그 지역에 해당 상품을 먼저 보내놓는다. 덕분에 소비자는 주문하자마자 빠른 시간 안에 상품을 받을 수 있다. 아마존, 쿠팡, JD닷컴 같은 글로벌 기업들이 이 기술을 선도하고 있다.

드론과 로봇 배송

도심에서 자율주행 로봇이 조용히 골목을 누비며 상품을 배달하거나, 하늘에서 드론이 음식이나 약을 배송하는 모습은 이제 먼 미래의 이야기가 아니다. 미국에서는 UPS와 FedEx가 의료품 드론 배송을 테스트하고 있고, 한국에서도 도심 드론 배송 서비스가 일부 지역에서 시범 운영되고 있다. 드론과 로봇은 단순히 새로운 수단이 아니라, 인력 부족 문제를 해결하고, 환경 부담을 줄이는 해결책으로 주목받고 있다.

스마트 물류센터

물류센터도 '스마트'하게 바뀌고 있다. 예전에는 사람이 일일이 상품을 찾고, 확인하고, 포장했지만, 이제는 IoT와 RFID 기술을 이용해 창고 내 모든 상품의 위치를 실시간으로 파악할 수 있다. 로봇이 자동으로 상품을 선반에서 꺼내오고, 분류하고, 포장까지 마치는 풀필먼트 자동화 시스템이 빠르게 확산되고 있다. 영국 Ocado의 'Luton CFC', 아마존의 '키바 로봇' 시스템이 대표적인 사례다. 이런 변화 덕분에 더 빠르고 정확한 배송이 가능해지고, 작업자의 업무 강도도 낮아진다.

친환경 물류 확대

물류 산업은 전체 온실가스 배출량의 약 8~11%를 차지할 만큼 환경에 영향을 많이 준다. 이를 줄이기 위해 전기 트럭, 수소차, 재사용 포장재 등 친환경 기술이 물류 현장에 적용되고 있다. DHL은 탄소중립을 목표로 전기차 배송을 확대하고 있고, CJ대한통운도 종이 완충재와 리사이클 포장재를 도입하고 있다. 소비자들도 친환경 배송 옵션을 선택하는 경우가 늘고 있어, 물류업계는 친환경으로의 전환을 더 이상 미룰 수 없게 되었다.

물류를 이해하는 것이 곧 미래를 준비하는 일

우리는 매일 물류 서비스를 이용하면서도, 그것이 어떻게 작동하는지는 잘 모르는 경우가 많다. 택배가 제시간에 도착하지 않으면 불편함을 느끼지만, 그 뒤에 어떤 시스템이 있고, 누가 움직이고, 어떤 기술이 동원되었는지는 잘 떠올리지 않는다.

하지만 물류는 단지 물건을 나르는 일 이상의 가치를 지닌다. 이 산업은 우리의 일상을 지탱하는 보이지 않는 인프라이자, 앞으로의 삶을 결정짓는 미래 기술의 집합체다. 그리고 그 흐름을 이해하는 것은 단순한 지식 습득을 넘어서, 빠르게 변하는 세상에 대응하는 힘이 된다.

물류는 경제의 혈관이다

경제를 사람의 몸에 비유한다면, 물류는 혈관과 같다. 생산된 물건은 물류를 통해 유통되고, 소비자에게 전달된다. 만약 이 물류 흐름이 막히면, 기업은 판매를 못 하고, 소비자는 상품을 받지 못하며, 사회 전체가 정지 상태가 된다. 코로나19 초기, 마스크가 공급되지 않아 모두가 혼란을 겪은 경험이 바로 물류의 중요성을 보여주는 사례다.

따라서 물류 시스템이 얼마나 안정적이고, 빠르고, 유연하냐에 따라 한 나라의 산업 경쟁력이 좌우된다. 글로벌 기업들이 물류에 막대한 투자를 하는 이유도 여기에 있다.

물류는 기술 발전의 최전선에 있다

요즘 물류는 인공지능, 자율주행, 드론, 로봇, IoT, 디지털 트윈 같은 최신 기술이 가장 먼저 실험되고 적용되는 분야다. 무인 배송차, 드론 배달, 로봇 창고 자동화 등은 이미 일부 기업에서 실현되고 있고, 머지않아 일상으로 다가올 것이다.

즉, 물류를 이해하는 것은 이 모든 미래 기술의 흐름을 이해하는 일과 같다. 자율주행이 우리 사회에 어떤 영향을 미칠지, AI가 어떻게 노동을 바꿀지, 물류를 통해 먼저 경험할 수 있다.

물류는 환경과 사회의 지속 가능성과도 연결된다

기후변화 시대, 물류는 이제 단순한 효율이 아닌 지속 가능성과 친환경성을 고민해야 하는 분야가 됐다. 전기차·수소차 배송, 리사이클 포장, 탄소중립 창고 운영, 회수물류 등은 더 이상 실험이 아니라 실제 도입 중인 흐름이다.

소비자 또한 이 변화에 동참할 수 있다. 리필 상품을 고르고, 친환경 배송 옵션을 선택하며, 꼭 필요한 소비만 하는 것은 모두 미래 물류를 건강하게 만드는 선택이다.

물류를 아는 것이 진짜 '미래 감각'을 갖추는 길이다

앞으로의 사회는 연결과 이동의 효율이 중요해지는 사회다. 이때 물류를 이해하고 있는 사람은 단순한 소비자가 아니라 변화를 이해하고, 대응할 수 있는 시민이 된다. 취업, 창업, 정책, 기술 등 어떤 분야에 있든 물류에 대한 기본적인 이해가 있다면, 더 넓은 시야로 세상을 바라볼 수 있다. 이런 점에서 물류는 우리 삶의 배경이 아니라 중심이며, 물류를 아는 것이야말로 미래를 준비하는 가장 중요한 방법이 될 수 있다.

결국, '물류'는 단지 '배송'의 개념을 넘어서, 미래 사회의 생존 전략이자 기술 혁신의 축, 지속 가능한 삶의 열쇠다. 지금 우리가 물류에 대해 더 많이 알고, 더 똑똑한 선택을 할수록, 우리의 삶은 더 나은 방향으로 나아갈 수 있다.

38. 물류의 변화가 가져올 새로운 기회

물류는 단순히 물건을 옮기는 일이 아니다. 이제는 인공지능, 로봇, 자율주행 기술, 친환경 에너지 등과 만나며 새로운 가치를 만들어내고 있다. 이러한 변화는 기업뿐 아니라 우리 소비자에게도 새로운 기회를 가져다준다. 경제 성장, 새로운 일자리, 환경 보호까지도 물류의 진화와 연결되어 있다. 그렇다면 지금 물류 산업에서는 어떤 기회가 생겨나고 있을까?

스마트 기술이 열어주는 기회
① AI로 예측하고 먼저 보내는 물류

인공지능(AI)은 소비자들이 어떤 물건을 자주, 언제쯤 주문하는지 학습해서, 미리 물류센터에 해당 물건을 준비해 둔다. 예를 들어 아마존, 쿠팡, 월마트는 이런 시스템 덕분에 주문하자마자 바로 발송할 수 있다. 고객은 빠른 배송을 받고, 기업은 재고와 비용을 줄일 수 있어 모두에게 이익이다.

② 로봇이 움직이는 자동 물류센터

예전에는 사람이 하나하나 물건을 찾아 포장했다면, 이제는 로봇이 창고 안을 달려다니며 물건을 꺼내고 포장도 도와준다. JD닷컴, 아마존, DHL 같은 기업은 이미 자동화된 물류센터를 운영 중이다. 물류 로봇 개발에 투자하는 스타트업도 늘고 있다. 미래에는 사람보다 로봇이 더 많이 일하는 창고가 늘어날 것이다.

③ 자율주행 차량과 드론이 배달하는 시대

사람이 운전하지 않아도 되는 차량, 하늘을 나는 드론이 직접 물건을 배달하는 시대도 다가오고 있다. 미국의 UPS, FedEx, 중국의 JD닷컴, 아마존도 드론 배송을 시험 중이다. 이 기술이 본격적으로 도입되면, 도심의 교통체증을 줄이고, 골목길이나 외딴 곳도 빠르게 배달할 수 있게 된다.

이처럼 기술이 발달하면서 물류는 점점 더 빠르고 똑똑해지고 있다. 동시에, 관련 기술을 개발하고 운영하는 새로운 일자리도 생겨나고 있다.

새로운 비즈니스 모델의 등장

① 정기배송 서비스의 확산

이제는 매번 주문하지 않아도, 필요한 물건을 정해진 날에 정기적으로 보내주는 '구독형 배송' 서비스가 인기를 끌고 있다. 아마존의 'Subscribe & Save', 쿠팡의 '로켓프레시', 헬로프레시(HelloFresh)의 식재료 정기배송이 대표적이다. 앞으로는 화장품, 약, 책, 가전제품까지 정기배송이 더 널리 퍼질 가능성이 크다.

② 개인이 참여하는 물류, 크라우드 소싱

이전에는 큰 물류 회사만 배송을 맡았다면, 이제는 일반 사람도 택배나 배달에 참여할 수 있는 시스템이 많아졌다. 쿠팡플렉스, 배달의민족, 우버프레이트, 로디(Roadie)는 대표적인 예다. 이런 플랫폼 덕분에 소규모 업체도 쉽게 배송 서비스를 이용할 수 있고, 개인은 여유 시간에 돈을 벌 수 있는 기회를 갖게 됐다.

이러한 새로운 방식은 대기업 중심이던 물류의 틀을 깨고, 누구나 참여할 수 있는 '공유 물류'로 바뀌고 있다.

친환경 물류의 확대
① 전기차와 수소차가 이끄는 친환경 배송
이제 물류에서도 환경을 생각하는 시대다. 전기를 사용하는 트럭이나 수소차를 도입하는 기업들이 늘고 있다. DHL, 아마존, UPS, CJ대한통운 같은 글로벌 기업들은 '탄소중립'을 목표로 친환경 배송 시스템을 확대하고 있다.

② 다시 쓰는 포장재와 무포장 배송
일회용 플라스틱이나 비닐 대신, 다시 쓸 수 있는 친환경 포장재를 사용하는 시도도 많아졌다. 마켓컬리의 '컬리박스', 네이버의 친환경 포장 프로젝트, 세계적으로는 '루프(Loop)' 같은 스타트업이 앞장서고 있다. 앞으로는 포장이 없는 배송, 즉 '제로 웨이스트' 물류도 더 보편화될 것이다.

환경을 위한 변화는 동시에 새로운 기술과 서비스 시장을 만들어내고 있다.

글로벌 공급망 재편과 투자 기회
① 스마트 항만과 글로벌 물류 거점
전 세계는 지금 공급망을 새롭게 짜고 있다. 싱가포르, 상하이, 로테르담 같은 세계 주요 항만은 인공지능으로 운영되는 '스마트 항만'으로 탈바꿈하고 있다. 물류를 더 빠르고 효율적으로 처리하기 위한 경쟁이 치열하다.

② 제조공장의 귀환, 리쇼어링과 니어쇼어링

미국과 유럽은 중국 중심의 공급망을 줄이고, 자국이나 가까운 나라로 공장을 옮기고 있다. 멕시코, 베트남, 인도는 새로운 제조·물류 기지로 주목받고 있다. 이 변화는 새롭게 물류 인프라를 구축할 기회를 만들어낸다.

세계적인 공급망 재편 속에서, 물류는 국가 경쟁력의 핵심이자 새로운 투자처로 떠오르고 있다.

미래 산업과 연결되는 융합형 물류의 기회

물류는 이제 단순한 이동 산업이 아니라, 미래 산업 전반과 결합되는 '융합형 산업'으로 진화하고 있다. 특히 헬스케어, 콘텐츠, 도시 모빌리티, 우주 산업, 지하·해저 인프라 등과 맞물리며 새로운 기회들이 창출되고 있다.

① 헬스케어 & 의약 물류의 고도화

고령화와 바이오산업의 성장으로 인해 백신, 혈액, 생체 재료 등 온도·위생·속도가 중요한 고정밀 물류 수요가 증가하고 있다. 미국 UPS Healthcare, 독일 DHL Life Sciences, 한국의 대한통운 메디컬 특화센터 등은 초정온 콜드체인과 실시간 추적 시스템을 통해 의료물류 전문화를 가속화하고 있다. AI로 수요를 예측하고, 드론으로 응급약을 배송하는 기술도 현실화되고 있다.

② 콘텐츠 산업과 실시간 굿즈 물류의 결합

음악 콘서트, e-스포츠, 웹툰, 팬덤 산업 등이 커지면서, 실시간 굿즈

배송, 한정판 예약 배송 등 '이벤트형 물류'가 주목받고 있다. 특히 BTS, 블랙핑크와 같은 K-팝 글로벌 팬덤은 실시간 글로벌 배송 기술을 필요로 하며, 이를 겨냥한 스마트 풀필먼트와 전용 물류 앱 시장도 커지고 있다. 라이브 커머스와 연계된 초단기 배송도 이 흐름에 포함된다.

③ 스마트시티와 모빌리티 융합형 물류

도시 내부 교통, 물류, 에너지 시스템이 통합되는 '스마트시티'에서는 물류도 함께 진화한다. 도심형 지하 물류 터널, 무인배송차량, 공공 데이터 기반 수요예측 등은 도시 운영의 효율성을 높이는 핵심 수단이 된다. 예컨대, 싱가포르는 '도심 지하 물류망(ULS)'을 국가계획에 포함했고, 서울, 도쿄, 두바이도 도심 자동 물류 인프라를 구축 중이다.

④ 우주 물류의 탄생

우주 개발이 민간으로 확장되면서, 우주 물류가 새로운 산업 분야로 부상하고 있다. 스페이스X와 NASA는 우주 정거장에 필요한 자재와 보급품을 로켓으로 운송하고 있으며, 향후에는 달·화성 기지로의 물류도 구체화될 전망이다. '우주에서의 3D 프린팅+온디맨드 물류' 개념도 등장하면서, 우주 물류 스타트업들이 늘어날 전망이다.

⑤ 지하 물류의 도시 내 활용 확대

도심 혼잡과 환경 부담을 줄이기 위해 지하 공간을 활용한 자동 물류 시스템이 주목받고 있다. 스위스의 '카고수이즈(Cargo Sous Terrain)', 싱가포르의 ULS(Urban Logistics System) 등이 계획 또는 연구단계의 대표 사례다.

지하 터널을 통해 무인차량이나 로봇이 상품을 자동으로 운반하면 도심 배송 시간이 줄고, 지상 교통 혼잡도 해결할 수 있다. 초기 투자비와 규제 문제가 있지만, 장기적으로는 친환경 도심 물류 인프라로 자리 잡을 가능성이 크다.

⑥ 해저 물류의 가능성

심해 케이블, 해저 드론, 자원 채굴용 물류 시스템 등이 발전하면서 일부 국가에서 해저 물류도 연구 단계에 들어서고 있다. 특히 노르웨이 등 유럽에서는 해저 터널을 통한 고속 화물 운송 시스템이나, 해저 드론을 통한 해양 과학 물자 운반이 실험되고 있다. 영불해협 해저터널은 이미 유럽내 물류 인프라로 활용되고 있으며, 이러한 연구들은 향후 스마트 해양 물류 기술과도 융합될 가능성이 있다.

이처럼 물류는 앞으로 의료, 도시, 콘텐츠, 우주, 지하, 해양 등 다양한 미래 산업과 결합하면서 완전히 새로운 기회를 만들어갈 것이다. 융합형 물류의 시대에는 물류 기술을 이해하고, 산업 간 연결 지점을 선점하는 기업과 개인이 진정한 경쟁력을 가지게 될 것이다.

물류의 변화는 곧 기회의 변화다
물류는 지금, 그 어느 때보다 빠르게 진화하고 있다.

AI와 로봇, 자율주행 기술의 도입은 단순히 물건을 옮기는 방식을 바꾸는 것을 넘어, 물류 산업 전체의 패러다임을 바꾸고 있다. 이 기술들은 물류 현장의 자동화와 예측 능력을 높이고, 소비자에게는 더 빠르고 정확한 서비스를 제공하며, 기업에는 운영 효율성과 비용 절감이라는 기회를 안겨주고 있다.

한편 크라우드 소싱, 공유형 물류, 구독형 배송 서비스 같은 새로운 비즈니스 모델은 기존의 대규모 물류 시스템이 미처 채우지 못했던 틈새를 파고들고 있다. 누구나 물류에 참여할 수 있는 시대, 소비자의 생활 패턴에 맞춘 맞춤형 배송이 가능한 시대가 이미 시작되었다.

> **물류는 다양한 산업과 융합 미래 산업의 중심으로 떠오르고 있다**
>
> 의료 우주 관광 국방 스마트시티
>
> 물류는 변화하는 기술과 도시, 소비자, 지구 환경 속에서 미래 산업의 중심으로 떠오르고 있다

또한, 친환경 물류는 단지 탄소를 줄이기 위한 노력을 넘어 새로운 산업과 시장을 창출하고 있다. 전기트럭, 수소차, 재사용 가능한 포장재는 물론이고, 탄소중립 물류 솔루션과 ESG 기반 투자 확대까지 지속 가능한 성장이 물류 산업의 중심이 되고 있다.

글로벌 공급망 재편도 새로운 기회를 낳고 있다. 각국은 자국 중심의 물류 허브를 새롭게 구축하거나, 기존의 항만과 인프라를 스마트하게 업그레이드하고 있다. 이 과정에서 스마트 항만, AI 기반 물류 운영 시스템, 지역별 물류 네트워크 강화는 투자와 일자리라는 직접적인 성과로 이어지고 있다.

그리고 이제 물류는 다른 산업과 융합되며 전혀 새로운 미래를 열고 있다.

의료, 우주, 콘텐츠, 재난 구조, 스마트시티, 관광산업, 국방, 에너지 산업 등 거의 모든 분야가 물류와 연결되고 있다. 도심의 지하 물류 터널, 바다를 누비는 해저 드론, 달과 우주 정거장으로 향하는 우주 물류까지, 과거엔 상상 속에 머물렀던 물류가 현실이 되고 있다. 이처럼 물류는

이제 단순한 뒷단의 지원 산업이 아니라, 새로운 산업 생태계를 만들어 내는 핵심 동력이다.

물류는 과거의 단순한 이동 수단이 아니다. 변화하는 기술과 도시, 소비자, 지구 환경 속에서 물류는 미래 산업의 중심으로 떠오르고 있다.

그리고 이 변화에 먼저 적응하고, 새로운 흐름을 기회로 바꾸는 기업과 개인이 앞으로의 시장을 선도할 것이다.

39. 지속 가능한 물류를 위해 우리가 할 수 있는 일

물류 산업은 전 세계 경제를 연결하는 중요한 역할을 하지만, 동시에 탄소 배출, 자원 낭비, 환경 오염 등의 문제를 유발하고 있다. 전 세계 온실가스 배출량 중 약 8~11%가 물류와 관련된 운송 부문에서 발생하며, 전자상거래의 확대로 택배 물량이 증가하면서 포장재와 플라스틱 사용도 함께 늘어나고 있다.

이제는 단순히 빠르고 편리한 배송을 이용하는 데 그치지 않고, 지속 가능한 물류 시스템을 위해 우리가 어떤 역할을 할 수 있을지를 고민해야 한다. 기업, 정부, 소비자 모두가 함께 참여하고 실천할 수 있는 방법을 살펴보자.

기업이 실천해야 할 지속 가능한 물류 전략
① **친환경 운송 수단 도입**
전기트럭, 수소차, 친환경 선박 도입을 통해 탄소 배출을 줄일 수 있다.

DHL, UPS, FedEx, CJ대한통운 등은 전기차 전환에 속도를 내고 있으며, 아마존은 리비안(Rivian)과 협력해 2030년까지 10만 대의 전기 배송차량을 운용할 계획이다.

지속 가능한 물류를 위한 모두의 역할

- ✓ **정부**
  친환경 물류 제도 정비
- ✓ **기업**
  친환경 포장, 탄소 감축 도입
- ✓ **소비자**
  친환경 제품 구매·습관
- ✓ **개발자**
  친환경 물류 기술 개발

지속가능한 물류를 위한 모두의 역할

② 스마트 물류 시스템 구축

AI와 빅데이터를 활용한 예측 배송 시스템은 불필요한 물류 이동을 줄이고 에너지 효율을 높인다. Ocado와 아마존은 스마트 물류센터를 운영하며 물류 흐름을 자동화하고, 에너지와 인력을 절감하고 있다.

③ 포장재 절감 및 친환경 포장 도입

플라스틱 사용을 줄이고 재사용 가능한 포장재를 확대해야 한다. 네덜란드의 'Loop'는 리필형 포장 시스템을 운영하고, 마켓컬리는 '컬리박스'를 통해 스티로폼을 대체하고 있다.

④ 탄소중립 물류센터 구축

태양광, 풍력 등 재생에너지를 사용하는 물류센터가 늘고 있다. 월마트, DHL, 아마존은 친환경 에너지 기반의 물류센터를 운영하며, 네덜란드 로테르담 항만은 AI 기반 스마트 항만 시스템으로 에너지 절감을 실현하고 있다.

[표5-1] 지속가능 물류의 실천 방법

주체	주요 실천 항목
기업	전기/수소차 도입, 스마트 물류센터, 친환경 포장, 탄소중립 센터 구축
정부	친환경 인프라 투자, 탄소세 및 규제 강화, 도심형 친환경 물류 허브 조성
소비자	친환경 배송 선택, 포장 절감, 반품 최소화, 지역 소비 확대

정부가 해야 할 지속 가능한 물류 정책

① 친환경 물류 인프라 투자 확대

전기 및 수소 충전소 확대, 친환경 기술 개발 지원이 필요하다. EU는 탄소배출권 거래제를 통해 친환경 기업에 인센티브를 제공하고 있으며, 한국 정부는 '지속가능 교통물류 발전법'과 '물류산업 스마트화 전략'을 통해 친환경 물류 기반을 확충하고 있다.

② 탄소세 및 규제 강화

탄소 배출이 많은 기업에는 규제를 강화하고, 탄소 저감 기업에는 세제 혜택을 줘야 한다. EU는 탄소국경세(CBAM)를 도입했고, 미국 캘리포니아주는 2037년부터 내연기관 화물차 판매를 금지할 계획이다.

③ 도심 내 친환경 물류 허브 구축

도심의 라스트마일 배송에 따른 탄소 배출을 줄이기 위해, 전기차 기반의 도심형 물류 허브를 조성해야 한다. 런던은 전기 자전거 및 도보 배송 중심의 친환경 배송 허브를 시범 운영 중이다.

우리 정부의 "제4차 물류시설개발 종합계획 비전 및 추진 전략(2023~

2027년)" 7대 핵심과제는 △빠른배송의 일상화를 위한 도시 내 신 물류시설 도입 △도로·철도 유휴부지를 활용한 생활물류 시설 확대 △노후화된 내륙물류기지 재정비 △물류단지 실수요 검증 제도 현실화 △신 교통수단과 연계 가능한 물류인프라 조성 △미래 물류시스템 혁신을 위한 지하 물류 체계 구축 △물류시설 첨단화 지원을 위한 스마트물류센터 확산 등이다.

소비자가 실천할 수 있는 친환경 물류 습관

① 친환경 배송 옵션 선택하기

빠른 배송보다 묶음 배송, 친환경 배송을 선택하면 물류 효율을 높이고 탄소 배출을 줄일 수 있다. 아마존과 쿠팡은 묶음 배송 옵션을 제공하고 있다.

② 불필요한 포장 줄이기

에코 포장을 요청하거나 재사용 포장재를 사용하는 브랜드를 선택함으로써 포장 쓰레기를 줄일 수 있다.

③ 리버스 로지스틱스 최소화

잦은 반품은 불필요한 물류 이동을 유발한다. 신중한 소비와 사이즈·제품 정보 확인을 통해 반품률을 줄이는 것이 중요하다. 파타고니아는 중고 의류를 재판매하는 순환 물류 시스템을 운영하고 있다.

④ 지역 기반 소비 확대

해외 직구보다는 지역에서 생산한 상품을 이용하면 물류 이동 거리가 줄어든다. 로컬푸드, 지역생산품 구매는 환경보호와 지역경제 활성화에도 기여한다.

지속 가능한 물류를 실천했을 때 얻을 수 있는 이점
① 기업의 이점

기업이 전기차, 수소차 같은 친환경 운송 수단을 도입하고, 스마트 물류 시스템과 친환경 포장을 적극 활용하면 물류 운영 효율성을 높일 수 있을 뿐 아니라, 에너지 비용도 절감할 수 있다. 또한 탄소 배출을 줄임으로써 ESG(환경·사회·지배구조) 경영을 강화할 수 있고, 친환경 브랜드 이미지를 구축해 소비자의 신뢰와 충성도를 높이는 효과도 기대된다. 이는 결국 기업의 지속가능한 성장을 가능하게 하고, 투자 유치에도 긍정적인 영향을 미친다.

② 정부의 이점

정부가 친환경 인프라에 대한 투자와 정책적 지원을 확대하면, 국가 전체의 탄소 중립 목표 달성에 기여할 수 있다. 동시에 새로운 친환경 물류 산업을 육성함으로써 일자리 창출과 산업 경쟁력 향상도 이룰 수 있다. 탄소세, 규제 강화 등을 통해 친환경 기술 개발을 유도하면 국내 기업들의 기술 수준도 향상되고, 국제 시장에서의 경쟁력도 확보할 수 있다. 또한 도심 내 친환경 물류 허브를 확대하면 도시의 교통 혼잡과 미세먼지 문제를 함께 해결하는 효과도 얻을 수 있다.

③ 소비자의 이점

소비자가 묶음 배송, 친환경 배송 옵션을 선택하고, 불필요한 포장을 줄이며, 지역 생산품을 우선 구매하면 일상 속에서 탄소 배출을 줄이는 데 기여할 수 있다. 이런 실천은 환경 보호는 물론, 쓰레기 배출 감소와 에너지 절약에도 도움이 된다. 또한 윤리적 소비를 실천하는 시민으로서의 자부심과 함께, 기업과 정부의 변화도 이끌어내는 중요한 사회적 역할을 할 수 있다. 나아가 미래 세대를 위한 지속 가능한 환경을 만드는 데 기여한다는 점에서 의미가 크다.

[표5-2] 지속가능한 물류를 실천했을 때 얻을 수 있는 이점

주체	지속 가능한 물류 실천 시 기대 효과(Benefit)
기업	• 운영 효율성 향상 및 물류 비용 절감 • 친환경 이미지 제고로 브랜드 가치 상승 • ESG 경영 실현 및 투자 유치 가능성 확대
정부	• 탄소중립 및 환경 목표 달성 • 친환경 산업 육성을 통한 일자리 창출 • 국제 사회에서의 지속가능성 리더십 확보
소비자	• 환경 보호에 직접 기여 • 배송 효율 개선으로 서비스 만족도 향상 • 친환경 소비 문화 확산의 주체로 참여

이처럼 각 주체가 자신의 위치에서 실천을 시작하면, 지속 가능한 물류는 현실이 될 수 있다. 작은 노력이 모여 더 큰 변화를 이끌어내는 것이다.

모두가 함께 만들어가는 지속 가능한 물류

물류는 이미 우리 생활(衣食住)전반에 깊숙이 들어 왔다.[115]

프로비스 시대에는 개인이 원할 때 즉각 개인 맞춤형 생산과 서비스를 넘어 개인화된 극소규모의 수요가 새로운 트렌드로 등장하고 있다. 이에 대응하는 물류는 조달, 생산, 물류 전 과정에 재고 없는 JIT(Just in Time) 시스템을 지향하고, 공장 물류센터 매장은 기능이 통합되어 주문 즉시 생산, 보관, 판매, 배달 기능을 수행할 것이다.

물류센터는 '밸류 네트워킹(Value Networking)' 거점이 될 것이고, 개인이 원할 때 즉각 개인 맞춤형 생산과 서비스를 넘어 개인화된 극소규모의 수요가 새로운 트렌드로 등장하고 있다.[116]

현 시점에서 화두에 오르고 있는 ESG와 디지털 전환은 우리 생환 방식과 모든 산업, 그리고 기업을 통째로 바꾼다. 기술 발전으로 촉발된 디지털 전환과 달리 ESG는 인류를 둘러싼 생태계의 위기로부터 비롯되었다는 점이 다를 뿐이다. 변화가 예상보다 훨씬 빠른 속도로 일어나고 있다는 점 또한 비슷하다. 두 전환 모두 혁신, 특히 파괴적 혁신이 중요한 역할을 한다는 점도 닮아 있다. 획기적인 친환경 기술을 개발하거나 사회 문제 해결을 위한 새 비즈니스 모델을 개발하기 위해서는 파괴적 혁신이 필요하다.[117]

지속 가능한 물류는 단지 기업의 노력만으로는 실현되기 어렵다. 정부의 정책적 지원과 소비자의 인식 변화, 행동이 함께 맞물릴 때 진정한 변

---

115 이상근, 〈뉴노멀시대 물류기업은 사라질까〉, 아웃소싱타임스(2021.3)
116 이상근, "프로비스시대! 제조는 서비스를 품고, 물류는 제조를 품는다", 〈Cosmatic Journal Korea〉 2021년 10월호
117 조신, 「넥스트 자본주의 ESG」, 사회평론(2021.6)

화가 가능하다.

  기업은 친환경 운송 수단, 스마트 물류 시스템, 친환경 포장을 도입하고 탄소중립을 실현해야 하며, 정부는 인프라를 확대하고 환경 규제를 강화하며, 소비자는 친환경 배송과 에코 소비를 실천해야 한다.

  이제 지속 가능한 물류는 선택이 아니라 모두가 함께 만들어가야 할 미래다. 작은 변화가 쌓이면, 더 나은 지구와 더 건강한 물류 시스템을 만들 수 있다.